PRINCIPES

DE

LA PHILOSOPHIE

DE L'HISTOIRE.

IMPRIMÉ CHEZ PAUL RENOUARD,
RUE GARANCIÈRE, N° 5.

PRINCIPES

DE

LA PHILOSOPHIE

DE L'HISTOIRE,

TRADUITS DE LA *SCIENZA NUOVA*

DE J. B. VICO,

ET PRÉCÉDÉS D'UN DISCOURS SUR LE SYSTÈME ET LA VIE DE L'AUTEUR,

PAR JULES MICHELET,

PROFESSEUR D'HISTOIRE AU COLLÈGE DE SAINTE-BARBE.

A PARIS,

CHEZ JULES RENOUARD, LIBRAIRE,

RUE DE TOURNON, N° 6.

1827.

AVIS

DU TRADUCTEUR.

Les Principes de la Philosophie de l'Histoire dont nous donnons une traduction abrégée, ont pour titre original : Cinq Livres sur les principes d'une Science nouvelle, relative à la nature commune des nations, par Jean-Baptiste Vico, ouvrage dédié à S. S. (Clément XII). Trois éditions ont été faites du vivant de l'auteur, dans les années 1725, 1730, et 1744. La dernière est celle qu'on a réimprimée le plus souvent, et que nous avons suivie.

« Ce livre, disait Monti, est une montagne « aride et sauvage qui recèle des mines d'or ». La comparaison manque de justesse. Si l'on voulait la suivre, on pourrait accuser dans la Science nouvelle, non pas l'aridité, mais bien un luxe de végétation. Le génie impétueux de Vico l'a surchargée à chaque édition d'une foule de répétitions sous lesquelles disparaît l'unité du dessein de l'ouvrage. Rendre sensible cette unité, telle devait être la pensée de celui qui au bout d'un siècle venait offrir à un public français un livre si éloigné par la singularité de sa forme des idées de ses contemporains. Il ne pouvait atteindre ce but qu'en supprimant, abrégeant ou transposant les passages qui en reproduisaient d'autres sous une forme moins heureuse, ou qui semblaient appelés ailleurs par la liaison des idées. Il a fallu encore écarter quelques paradoxes bizarres, quelques étymologies forcées, qui ont jusqu'ici décrédité les vérités innombrables que contient la Science nouvelle. Mais on a indiqué dans l'appendice du discours préliminaire les passages de quelque importance qui ont été abrégés ou retranchés. Le jour n'est pas loin sans doute où, le nom de Vico ayant pris enfin la place qui lui est due, un intérêt historique s'étendra sur tout ce qu'il a écrit, et où ses erreurs ne pourront faire tort à sa gloire ; mais ce temps n'est pas encore venu.

On trouvera dans le discours et dans l'appendice qui le suit une vie complète de Vico. Le mémoire qu'il a lui-même écrit sur sa vie ne va que jusqu'à la publication de son grand ouvrage. Nous avons abrégé ce morceau, en élaguant toutes les idées qu'on devait retrouver dans la *Science nouvelle*, mais nous y avons ajouté de nouveaux détails, tirés des opuscules et des lettres de Vico, ou conservés ar la tradition.

Plusieurs personnes nous ont prodigué leurs secours et leurs conseils. Nous regrettons qu'il ne nous soit pas permis de les nommer toutes.

M. le chevalier de Angelis, auteur de travaux inédits sur Vico, a bien voulu nous communiquer la plupart des ouvrages italiens que nous avons extraits ou cités ; exemple trop rare de cette libéralité d'esprit qui met tout en commun entre ceux qui s'occupent des mêmes matières. On ne peut reconnaître une bonté si désintéressée, mais rien n'en efface le souvenir.

Des avocats distingués, MM. Renouard, Cœuret de Saint-George et Foucart, ont éclairé le traducteur sur plusieurs questions de droit. Mais il a été principalement soutenu dans son travail par M. Poret, professeur au collège de Sainte-Barbe. Si cette première traduction française de la Science nouvelle, résolvait d'une manière satisfaisante les nombreuses difficultés que présente l'original, elle le devrait en grande partie au zèle infatigable de son amitié.

DISCOURS

SUR

LE SYSTÈME ET LA VIE DE VICO.

Dans la rapidité du mouvement critique imprimé à la philosophie par Descartes, le public ne pouvait remarquer quiconque restait hors de ce mouvement. Voilà pourquoi le nom de Vico est encore si peu connu en-deçà des Alpes. Pendant que la foule suivait ou combattait la réforme cartésienne, un génie solitaire fondait la philosophie de l'histoire. N'accusons pas l'indifférence des contemporains de Vico ; essayons plutôt de l'expliquer, et de montrer que la *Science nouvelle* n'a été si négligée pendant le dernier siècle que parce qu'elle s'adressait au nôtre.

Telle est la marche naturelle de l'esprit humain : connaître d'abord et ensuite juger, s'étendre dans le monde extérieur et rentrer plus tard en soi-même ; s'en rapporter au sens commun et le soumettre à l'examen du sens individuel. Cultivé dans la première période par la religion, par la poésie et les arts, il accumule les faits dont la philosophie doit un jour faire usage. Il a déjà le sentiment de bien des vérités, il n'en a pas encore la science. Il faut qu'un Socrate, un Descartes, viennent lui demander de quel droit il les possède, et que les attaques opiniâtres d'un impitoyable scepticisme l'obligent de se les approprier en les défendant. L'esprit humain, ainsi inquiété dans la possession des croyances qui touchent de plus près son être, dédaigne quelque temps toute connaissance que le sens intime ne peut lui attester; mais dès qu'il sera rassuré, il sortira du monde intérieur avec des forces nouvelles pour reprendre l'étude des faits historiques: en continuant de chercher le vrai il ne négligera plus le vraisemblable, et la philosophie, comparant et rectifiant l'un par l'autre le sens individuel et le sens commun, embrassera dans l'étude de l'homme celle de l'humanité tout entière.

Cette dernière époque commence pour nous. Ce qui nous distingue éminemment, c'est, comme nous disons aujourd'hui, notre *tendance historique*. Déjà nous voulons que les faits soient vrais dans leurs moindres détails; le même amour de la vérité doit nous conduire à en chercher les rapports, à observer les lois qui les régissent, à examiner enfin si l'histoire ne peut être ramenée à une forme scientifique.

Ce but dont nous approchons tous les jours, le génie prophétique de Vico nous l'a marqué longtemps d'avance. Son système nous apparaît au commencement du dernier siècle, comme une admirable protestation de cette partie de l'esprit humain qui se repose sur la sagesse du passé conservée dans les religions, dans les langues et dans l'histoire, sur cette sagesse vulgaire, mère de la philosophie, et trop souvent méconnue d'elle. Il était naturel que cette protestation partît de l'Italie. Malgré le génie subtil des Cardan et des Jordano Bruno, le scepticisme n'y étant point réglé par la Réforme dans son développement, n'avait pu y obtenir un succès durable ni populaire. Le passé, lié tout entier à la cause de la religion, y conservait son empire. L'église catholique invoquait sa perpétuité contre les protestans, et par conséquent recommandait l'étude de l'histoire et des langues. Les sciences qui, au moyen âge, s'étaient réfugiées et confondues dans le sein de la religion, avaient ressenti en Italie moins que partout ailleurs les bons et les mauvais effets de la division du travail; si la plupart avaient fait moins de progrès, toutes étaient restées unies. L'Italie méridionale particulièrement conservait ce goût d'universalité, qui avait caractérisé le génie de la grande Grèce. Dans l'antiquité, l'école pythagoricienne avait allié la métaphysique et la géométrie, la morale et la politique, la musique et la poésie. Au treizième siècle, *l'ange de l'école* avait parcouru le cercle des connaissances humaines pour accorder les doctrines d'Aristote avec celles de l'Église. Au dix-septième enfin, les jurisconsultes du royaume de Naples restaient seuls fidèles à cette définition antique de la jurisprudence : *scientia rerum divinarum atque humanarum*. C'était dans une telle contrée qu'on devait tenter pour la première fois de fondre toutes les connaissances qui ont l'homme pour objet dans un vaste système, qui rapprocherait l'une de l'autre l'histoire des faits et celle des langues, en les éclairant toutes deux par une critique nouvelle, et qui accorderait la philosophie et l'histoire, la science et la religion.

Néanmoins, on aurait peine à comprendre ce phénomène, si Vico lui-même ne nous avait fait connaître quels travaux préparèrent la conception de son système (*Vie de Vico écrite par lui-même*). Les détails que l'on va lire sont tirés de cet inestimable monument ; ceux qui ne pouvaient entrer ici ont été rejetés dans l'appendice du discours.

Jean-Baptiste Vico, né à Naples, d'un pauvre libraire, en 1668, reçut l'éducation du temps ; c'était l'étude des langues anciennes, de la scholastique, de la théologie et de la jurisprudence. Mais il aimait trop les généralités, pour s'occuper avec goût de la pratique du droit. Il ne plaida qu'une fois, pour défendre son père, gagna sa cause, et renonça au barreau; il avait alors seize ans. Peu de temps après, la nécessité l'obligea de se charger d'enseigner le droit aux neveux de l'évêque d'Ischia. Retiré pendant neuf années dans la belle solitude de Vatolla, il suivit en liberté la route que lui traçait son génie, et se partagea entre la poésie, la philosophie et la jurisprudence. Ses maîtres furent les jurisconsultes romains, le divin Platon, et ce Dante avec lequel il avait lui-même tant de rapport par son caractère mélancolique et ardent. On montre encore la petite bibliothèque d'un couvent où il travaillait, et où il conçut peut-être la première idée de la *Science nouvelle*.

« Lorsque Vico revint à Naples (c'est lui-même
« qui parle), il se vit comme étranger dans sa pa-
« trie. La philosophie n'était plus étudiée que dans
« les Méditations de Descartes, et dans son Discours
« sur la méthode, où il désapprouve la culture de la
« poésie, de l'histoire et de l'éloquence. Le plato-
« nisme, qui au seizième siècle les avait si heureu-
« sement inspirées, qui pour ainsi dire, avait alors
« ressuscité la Grèce antique en Italie, était relégué
« dans la poussière des cloîtres. Pour le droit, les

« commentateurs modernes étaient préférés aux in-
« terprètes anciens. La poésie corrompue par l'affé-
« terie, avait cessé de puiser aux torrens de Dante,
« aux limpides ruisseaux de Pétrarque. On culti-
« vait même peu la langue latine. Les sciences, les
« lettres étaient également languissantes. »

C'est que les peuples, pas plus que les individus, n'abdiquent impunément leur originalité. Le génie italien voulait suivre l'impulsion philosophique de la France et de l'Angleterre, et il s'annulait lui-même. Un esprit vraiment italien ne pouvait se soumettre à cette autre invasion de l'Italie par les étrangers. Tandis que tout le siècle tournait des yeux avides vers l'avenir, et se précipitait dans les routes nouvelles que lui ouvrait la philosophie, Vico eut le courage de remonter vers cette anti-quité si dédaignée, et de s'identifier avec elle. Il ferma les commentateurs et les critiques, et se mit à étudier les originaux, comme on l'avait fait à la renaissance des lettres.

Fortifié par ces études profondes, il osa attaquer le cartésianisme, non seulement dans sa partie dogmatique qui conservait peu de crédit, mais aussi dans sa méthode que ses adversaires même avaient embrassée, et par laquelle il régnait sur l'Europe. Il faut voir dans le discours où il com-pare la méthode d'enseignement suivie par les modernes à celle des anciens *, avec quelle sagacité il marque les inconvéniens de la première. Nulle part les abus de la nouvelle philosophie n'ont été attaqués avec plus de force et de modération : l'éloignement pour les études historiques, le dédain du sens commun de l'humanité, la manie de réduire en art ce qui doit être laissé à la prudence individuelle, l'application de la méthode géométrique aux choses qui comportent le moins une démonstration rigoureuse, etc. Mais en même temps ce grand esprit, loin de se ranger parmi les détracteurs aveugles de la réforme cartésienne, en reconnaît hautement le bienfait : il voyait de trop haut pour se contenter d'aucune solution incomplète : « Nous « devons beaucoup à Descartes qui a établi le sens « individuel pour règle du vrai ; c'était un esclavage « trop avilissant, que de faire tout reposer sur l'au- « torité. Nous lui devons beaucoup pour avoir « voulu soumettre la pensée à la méthode ; l'ordre « des scolastiques n'était qu'un désordre. Mais vou- « loir que le jugement de l'individu règne seul, « vouloir tout assujétir à la méthode géométrique, « c'est tomber dans l'excès opposé. Il serait temps

---

* Il y propose le problème suivant : *Ne pourrait-on pas animer d'un même esprit tout le savoir divin et humain, de sorte que les sciences se donnassent la main, pour ainsi dire, et qu'une université d'aujourd'hui représentât un Platon ou un Aristote, avec tout le savoir que nous avons de plus que les anciens ?*

« désormais de prendre un moyen terme ; de suivre
« le jugement individuel, mais avec les égards dus
« à l'autorité ; d'employer la méthode, mais une mé-
« thode diverse selon la nature des choses. »*

Celui qui assignait à la vérité le double *criterium* du sens individuel et du sens commun, se trouvait dès-lors dans une route à part. Les ouvrages qu'il a publiés depuis, n'ont plus un caractère polémique. Ce sont des discours publics, des opuscules, où il établit séparément les opinions diverses qu'il devait plus tard réunir dans son grand système. L'un de ces opuscules est intitulé : *Essai d'un système de jurisprudence*, dans lequel le droit civil des Romains serait expliqué par les révolutions de leur gouvernement. Dans un autre, il entreprend de prouver que *la sagesse italienne des temps les plus reculés peut se découvrir dans les étymologies latines*. C'est un traité complet de métaphysique, trouvé dans l'histoire d'une langue **. On peut néanmoins faire sur ces premiers travaux de Vico une observation qui montre tout le chemin qu'il avait encore à parcourir pour arriver à la *Science nouvelle* : c'est qu'il rapporte la sagesse de la jurisprudence ro-

---

* *Réponse à un article du journal littéraire d'Italie* où l'on attaquait le livre *De antiquissimâ Italorum sapientiâ ex originibus linguæ latinæ cruendâ*. 1711.

** Cet ouvrage est le seul dont Vico n'ait point transporté les idées dans la *Science nouvelle*. Nous en donnerons prochainement une traduction.

maine, et celle qu'il découvre dans la langue des anciens Italiens, au génie des jurisconsultes ou des philosophes, au lieu de l'expliquer, comme il le fit plus tard, par la sagesse instinctive que Dieu donne aux nations. Il croit encore que la civilisation italienne, que la législation romaine, ont été importées en Italie, de l'Égypte ou de la Grèce.

Jusqu'en 1719, l'unité manqua aux recherches de Vico; ses auteurs favoris avaient été jusque-là Platon, Tacite et Bacon, et aucun d'eux ne pouvait la lui donner : « Le second considère l'homme tel
« qu'il est, le premier tel qu'il doit être; Platon con-
« temple l'honnête avec la sagesse spéculative, Ta-
« cite observe l'utile avec la sagesse pratique. Bacon
« réunit ces deux caractères (*cogitare*, *videre*). Mais
« Platon cherche dans la sagesse vulgaire d'Homère,
« un ornement plutôt qu'une base pour sa philoso-
« phie; Tacite disperse la sienne à la suite des évé-
« nemens; Bacon dans ce qui regarde les lois ne fait
« pas assez abstraction des temps et des lieux pour
« atteindre aux plus hautes généralités. Grotius
« a un mérite qui leur manque; il enferme dans son
« système de droit universel la philosophie et la
« théologie, en les appuyant toutes deux sur l'his-
« toire des faits, vrais ou fabuleux, et sur celle des
« langues. »

La lecture de Grotius fixa ses idées et détermina

la conception de son système. Dans un discours prononcé en 1719, il traita le sujet suivant : « Les « élémens de tout le savoir divin et humain peuvent « se réduire à trois, *connaitre*, *vouloir*, *pouvoir*. Le « principe unique en est l'intelligence. L'œil de l'in- « telligence, c'est-à-dire la raison, reçoit de Dieu la « lumière du vrai éternel. Toute science vient de « Dieu, retourne à Dieu, est en Dieu [*] ». Et il se chargeait de prouver la fausseté de tout ce qui s'écarterait de cette doctrine. C'était, disaient quelques-uns, promettre plus que Pic de la Mirandole, quand il afficha ses thèses *de omni scibili*. En effet Vico n'avait pu dans un discours montrer que la partie philosophique de son système, et avait été obligé

[*] Omnis divinæ atque humanæ eruditionis elementa tria, nosse, velle, posse : quorum principium unum mens; cujus oculus ratio; cui æterni veri lumen præbet Deus...... — Hæc tria elementa, quæ tam existere, et nostra esse, quàm nos vivere certò scimus, unâ illâ re, de quâ omninò dubitare non possumus, nimirùm cogitatione explicemus: quod quò facilius faciamus, hanc tractationem universam divido in partes tres: in quarum primâ omnia scientiarum principia à Deo esse : in secundâ, divinum lumen, sive æternum verum per hæc tria, quæ proposuimus elementa omnes scientias permeare: easque omnes unâ arctissimâ complexione colligatas alias in alias dirigere, et cunctas ad Deum ipsarum principium revocare: in tertiâ, quidquid usquàm de divinæ ac humanæ eruditionis principiis scriptum, dictumve sit, quod cum his principiis congruerit, verum; quod dissenserit, falsum esse demonstremus. Atque adeò de divinarum atque humanarum rerum notitiâ hæc agam tria, de origine, de circulo, de constantiâ; et ostendam, origine, omnes à Deo provenire; circulo, ad Deum redire omnes; constantiâ, omnes constare in Deo, omnesque eas ipsas præter Deum tenebras esse et errores.

d'en supprimer les preuves, c'est-à-dire toute la partie philologique. S'étant mis ainsi dans l'heureuse nécessité d'exposer toutes ses idées, il ne tarda pas à publier deux essais intitulés : *Unité de principe du droit universel*, 1720; — *Harmonie de la science du jurisconsulte (de constantiâ jurisprudentis)*, c'est-à-dire, accord de la philosophie et de la philologie, 1721. Peu après (1722) il fit paraître des notes sur ces deux ouvrages, dans lesquels il appliquait à Homère la critique nouvelle dont il y avait exposé les principes.

Cependant ces opuscules divers ne formaient pas un même corps de doctrine; il entreprit de les fondre en un seul ouvrage qui parut, en 1725, sous le titre de : *Principes d'une science nouvelle, relative à la nature commune des nations, au moyen desquels on découvre de nouveaux principes du droit naturel des gens.* Cette première édition de la *Science nouvelle*, est aussi le dernier mot de l'auteur, si l'on considère le fond des idées. Mais il en a entièrement changé la forme dans les autres éditions publiées de son vivant. Dans la première, il suit encore une marche analytique*. Elle est infi-

---

* Vico a très bien marqué lui-même les progrès de sa méthode : « Ce qui me déplaît dans mes livres sur le droit universel (*De juris uno principio, et De constantiâ jurisprudentis*), c'est que j'y pars des idées de Platon et d'autres grands philosophes, pour descendre à l'examen des intelligences

niment supérieure pour la clarté. Néanmoins c'est dans celles de 1730 et de 1744 que l'on a toujours cherché de préférence le génie de Vico. Il y débute par des axiomes, en déduit toutes les idées particulières et s'efforce de suivre une méthode géométrique que le sujet ne comporte pas toujours. Malgré l'obscurité qui en résulte, malgré l'emploi continuel d'une terminologie bizarre que l'auteur néglige souvent d'expliquer, il y a dans l'ensemble du système, présenté de cette manière, une grandeur imposante, et une sombre poésie qui fait penser à celle de Dante. Nous avons traduit en l'abrégeant l'édition de 1744; mais, dans l'exposé du système que l'on va lire, nous nous sommes souvent rapprochés de la méthode que l'auteur avait suivie dans la première, et qui nous a paru convenir davantage à un public français.

bornées et stupides des premiers hommes qui fondèrent l'humanité païenne, tandis que j'aurais dû suivre une marche toute contraire. De là les erreurs où je suis tombé dans certaines matières...— Dans la première édition de la Science nouvelle, j'errais, sinon dans la matière, au moins dans l'ordre que je suivais. Je traitais des principes des idées, en les séparant des principes des langues, qui sont naturellement unis entre eux. Je parlais de la méthode propre à la Science nouvelle, en la séparant des principes des idées et des principes des langues ». *Additions à une préface de la Science nouvelle, publiées avec d'autres pièces inédites de Vico, par M. Antonio Giordano*, 1818. Ajoutons à cette critique, que, dans la première édition, il conçoit pour l'humanité l'espoir d'une perfection stationnaire. Cette idée, que tant d'autres philosophes devaient reproduire, ne reparaît plus dans les éditions suivantes.

Dans cette variété infinie d'actions et de pensées, de mœurs et de langues que nous présente l'histoire de l'homme, nous retrouvons souvent les mêmes traits, les mêmes caractères. Les nations les plus éloignées par les temps et par les lieux suivent dans leurs révolutions politiques, dans celles du langage, une marche singulièrement analogue. Dégager les phénomènes réguliers des accidentels, et déterminer les lois générales qui régissent les premiers; tracer l'histoire universelle, éternelle, qui se produit dans le temps sous la forme des histoires particulières, décrire le cercle idéal dans lequel tourne le monde réel, voilà l'objet de la nouvelle science. Elle est tout à-la-fois la philosophie et l'histoire de l'humanité.

Elle tire son unité de la religion, principe producteur et conservateur de la société. Jusqu'ici on n'a parlé que de théologie naturelle; la Science nouvelle est une théologie sociale, une démonstration historique de la Providence, une histoire des décrets par lesquels, à l'insu des hommes et souvent malgré eux, elle a gouverné la grande cité du genre humain. Qui ne ressentira un divin plaisir en ce corps mortel, lorsque nous contemplerons ce monde des nations, si varié de caractères, de temps et de lieux, dans l'uniformité des idées divines?

Les autres sciences s'occupent de diriger l'homme et de le perfectionner; mais aucune n'a encore pour objet la connaissance des principes de la civilisation d'où elles sont toutes sorties. La science qui nous révèlerait ces principes, nous mettrait à même de mesurer la carrière que parcourent les peuples dans leurs progrès et leur décadence, de calculer les âges de la vie des nations. Alors on connaîtrait les moyens par lesquels une société peut s'élever ou se ramener au plus haut degré de civilisation dont elle soit susceptible, alors seraient accordées la théorie et la pratique, les savans et les sages, les philosophes et les législateurs, la sagesse de réflexion avec la sagesse instinctive; et l'on ne s'écarterait des principes de cette science de l'*humanisation*, qu'en abdiquant le caractère d'homme, et se séparant de l'humanité.

La Science nouvelle puise à deux sources : la philosophie, la philologie. La philosophie contemple le vrai par la raison; la philologie observe le réel; c'est la science des faits et des langues. La philosophie doit appuyer ses théories sur la certitude des faits; la philologie emprunter à la philosophie ses théories pour élever les faits au caractère de vérités universelles éternelles.

Quelle philosophie sera féconde? celle qui relèvera, qui dirigera l'homme déchu et toujours débile, sans l'arracher à sa nature, sans l'abandonner à sa corruption. Ainsi nous fermons l'école de la Science nouvelle aux stoïciens qui veulent la mort des sens, aux épicuriens qui font des sens la règle de l'homme; ceux-là s'enchaînent au destin, ceux-ci s'abandonnent au hasard; les uns et les autres nient la Providence. Ces deux doctrines isolent l'homme, et devraient s'appeler philosophies *solitaires*. Au contraire, nous admettons dans notre école les philosophes politiques, et surtout les platoniciens, parce qu'ils sont d'accord avec tous les législateurs sur nos trois principes fondamentaux : existence d'une Providence divine, nécessité de modérer les passions et d'en faire des vertus humaines, immortalité de l'âme. Ces trois vérités philosophiques répondent à autant de faits historiques: institution universelle des religions, des mariages et des sépultures. Toutes les nations ont attribué à ces trois choses un caractère de sainteté; elles les ont appelées *humanitatis commercia* (Tacite), et par une expression plus sublime encore, *fœdera generis humani*.

La philologie, science du réel, science des faits historiques et des langues, fournira les matériaux à la science du vrai, à la philosophie. Mais le réel, ouvrage de la liberté de l'individu, est incertain de sa nature. Quel sera le *criterium*, au moyen duquel nous découvrirons dans sa mobilité le caractère immuable du vrai?... le sens commun, c'est-à-dire le jugement irréfléchi d'une classe d'homme, d'un peuple, de l'humanité; l'accord général du sens commun des peuples constitue la sagesse du genre humain. Le sens commun, la sagesse vulgaire, est la règle que Dieu a donnée au monde social.

Cette sagesse est une sous la double forme des actions et des langues, quelque variées qu'elles puissent être par l'influence des causes locales, et son unité leur imprime un caractère analogue chez les peuples les plus isolés. Ce caractère est surtout sensible dans tout ce qui touche le droit naturel. Interrogez tous les peuples sur les idées qu'ils se font des rapports sociaux, vous verrez qu'ils les comprennent tous de même sous des expressions diverses; on le voit dans les proverbes qui sont les maximes de la sagesse vulgaire. N'essayons pas d'expliquer cette uniformité du droit naturel en supposant qu'un peuple l'a communiqué à tous les autres. Partout il est indigène, partout il a été fondé par la Providence dans les mœurs des nations.

Cette identité de la pensée humaine, reconnue dans les actions et dans le langage, résout le grand problème de la sociabilité de l'homme, qui a tant embarrassé les philosophes; et si l'on ne trouvait point le nœud délié, nous pourrions le trancher d'un mot : *Nulle chose ne reste long-temps hors de son état naturel; l'homme est sociable, puisqu'il reste en société.*

Dans le développement de la société humaine, dans la marche de la civilisation, on peut distinguer trois âges, trois périodes; âge divin ou théocratique, âge héroïque, âge humain ou civilisé. A cette division répond celle des temps obscur, fabuleux, historique. C'est surtout dans l'histoire des langues que l'exactitude de cette classification est manifeste. Celle que nous parlons a dû être précédée par une langue métaphorique et poétique et celle-ci par une langue hiéroglyphique ou sacrée.

Nous nous occuperons principalement des deux premières périodes. Les causes de cette civilisation dont nous sommes si fiers, doivent être recherchées dans les âges que nous nommons barbares, et qu'il serait mieux d'appeler religieux et poétiques; toute la sagesse du genre humain y était déjà, dans son ébauche et dans son germe. Mais lorsque nous essayons de remonter vers des temps si loin de nous, que de difficultés nous arrêtent! La plupart des monumens ont péri, et ceux mêmes qui nous restent ont été altérés, dénaturés par les préjugés des âges suivans. Ne pouvant expliquer les origines de la société, et ne se résignant point à les ignorer, on s'est représenté la barbarie antique d'après la civilisation moderne. Les vanités nationales ont été soutenues par la vanité des savans qui mettent leur gloire à reculer l'origine de leurs sciences favorites. Frappé de l'heureux instinct qui guida les premiers hommes, on s'est exagéré leurs lumières, et on leur a fait honneur d'une sagesse qui était celle de Dieu. Pour nous, persuadés qu'en toute chose les commencemens sont simples et grossiers, nous regarderons les Zoroastre, les Hermès et les Orphée moins comme les auteurs que comme les produits et les résultats de la civilisation antique, et nous rapporterons l'origine de la société païenne au sens commun qui rapprocha les uns des autres les hommes encore stupides des premiers âges.

Les fondateurs de la société sont pour nous ces cyclopes dont parle Homère, ces géans par lesquels commence l'histoire profane aussi bien que l'histoire sacrée. Après le déluge, les premiers hommes, excepté les patriarches ancêtres du peuple de Dieu, durent revenir à la vie sauvage, et par l'effet de l'éducation la plus dure, reprirent la taille gigantesque des hommes antédiluviens. (*Nudi ac sordidi in hos artus, in hæc corpora, quæ miramur, excrescunt.* TACITI *Germania.*)

Ils s'étaient dispersés dans la vaste forêt qui couvrait la terre, tout entiers aux besoins physiques, farouches, sans loi, sans Dieu. En vain la nature les environnait de merveilles ; plus les phénomènes étaient réguliers, et par conséquent dignes d'admiration, plus l'habitude les leur rendait indifférens. Qui pouvait dire comment s'éveillerait la pensée humaine?... Mais le tonnerre s'est fait entendre, ses terribles effets sont remarqués ; les géans effrayés reconnaissent la première fois une puissance supérieure, et la nomment Jupiter ; ainsi dans les traditions de tous les peuples, *Jupiter terrasse les géans.* C'est l'origine de l'idolâtrie, fille de la crédulité, et non de l'imposture, comme on l'a tant répété.

L'idolâtrie fut nécessaire au monde, *sous le rapport social :* quelle autre puissance que celle d'une religion pleine de terreurs, aurait dompté le stupide orgueil de la force, qui jusque-là isolait les individus? — *sous le rapport religieux :* ne fallait-il pas que l'homme passât par cette religion des sens, pour arriver à celle de la raison, et de celle-ci à la religion de la foi ?

Mais comment expliquer ce premier pas de l'esprit humain, ce passage critique de la brutalité à l'humanité? Comment dans un état de civilisation aussi avancé que le nôtre, lorsque les esprits ont acquis par l'usage des langues, de l'écriture et du calcul, une habitude invincible d'abstraction, nous replacer dans l'imagination de ces premiers hommes plongés tout entiers dans les sens, et comme ensevelis dans la matière? Il nous reste heureusement sur l'enfance de l'espèce et sur ses premiers développemens le plus certain, le plus naïf de tous les témoignages : c'est l'enfance de l'individu.

L'enfant admire tout, parce qu'il ignore tout. Plein de mémoire, imitateur au plus haut degré, son imagination est puissante en proportion de son incapacité d'abstraire. Il juge de tout d'après lui-même, et suppose la volonté partout où il voit le mouvement.

Tels furent les premiers hommes. Ils firent de toute la nature un vaste corps animé, passionné comme eux. Ils parlaient souvent par signes; ils pensèrent que les éclairs et la foudre étaient les signes de cet être terrible. De nouvelles observations multiplièrent les signes de Jupiter, et leur réunion composa une langue mystérieuse, par laquelle il daignait faire connaître aux hommes ses volontés. L'intelligence de cette langue devint une science, sous les noms de divination, théologie mystique, mythologie, muse.

Peu-à-peu tous les phénomènes de la nature, tous les rapports de la nature à l'homme, ou des hommes entre eux devinrent autant de divinités. Prêter la vie aux êtres inanimés, prêter un corps aux choses immatérielles, composer des êtres qui n'existent complètement dans aucune réalité, voilà la triple création du monde fantastique de l'idolâtrie. Dieu dans sa pure intelligence, crée les êtres par cela qu'il les connaît; les premiers hommes, puissans de leur ignorance, créaient à leur manière par la force d'une imagination, si je puis le dire, toute matérielle. *Poète* veut dire *créateur*; ils étaient donc poètes, et telle fut la sublimité de leurs conceptions qu'ils s'en épouvantèrent eux-mêmes, et tombèrent tremblans devant leur ouvrage. (*Fingunt simul creduntque.* TACITE.)

C'est pour cette poésie *divine* qui créait et expliquait le monde invisible, qu'on inventa le nom de *sagesse*, revendiqué ensuite par la philosophie. En effet la poésie était déjà pour les premiers âges une philosophie sans abstraction, toute d'imagination et de sentiment. Ce que les philosophes *comprirent* dans la suite, les poètes l'avaient *senti;* et si, comme le dit l'école, *rien n'est dans l'intelligence qui n'ait été dans le sens*, les poètes furent le *sens* du genre humain, les philosophes en furent l'*intelligence*. *

Les signes par lesquels les hommes commencèrent à exprimer leurs pensées, furent les objets mêmes qu'ils avaient divinisés. Pour dire *la mer*, ils la montraient de la main; plus tard ils dirent

---

* *Philosophie est une poésie sophistiquée.* MONTAIGNE; III v:, p. 216 édit. Lefebvre.

Neptune. C'est *la langue des dieux* dont parle Homère. Les noms des trente mille dieux latins recueillis par Varron, ceux des Grecs non moins nombreux, formaient le vocabulaire *divin* de ces deux peuples. Originairement la langue *divine* ne pouvant se parler que par actions, presque toute action était consacrée; la vie n'était pour ainsi dire qu'une suite d'*actes muets de religion*. De là restèrent dans la jurisprudence romaine, les *acta legitima*, cette pantomime qui accompagnait toutes les transactions civiles. Les hiéroglyphes furent l'écriture propre à cette langue imparfaite, loin qu'ils aient été inventés par les philosophes pour y cacher les mystères d'une sagesse profonde. Toutes les nations barbares ont été forcées de commencer ainsi, en attendant qu'elles se formassent un meilleur système de langage et d'écriture. Cette langue muette convenait à un âge où dominaient les religions; elles veulent être respectées, plutôt que *raisonnées*.

Dans l'âge *héroïque*, la langue *divine* subsistait encore, la langue *humaine* ou articulée commençait; mais cet âge en eut de plus une qui lui fut propre; je parle des emblèmes, des devises, nouveau genre de signes qui n'ont qu'un rapport indirect à la pensée. C'est cette langue que *parlent* les armes des héros; elle est restée cel de la discipline militaire. Transportée dans la langue articulée, elle dut donner naissance aux comparaisons, aux métaphores, etc. En général la métaphore fait le fond des langues.

Le premier principe qui doit nous guider dans la recherche des étymologies, c'est que la marche des idées correspond à celle des choses. Or les degrés de la civilisation peuvent être ainsi indiqués : *Forêts*, *cabanes*, *villages*, *cités* ou sociétés de citoyens, *académies* ou sociétés de savans; les hommes habitent d'abord les *montagnes*, ensuite les *plaines*, enfin les *rivages*. Les idées, et les perfectionnemens du langage ont dû suivre cet ordre. Ce principe étymologique suffit pour les langues indigènes, pour celles des pays barbares qui restent impénétrables aux étrangers, jusqu'à ce qu'ils leur soient ouverts par la guerre ou par le commerce. Il montre combien les philologues ont eu tort d'établir que la signification des langues est arbitraire. Leur origine fut naturelle, leur signification doit être fondée en nature. On peut l'observer dans le latin, langue *plus héroïque*, moins raffinée que le grec; tous les mots y sont tirés par figures d'objets agrestes et sauvages.

La langue *héroïque* employa pour noms communs des noms propres ou des noms de peuples. Les anciens Romains disaient un *Tarentin* pour un homme parfumé. Tous les peuples de l'antiquité dirent un *Hercule* pour un héros. Cette création des caractères idéaux qui semblerait l'effort d'un art ingénieux, fut une nécessité pour l'esprit humain. Voyez l'enfant; les noms des premières personnes, des premières choses qu'il a vues, il les donne à toutes celles en qui il remarque quelqu'analogie. De même les premiers hommes, incapables de former l'idée abstraite du *poète*, du *héros*, nommèrent tous les héros du nom du premier héros, tous les poètes, etc. Par un effet de notre amour instinctif de l'uniformité, ils ajoutèrent à ces premières idées des fictions singulièrement en harmonie avec les réalités, et peu-à-peu les noms de *héros*, de *poète*, qui d'abord désignaient tel individu, comprirent tous les caractères de perfection qui pouvaient entrer dans le type idéal de l'*héroïsme*, de la *poésie*. Le *vrai poétique*, résultat de cette double opération, fut plus vrai que le *vrai réel*; quel héros de l'histoire remplira le *caractère héroïque* aussi bien que l'Achille de l'Iliade?

Cette tendance des hommes à placer des types idéaux sous des noms propres, a rempli de difficultés et de contradictions apparentes les commencemens de l'histoire. Ces types ont été pris pour des individus. Ainsi toutes les découvertes des anciens Égyptiens appartiennent à un Hermès; la première constitution de Rome, même dans cette partie morale qui semble le produit des habitudes, sort tout armée de la tête de Romulus; tous les exploits, tous les travaux de la Grèce héroïque composent la vie d'Hercule; Homère enfin nous apparaît seul sur le passage des temps héroïques à ceux de l'histoire, comme le représentant d'une civilisation tout entière. Par un privilège admirable, ces hommes prodigieux ne sont pas lentement enfantés par le temps et par les circonstances; ils naissent d'eux-mêmes, et ils semblent créer leur siècle et leur patrie. Comment s'étonner que l'antiquité en ait fait des dieux?

Considérez les noms d'Hermès, de Romulus, d'Hercule et d'Homère, comme les expressions de tel caractère national à telle époque, comme désignant les types de l'esprit inventif chez les Égyptiens, de la société romaine dans son origine, de l'héroïsme grec, de la poésie populaire des premiers âges chez la même nation, les difficultés disparaissent, les contradictions s'expliquent; une clarté immense luit dans la ténébreuse antiquité.

Prenons Homère, et voyons comment toutes les invraisemblances de sa vie et de son caractère deviennent, par cette interprétation, des convenances, des nécessités. *Pourquoi tous les peuples grecs se sont-ils disputé sa naissance, l'ont-ils revendiqué* pour citoyen? c'est que chaque tribu retrouvait en lui son caractère, c'est que la Grèce s'y reconnaissait, c'est qu'elle était elle-même Homère. — *Pourquoi des opinions si diverses sur le temps où il vécut ?* c'est qu'il vécut en effet pendant les cinq siècles qui suivirent la guerre de Troie, dans la bouche et dans la mémoire des hommes. —*Jeune, il composa l'Iliade....* La Grèce, jeune alors, toute ardente de passions sublimes, violente, mais généreuses, fit son héros d'Achille, le héros de la force. *Dans sa vieillesse, il composa l'Odyssée...* La Grèce plus mûre, conçut long-temps après le caractère d'Ulysse, le héros de la sagesse. — *Homère fut pauvre et aveugle....* dans la personne des rapsodes, qui recueillaient les chants populaires, et les allaient répétant de ville en ville, tantôt sur les places publiques, tantôt dans les fêtes des dieux. Alors comme aujourd'hui les aveugles devaient mener le plus souvent cette vie mendiante et vagabonde; d'ailleurs la supériorité de leur mémoire les rendait plus capables de retenir tant de milliers de vers.

Homère n'étant plus un homme, mais désignant l'ensemble des chants improvisés par tout le peuple et recueillis par les rapsodes, se trouve justifié de tous les reproches qu'on lui a faits, et de la bassesse d'images, et des licences, et du mélange des dialectes. Qui pourrait s'étonner encore qu'il ait élevé les hommes à la grandeur des dieux, et rabaissé les dieux aux faiblesses humaines? le vulgaire ne fait-il pas les dieux à son image?

Le génie d'Homère s'explique aussi sans peine; l'incomparable puissance d'invention qu'on admire dans ses caractères, l'originalité sauvage de ses comparaisons, la vivacité de ses peintures de morts et de batailles, son pathétique sublime, tout cela n'est pas le génie d'un homme, c'est celui de l'âge héroïque. Quelle force de jeunesse n'ont pas alors l'imagination, la mémoire, et les passions qui inspirent la poésie?

Les trois principaux titres d'Homère sont désormais mieux motivés : c'est bien le fondateur de la civilisation en Grèce, le père des poètes, la source de toutes les philosophies grecques. Le dernier titre mérite une explication : les philosophes ne tirèrent point leurs systèmes d'Homère, quoiqu'ils cherchassent à les autoriser de ses fables; mais ils y trouvèrent réellement une occasion de recherches, et une facilité de plus pour exposer et populariser leurs doctrines.

Cependant on peut insister : *en supposant qu'un peuple entier ait été poète, comment put-il inventer les artifices du style, ces épisodes, ces tours heureux, ce nombre poétique....?* et comment eût-il pu ne pas les inventer? les tours ne vinrent que de la difficulté de s'exprimer; les épisodes de l'inhabileté qui ne sait pas distinguer et écarter les choses qui ne vont pas au but. Quant au nombre musical et poétique, il est naturel à l'homme; les bègues s'essaient à parler en chantant; dans la passion, la voix s'altère et approche du chant. Partout les vers précédèrent la prose.

Passer de la poésie à la prose, c'était abstraire et généraliser; car le langage de la première est tout concret, tout particulier. La poésie elle-même, quoiqu'elle sortît alors de l'usage vulgaire, reçut aussi les expressions générales; aux noms propres, qui, dans l'indigence des langues, lui avaient servi à désigner les caractères, elle substitua des noms imaginaires, et conçut des caractères purement idéaux; ce fut là le commencement de son troisième âge, de l'âge *humain* de la poésie.

L'origine de la religion, de la poésie et des langues étant découverte, nous connaissons celle de la société païenne. Les poèmes d'Homère en sont le principal monument. Joignez-y l'histoire des premiers siècles de Rome, qui nous présente le meilleur commentaire de l'histoire fabuleuse des Grecs; en effet Rome ayant été fondée lorsque les langues vulgaires du Latium avaient fait de grands progrès, l'héroïsme romain jeune encore, au milieu de peuples déjà mûrs, s'exprima en langue vulgaire, tandis que celui des Grecs s'était exprimé en langue héroïque.

Le commencement de la religion fut celui de la société. Les géans, effrayés par la foudre qui leur révèle une puissance supérieure, se réfugient dans les cavernes. L'état bestial finit avec leurs courses vagabondes; ils s'assurent d'un asile régulier, ils y retiennent une compagne par la force, et la famille a commencé. Les premiers pères de famille sont les premiers prêtres; et comme la religion compose encore toute la sagesse, les premiers sages; maîtres absolus de leur famille, ils sont aussi les premiers rois; de là le nom de *patriarches* (pères et princes). Dans une si grande barbarie, leur joug ne peut être que dur et cruel; le Polyphème d'Homère est aux yeux de Platon l'image des premiers pères de famille. Il faut bien qu'il en soit ainsi pour que les hommes domptés par le gouvernement de la famille se trouvent préparés à obéir aux lois du gouvernement civil qui va succéder. Mais ces rois absolus de la famille sont eux-mêmes soumis aux puissances divines, dont ils interprètent les ordres à leurs femmes et à leurs enfans; et comme alors il n'y a point d'action qui ne soit soumise à un Dieu, le gouvernement est en effet théocratique.

Voilà l'âge d'or, tant célébré par les poètes, l'âge où les dieux règnent sur la terre. Toute la vertu de cet âge, c'est une superstition barbare qui sert pourtant à contenir les hommes, malgré leur brutalité et leur orgueil farouche. Quelque horreur que nous inspirent ces religions sanguinaires, n'oublions pas que c'est sous leur influence que se sont formées les plus illustres sociétés du monde; l'athéisme n'a rien fondé. *vrai!*

Bientôt la famille ne se composa pas seulement des individus liés par le sang. Les malheureux qui étaient restés dans la promiscuité des biens et des femmes, et dans les querelles qu'elle produisait, voulant échapper aux insultes des violens, recoururent aux autels des forts, situés sur les hauteurs. Ces autels furent les premiers asyles, *vetus urbes condentium consilium*, dit Tite-Live. Les forts tuaient les violens et protégeaient les refugiés. Issus de Jupiter, c'est-à-dire, nés sous ses auspices, ils étaient héros par la naissance et par la vertu. Ainsi se forma le caractère idéal de l'Hercule antique; les héros étaient *héraclides*, enfans d'Hercule, comme les sages étaient appelés enfans de la sagesse, etc.

Les nouveaux venus, conduits dans la société par l'intérêt, non par la religion, ne partagèrent pas les prérogatives des héros, particulièrement celle du mariage solennel. Ils avaient été reçus à condition de servir leurs défenseurs comme esclaves; mais, devenus nombreux, ils s'indignèrent de leur abaissement, et demandèrent une part dans ces terres qu'ils cultivaient. Partout où les héros furent vaincus, ils leur cédèrent des terres qui devaient toujours relever d'eux; ce fut la première *loi agraire*, et l'origine des *clientelles* et des *fiefs*.

Ainsi s'organisa la cité: les pères de famille formèrent une classe de *nobles*, de *patriciens*, conservant le triple caractère de rois de leur maison, de prêtres et de sages, c'est-à-dire, de dépositaires des auspices. Les réfugiés composèrent une classe de *plébéiens, compagnons, cliens, vassaux*, sans autre droit que la jouissance des terres, qu'ils tenaient des nobles.

Les cités héroïques furent toutes gouvernées aristocratiquement; les rois des familles soumirent leur empire domestique à celui de leur ordre. Les principaux de l'ordre héroïque furent appelés *rois* de la cité, et administrèrent les affaires communes, en ce qui touchait la guerre et la religion.

Ces petites sociétés étaient essentiellement guerrières (πόλις, πόλιμος). *Étranger* (*hostis*), dans leur langage, est synonyme d'*ennemi*. Les héros s'honoraient du nom de brigands (Voy. Thucydide), et exerçaient en effet le brigandage ou la piraterie. A l'intérieur, les cités héroïques n'étaient pas plus tranquilles. Les anciens nobles, dit Aristote (*Politique*), juraient une éternelle inimitié aux plébéiens. L'histoire romaine nous le confirme : les plébéiens combattaient pour l'intérêt des nobles, à leurs propres dépens, et ceux-ci les ruinaient par l'usure, les enfermaient dans leurs cachots particuliers, les déchiraient de coups de fouets. Mais l'amour de l'honneur, qui entretient dans les républiques aristocratiques cette violente rivalité des ordres, cause en récompense dans la guerre une généreuse émulation. Les nobles se dévouent au salut de la patrie, auquel tiennent tous les privilèges de leur ordre; les plébéiens, par des exploits signalés, cherchent à se montrer dignes de partager les privilèges des nobles. Ces querelles, qui tendent à établir l'égalité, sont le plus puissant moyen d'agrandir les républiques.

Pour compléter ce tableau des âges divin et héroïque, nous rapprocherons l'histoire du droit civil de celle du droit politique. Dans la première, nous retrouvons toutes les vicissitudes de la seconde. Si les gouvernemens résultent des mœurs, la jurisprudence varie selon la forme du gouvernement. C'est ce que n'ont vu ni les historiens, ni les jurisconsultes; ils nous expliquent les lois, nous en rappellent l'institution sans en marquer les rapports avec les révolutions politiques ; ainsi ils nous présentent les faits isolés de leurs causes. Demandez-leur pourquoi la jurisprudence antique des Romains fut entourée de tant de solennités, de tant de mystères; ils ne savent qu'accuser l'imposture des patriciens.

Au premier âge, le droit et la raison, c'est ce qui est ordonné d'en haut, c'est ce que les dieux ont révélé par les auspices, par les oracles et autres signes matériels. Le droit est fondé sur une autorité divine. Demander la moindre explication serait un blasphème. Admirons la Providence qui permit qu'à une époque où les hommes étaient incapables de discerner le droit, la raison véritable, ils trouvassent dans leur erreur un principe d'ordre et de conduite. La jurisprudence, la science de ce droit divin, ne pouvait être que la connaissance des rites religieux; la justice était tout entière dans l'observation de certaines pratiques, de certaines cérémonies. Delà le respect superstitieux des Romains pour les *acta legitima ;* chez eux, les noces le testament étaient dits *justa*, lorsque les cérémonies requises avaient été accomplies.

Le premier tribunal fut celui des dieux ; c'est à eux qu'en appelaient ceux qui recevaient quelque tort, ce sont eux qu'ils invoquaient comme témoins et comme juges. Quand les jugemens de la religion se régularisèrent, les coupables furent dévoués, anathématisés; sur cette sentence, ils devaient être mis à mort. On la prononçait contre un peuple aussi bien que contre un individu; les guerres (*pura et pia bella*) étaient des jugemens de Dieu. Elles avaient toutes un caractère de religion; les hérauts qui les déclaraient, dévouaient les ennemis, et appelaient leurs dieux hors de leurs murs; les vaincus étaient considérés comme sans dieux; les rois traînés derrière le char des triomphateurs romains étaient offerts au Capitole à Jupiter Férétrien, et delà immolés.

Les duels furent encore une espèce de jugement des dieux. *Les républiques anciennes*, dit Aristote dans sa Politique, *n'avaient pas de lois judiciaires pour punir les crimes et réprimer la violence.* Le duel offrait seul un moyen d'empêcher que les guerres individuelles ne s'éternisassent. Les hommes, ne pouvant distinguer la cause réellement juste, croyaient juste celle que favorisaient les dieux. Le *droit héroïque* fut celui de la force.

La violence des héros ne connaissait qu'un seul frein : le respect de la parole. Une fois prononcée, la parole était pour eux sainte comme la religion, immuable comme le passé (*fas*, *fatum*, de *fari*). Aux actes religieux qui composaient seuls toute la justice de l'âge divin, et qu'on pourrait appeler *formules d'actions*, succédèrent des *formules parlées*. Les secondes héritèrent du respect qu'on avait eu pour les premières, et la superstition de ces formules fut inflexible, impitoyable: *Uti linguâ nuncupassit, itâ jus esto* (douze tables): Agamemnon a prononcé qu'il immolerait sa fille; il faut qu'il l'immole. Ne crions pas comme Lucrèce, *tantum relligio potuit suadere malorum!*... Il fallait cette horrible fidélité à la parole dans ces temps de violence; la faiblesse soumise à la force avait à craindre de moins ses caprices. — L'équité de cet âge n'est donc pas *l'équité naturelle*, mais *l'équité civile*; elle est dans la jurisprudence ce que la *raison d'état* est en politique, un principe d'utilité, de conservation pour la société.

La sagesse consiste alors dans un usage habile des paroles, dans l'application précise, dans l'appropriation du langage à un but d'intérêt. C'est là la sagesse d'Ulysse; c'est celle des anciens jurisconsultes romains avec leur fameux *cavere*. *Répondre sur le droit*, ce n'était pour eux autre chose que précautionner les consultans, et les préparer à circonstancier devant les tribunaux le cas contesté, de manière que les formules d'actions s'y rapportassent de point en point, et que le préteur ne pût refuser de les appliquer. — Imitées des formules religieuses, les formules légales de l'âge héroïque furent enveloppées des mêmes mystères : le secret, l'attachement aux choses établies sont l'âme des républiques aristocratiques.

Les formules religieuses, étant toutes en action, n'avaient rien de général ; les formules légales dans leurs commencemens n'ont rapport qu'à un fait, à un individu ; ce sont de simples exemples d'après lesquels on juge ensuite les faits analogues. La loi, toute particulière encore, n'a pour elle que l'autorité (*dura est, sed scripta est*) ; elle n'est pas encore fondée en principe, en *vérité*. Jusque-là, il n'y a qu'un droit civil ; avec l'âge *humain* commence le droit naturel, le droit de l'humanité raisonnable. La justice de ce dernier âge considère le mérite des faits et des personnes ; une justice aveugle serait faussement impartiale ; son égalité apparente serait en effet inégalité. Les exceptions, les privilèges sont souvent demandés par l'équité naturelle ; aussi les gouvernemens humains savent faire plier la loi dans l'intérêt de l'égalité même.

A mesure que les démocraties et les monarchies remplacent les aristocraties héroïques, l'importance de la loi civile domine de plus en plus celle de la loi politique. Dans celles-ci tous les intérêts privés des citoyens étaient renfermés dans les intérêts publics ; sous les gouvernemens *humains*, et surtout sous les monarchies, les intérêts publics n'occupent les esprits qu'à propos des intérêts privés; d'ailleurs les mœurs s'adoucissant, les affections particulières en prennent d'autant plus de force, et remplacent le patriotisme.

Sous les gouvernemens *humains*, l'égalité que la nature a mise entre les hommes en leur donnant l'intelligence, caractère essentiel de l'humanité, est consacrée dans l'égalité civile et politique. Les citoyens sont dès-lors égaux, d'abord comme souverains de la cité, ensuite comme sujets d'un monarque qui, distingué seul entre tous, leur dicte les mêmes lois.

Dans les républiques populaires bien ordonnées, la seule inégalité qui subsiste est déterminée par le cens : Dieu veut qu'il en soit ainsi, pour donner l'avantage à l'économie sur la prodigalité, à l'industrie et à la prévoyance sur l'indolence et la paresse. — Le peuple pris en général veut la justice; lorsqu'il entre ainsi dans le gouvernement, il fait des lois justes, c'est-à-dire généralement bonnes.

Mais peu-à-peu les états populaires se corrompent. Les riches ne considèrent plus leur fortune comme un moyen de supériorité légale, mais comme un instrument de tyrannie; le peuple qui sous les gouvernemens héroïques ne réclamait que l'égalité, veut maintenant dominer à son tour; il ne manque pas de chefs ambitieux qui lui présentent des lois populaires, des lois qui tendent à enrichir les pauvres. Les querelles ne sont plus légales; elles se décident par la force. De là des guerres civiles au-dedans, des guerres injustes au-dehors. Les puissans s'élèvent dans le désordre; et l'anarchie, la pire des tyrannies, force le peuple de se réfugier dans la domination d'un seul. Ainsi le besoin de l'ordre et de la sécurité fonde les monarchies. Voilà la *loi royale* (pour parler comme les jurisconsultes) par laquelle Tacite légitime la monarchie romaine sous Auguste : *Qui cuncta discordiis fessa sub imperium unius accepit.*

Fondées sur la protection des faibles, les monarchies doivent être gouvernées d'une manière populaire. Le prince établit l'égalité, au moins dans l'obéissance; il humilie les grands, et leur abaissement est déjà une liberté pour les petits. Revêtu d'un pouvoir sans bornes, il consulte non la loi, mais l'équité naturelle. Aussi la monarchie est-elle le gouvernement le plus conforme à la nature, dans les temps de la civilisation la plus avancée.

Les monarques se glorifient du titre de clémens, et rendent les peines moins sévères; ils diminuent cette terrible puissance paternelle des premiers âges. La bienveillance de la loi descend jusqu'aux esclaves; les ennemis même sont mieux traités, les vaincus conservent des droits. Celui de citoyen, dont les républiques étaient si avares, est prodigué; et le pieux Antonin veut, selon le mot d'Alexandre, que le monde soit une seule cité.

Voilà toute la vie politique et civile des nations, tant qu'elles conservent leur indépendance. Elles passent successivement sous trois gouvernemens. La législation divine fonde la monarchie domestique, et commence l'*humanité;* la législation héroïque ou aristocratique forme la cité, et limite les abus de la force; la législation populaire consacre dans la société l'égalité naturelle; la monarchie enfin doit arrêter l'anarchie, et la corruption publique qui l'a produite.

Quand ce remède est impuissant, il en vient inévitablement du dehors un autre plus efficace. Le peuple corrompu était esclave de ses passions effrénées; li devient esclave d'une nation meilleure qui le soumet par les armes, et le sauve en le soumettant. Car ce sont deux lois naturelles : *Qui ne peut se gouverner, obéira,*—et, *aux meilleurs l'empire du monde.*

Que si un peuple n'était secouru dans ce misérable état de dépravation ni par la monarchie ni par la conquête, alors, au dernier des maux, il faudrait bien que la Providence appliquât le dernier des remèdes. Tous les individus de ce peuple se sont isolés dans l'intérêt privé ; on n'en trouvera pas deux qui s'accordent, chacun suivant son plaisir ou son caprice. Cent fois plus barbares dans cette dernière période de la civilisation qu'ils ne l'étaient dans son enfance ! la première barbarie était de nature, la seconde est de réflexion ; celle-là était féroce, mais généreuse ; un ennemi pouvait fuir ou se défendre ; celle-ci, non moins cruelle, est lâche et perfide ; c'est en embrassant qu'elle aime à frapper. Aussi ne vous y trompez pas ; vous voyez une foule de corps, mais si vous cherchez des *âmes humaines*, la solitude est profonde ; ce ne sont plus que des bêtes sauvages.

Qu'elle périsse donc cette société par la fureur des factions, par l'acharnement désespéré des guerres civiles ; que les cités redeviennent forêts, que les forêts soient encore le repaire des hommes, et qu'à force de siècles, leur ingénieuse malice, leur subtilité perverse disparaissent sous la rouille de la barbarie. Alors stupides, abrutis, insensibles aux raffinemens qui les avaient corrompus, ils ne connaissent plus que les choses indispensables à la vie ; peu nombreux, le nécessaire ne leur manque pas ; ils sont de nouveau susceptibles de culture ; avec l'antique simplicité l'on verra bientôt reparaître la piété, la véracité, la bonne foi, sur lesquelles est fondée la justice, et qui font toute la beauté de l'ordre éternel établi par la Providence.

C'est après ces épurations sévères que Dieu renouvela la société européenne sur les ruines de l'empire romain. Dirigeant les choses humaines dans le sens des décrets ineffables de sa grâce, il avait établi le christianisme en opposant la vertu des martyrs à la puissance romaine, les miracles et la doctrine des pères à la vaine sagesse des Grecs; mais il fallait arrêter les nouveaux ennemis qui menaçaient de toutes parts la foi chrétienne et la civilisation, au nord les Goths ariens, au midi les Arabes mahométans, qui contestaient également à l'auteur de la religion son divin caractère.

On vit renaître l'âge *divin* et le gouvernement théocratique. On vit les rois catholiques revêtir les habits de diacre, mettre la croix sur leurs armes, sur leurs couronnes, et fonder des ordres religieux et militaires pour combattre les infidèles. Alors revinrent les guerres pieuses de l'antiquité (*pura et pia bella*); mêmes cérémonies pour les déclarer: on appelait hors des murs d'une ville assiégée les saints, protecteurs de l'ennemi; et l'on cherchait à dérober leurs reliques. — Les jugemens divins reparurent sous le nom de *purgations canoniques*; les duels en furent une espèce, quoique non reconnue par les canons. — Les brigandages et les représailles de l'antiquité, la dureté des servitudes héroïques se renouvelèrent, surtout entre les infidèles et les chrétiens. — Les *asiles* du monde ancien se rouvrirent chez les évêques, chez les abbés; c'est le besoin de cette protection qui motive la plupart des constitutions de fiefs. Pourquoi tant de lieux escarpés ou retirés portent-ils des noms de saints? c'est que des chapelles y servaient d'asiles. — L'*âge muet* des premiers temps du monde se représenta, les vainqueurs et les vaincus ne s'entendaient point; nulle écriture en langue vulgaire. Les signes hiéroglyphiques furent employés pour marquer les droits seigneuriaux sur les maisons et sur les tombeaux, sur les troupeaux et sur les terres. Ainsi, nous retrouvons au moyen âge la plupart des caractères observés déjà dans la plus haute antiquité.

Quand toutes les observations qui précèdent sur l'histoire du genre humain, ne seraient point appuyées par le témoignage des philosophes et des historiens, des grammairiens et des jurisconsultes, ne nous conduiraient-elles pas à reconnaître dans ce monde *la grande cité des nations fondée et gouvernée par Dieu même?* — On élève jusqu'au ciel la sagesse législative des Lycurgue, des Solon, et des décemvirs, auxquels on rapporte la police tant célébrée des trois plus glorieuses cités, des plus signalées par la vertu civile; et pourtant combien ne sont-elles pas inférieures en grandeur et en durée à la république de l'univers !

Le miracle de sa constitution, c'est qu'à chacune de ses révolutions, elle trouve dans la corruption même de l'état précédent les élémens de la forme nouvelle qui peut la sauver. Il faut bien qu'il y ait là une sagesse au-dessus de l'homme....

Cette sagesse ne nous force pas par des lois positives, mais elle se sert pour nous gouverner des usages que nous suivons librement. Répétons donc ici le premier principe de la Science nouvelle : les hommes ont fait eux-mêmes le monde social, tel qu'il est; mais ce monde n'en est pas moins sorti d'une intelligence, souvent contraire, et toujours supérieure aux fins particulières que les hommes s'étaient proposées. Ces fins d'une vue bornée sont pour elle les moyens d'atteindre des fins plus grandes et plus lointaines. Ainsi les hommes isolés encore veulent le plaisir brutal, et il en résulte la sainteté des mariages et l'institution de la famille ; — les pères de famille veulent abuser de leur pouvoir sur leurs serviteurs, et la cité prend naissance; — l'ordre dominateur des nobles veut opprimer les plébéiens, et il subit la servitude de la loi, qui fait la liberté du peuple; — le peuple libre tend à secouer le frein de la loi, et il est assujéti à un monarque; — le monarque croit assurer son trône en dégradant ses sujets par la corruption, et il ne fait que les préparer à porter le joug d'un peuple plus vaillant;— enfin quand les nations cherchent à se détruire elles-mêmes, elles sont dispersées dans les solitudes.... et le phénix de la société renaît de ses cendres.

Tel est l'exposé bien incomplet sans doute de ce vaste système; nous l'abandonnons aux méditations de nos lecteurs. Il serait trop long de suivre Vico dans les applications ingénieuses qu'il a faites de ses principes. Nous ajouterons seulement quelques mots pour faire connaître quel fut le sort de l'auteur et de l'ouvrage.

La Science nouvelle eut quelque succès en Italie, et la première édition fut épuisée en trois ans. Plusieurs grands personnages, entre autres le pape Clément XII, écrivirent à Vico des lettres flatteuses. Des savans de Venise qui voulaient réimprimer la Science nouvelle dans cette ville, lui persuadèrent d'écrire lui-même sa vie pour qu'on l'insérât, dans un *Recueil des Vies des littérateurs les plus distingués de l'Italie*. Mais dans le reste de l'Europe le grand ouvrage de Vico ne produisit aucune sensation. Leclerc qui avait rendu compte du livre *de uno universi juris principio* dans la *Bibliothèque universelle*, ne parla point de la Science nouvelle.

Le journal de Trévoux en fit une simple mention. Le journal de Leipsik inséra un article calomnieux qui lui avait été envoyé de Naples.

Employé fréquemment par les vice-rois espagnols ou autrichiens à composer des discours, des vers, des inscriptions pour les occasions solennelles, Vico n'en resta pas moins dans l'indigence où il était né. Il ne suppléait à l'insuffisance des appointemens de la chaire de rhétorique qu'il occupait à l'université de Naples, qu'en donnant chez lui des leçons de langue latine. Au moment même où il achevait la Science nouvelle, il concourut pour une chaire de droit, et il échoua.

Dans cette position pénible, il faisait toute sa consolation du soin d'élever ses deux filles, qu'il aimait beaucoup, et dont l'aînée réussit dans la poésie italienne. C'était, dit l'éditeur des opuscules de Vico, auquel un fils du grand homme a transmis ces détails, c'était un spectacle touchant de voir le philosophe jouer avec ses filles aux heures que lui laissaient d'ennuyeux devoirs. Un ami qui le trouvait un jour avec elles, ne put s'empêcher de répéter ce passage du Tasse : *C'est Alcide qui, la quenouille en main, amuse de récits fabuleux les filles de Méonie.* Ce bonheur domestique était lui-même mêlé d'amertume. Un de ses enfans fut atteint d'une maladie longue et cruelle. Un autre devint par sa mauvaise conduite la honte de sa famille, et Vico fut obligé de demander qu'il fût enfermé.

A l'avènement de la maison de Bourbon, sa condition sembla s'améliorer, il fut nommé historiographe du roi, et obtint que son fils, Gennaro Vico, dont on connaissait le mérite et la probité, lui succédât comme professeur; mais ces faveurs venaient bien tard. Il languissait déjà sous le poids de l'âge et des plus douloureuses infirmités. Enfin ses forces diminuant tous les jours, il resta quatorze mois sans parler et sans reconnaître ses propres enfans. Il ne sortit de cet état que pour s'apercevoir de sa mort prochaine, et, après avoir rempli le devoir d'un chrétien, il expira en récitant les psaumes de David, le 20 janvier 1744. Il avait 76 ans accomplis.

Ne quittons point cet homme rare sans apprendre de lui-même comment il supporta ses malheurs : « Qu'elle soit à jamais louée, dit-il dans une lettre, « cette Providence qui, lors même qu'elle semble « à nos faibles yeux une justice sévère, n'est qu'a- « mour et que bonté. Depuis que j'ai fait mon grand « ouvrage, je sens que j'ai revêtu un nouvel homme. « Je n'éprouve plus la tentation de déclamer contre « le mauvais goût du siècle, puisqu'en me repous- « sant de la place que je demandais, il m'a donné « l'occasion de composer la Science nouvelle. Le

« dirai-je? je me trompe peut-être, mais je voudrais
« bien ne pas me tromper : la composition de cet
« ouvrage m'a animé d'un esprit héroïque qui me
« met au-dessus de la crainte de la mort et des ca-
« lomnies de mes rivaux. Je me sens assis sur une
« roche de diamant, quand je songe au jugement
« de Dieu qui fait justice au génie par l'estime du
« sage!.... 1726. »

Nous rapporterons encore, quoi qu'il en coûte, les dernières lignes qui soient sorties de sa plume :
« Maintenant Vico n'a plus rien à espérer au monde.
« Accablé par l'âge et les fatigues, usé par les cha-
« grins domestiques, tourmenté de douleurs con-
« vulsives dans les cuisses et dans les jambes, en
« proie à un mal rongeur qui lui a déjà dévoré une
« partie considérable de la tête, il a renoncé entiè-
« rement aux études, et a « envoyé au père Louis-
« Dominique, si recommandable par sa bonté et par
« son talent dans la poésie élégiaque, le manuscrit
« des notes sur la première édition de la Science
« nouvelle, avec l'inscription suivante :

AU TIBULLE CHRÉTIEN
AU PÈRE LOUIS DOMINIQUE
JEAN BAPTISTE VICO
POURSUIVI ET BATTU
PAR LES ORAGES CONTINUELS D'UNE FORTUNE ENNEMIE
ENVOIE CES DÉBRIS INFORTUNÉS DE LA SCIENCE NOUVELLE
PUISSENT ILS TROUVER CHEZ LUI UN PORT UN LIEU DE REPOS

[Après avoir rappelé les obstacles, les contradictions qu'il rencontra, il ajoute ce qui suit :] « Vico
« bénissait ces adversités qui le ramenaient à ses
« études. Retiré dans sa solitude comme dans un
« fort inexpugnable, il méditait, il écrivait quelque
« nouvel ouvrage, et tirait une noble vengeance de
« ses détracteurs. C'est ainsi qu'il en vint à trouver
« la *Science nouvelle*.... Depuis ce moment il crut
« n'avoir rien à envier à ce Socrate, dont Phèdre
« disait :

« L'envie le condamna vivant, mais sa cendre
« est absoute. Que l'on m'assure sa gloire, et je ne
« refuse point sa mort ! » *

---

* *Cujus non fugio mortem, si famam assequar,*
Et cedo invidiæ, dum modo absolvar cinis.

APPENDICE DU DISCOURS.

Cet appendice renferme la vie de Vico, la liste de tous ses ouvrages et celle des auteurs qui l'ont imité, attaqué, ou simplement mentionné ; enfin l'indication des principaux ouvrages qui ont été écrits sur la philosophie de l'histoire.

Nous ne répéterons pas ici les détails relatifs à la vie de Vico, que nous avons déjà donnés au commencement et à la fin du discours. Vico naquit en 1668, et non en 1670, comme on le lit dans sa Vie écrite par lui-même. L'éditeur de ses Opuscules a rectifié cette date d'après les registres de naissance. A l'âge de sept ans, il perdit beaucoup de sang par suite d'une chute, et le chirurgien décida qu'il mourrait ou resterait imbécille; la prédiction ne fut point vérifiée. « Cet accident ne fit qu'altérer son humeur, et le « rendit mélancolique et ardent, caractère ordinaire des hommes « qui unissent la vivacité d'esprit et la profondeur ». Après avoir fait ses humanités et surpassé ses maîtres, il se livra avec ardeur à la dialectique; mais les subtilités de la scholastique le rebutèrent : il faillit perdre l'esprit, et demeura découragé pour dix-huit mois.

Un jour qu'il était entré par hasard dans une école de droit, le professeur louait un célèbre jurisconsulte; ce moment décida de sa vie..... « Dès ces premières études, Vico était charmé en « lisant les maximes dans lesquelles les interprètes anciens ont « résumé et généralisé les motifs particuliers du législateur. Il « aimait aussi à observer le soin avec lequel les jurisconsultes

« pèsent les termes des lois qu'ils expliquent. Il vit dès-lors dans
« les interprètes anciens les philosophes de l'équité naturelle;
« dans les interprètes érudits les historiens du droit romain :
« double présage de ses recherches sur le principe d'un droit
« universel, et du bonheur avec lequel il devait éclairer l'étude
« de la jurisprudence romaine par celle de la langue latine. »

Il nous a fait connaître la marche de ses études pendant les neuf années qui suivirent cette époque. Ce n'est point ici un de ces romans où les philosophes exposent leurs idées dans une forme historique; la route de Vico est trop sinueuse pour qu'on puisse la supposer tracée d'avance.

D'abord la nécessité d'embrasser toute la science qu'il enseignait, l'obligea de s'occuper du droit canonique. Pour mieux comprendre ce droit, il entra dans l'étude du dogme; cette étude devait le conduire plus tard à « chercher un principe du droit
« naturel qui pût expliquer les origines historiques du droit
« romain et en général du droit des nations païennes, et qui, sous
« le rapport moral, n'en fût pas moins conforme à la saine doc-
« trine de la Grâce. »

Vers le même temps, la lecture de Laurent Valla, qui accuse de peu d'élégance les jurisconsultes romains, celle d'un autre critique qui comparait la versification savante de Virgile avec celle des modernes, le déterminèrent à se livrer à l'étude de la littérature latine qu'il associa à celle de l'italienne. Il lisait alternativement Cicéron et Boccace, Dante et Virgile, Horace et Pétrarque. Chaque ouvrage était lu trois fois; la première pour en saisir l'unité, la seconde pour en observer la suite et pour étudier l'artifice de la composition, la troisième pour en noter les expressions remarquables, ce qu'il faisait sur le livre même.

Lisant ensuite, dans l'Art poétique d'Horace, que l'étude des moralistes ouvre à la poésie la source de richesses la plus abondante, il s'y livra avec ardeur, en commençant par Aristote, qu'il avait vu citer le plus souvent dans les livres élémentaires de droit.
« Dans cette étude, il observa bientôt que la jurisprudence romaine
« n'était qu'un art de décider les cas particuliers selon l'équité,

« art dont les jurisconsultes donnaient d'innombrables préceptes
« conformes à la justice naturelle, et tirés de l'intention du législateur; mais que la science du juste enseignée par les philosophes est fondée sur un petit nombre de vérités éternelles, dictées par une justice métaphysique qui est comme l'architecte de
« la cité; qu'ainsi l'on n'apprend dans les écoles que la moitié de
« la science du droit. »

La morale le ramena à la métaphysique; mais comme il tirait peu de profit de celle d'Aristote, il se mit à lire Platon, sur sa réputation de prince des philosophes. Il comprit alors pourquoi la métaphysique du premier ne lui avait servi de rien pour appuyer la morale. « Celle du second conduit à reconnaître pour
« principe physique l'idée éternelle qui tire d'elle-même et crée
« la matière. Conformément à cette métaphysique, Platon donne
« pour base à sa morale l'idéal de la justice; et c'est delà qu'il part
« pour fonder sa république, sa législation idéales. La lecture de
« Platon éveilla dans l'esprit de Vico la première conception d'un
« droit idéal éternel, en vigueur dans la cité universelle, qui est
« renfermée dans la pensée de Dieu, et dans la forme de laquelle
« sont instituées les cités de tous les temps et de tous les pays.
« Voilà la république que Platon devait déduire de sa métaphysique; mais il ne le pouvait, ignorant la chute du premier
« homme. »

Les ouvrages philosophiques de Platon, d'Aristote et de Cicéron, dont le but est de diriger l'homme social, l'éloignèrent également « et des épicuriens, toujours renfermés dans la molle
« oisiveté de leurs jardins, et des stoïciens qui, tout entiers dans
« les théories, se proposent l'impassibilité; ce sont morales de
« solitaires. Mais il admira la physique des stoïciens qui composent l'univers de points, comme les platoniciens le composent de nombres. Il rejeta également les physiques *mécaniques* d'Épicure et de Descartes. La physique expérimentale des
« Anglais lui parut devoir être utile à la médecine; mais il se garda
« bien de s'occuper d'une science qui ne servait de rien à la
« philosophie de l'homme, et dont la langue était barbare. »

d.

Comme Aristote et Platon tirent souvent leurs preuves des mathématiques, il étudia la géométrie pour les mieux entendre; mais il ne poussa pas loin cette étude, pensant qu'il suffisait de connaître la méthode des géomètres; « pourquoi mettre dans de « pareilles entraves un esprit habitué à parcourir le champ sans « bornes des généralités, et à chercher d'heureux rapprochemens « dans la lecture des orateurs, des historiens et des poètes? »

De retour à Naples, Vico y trouva cette décadence universelle dont on a vu le tableau. Combien il se félicita de n'avoir pas eu de maître dont les paroles fussent pour lui des lois; combien il remercia la solitude de ses forêts, où il avait pu suivre une carrière toute indépendante! Voyant qu'on négligeait surtout la langue latine, il se détermina à en faire un des principaux objets de ses études; pour mieux s'y livrer, il abandonna le grec, et ne voulut jamais apprendre le français. Il croyait avoir remarqué que ceux qui savent tant de langues, n'en possèdent jamais une parfaitement. Il abandonna les critiques, les commentateurs, et ferma même les dictionnaires. Les premiers n'arrivent guère à sentir les beautés d'une langue étrangère, par l'habitude qu'ils ont de chercher toujours les défauts. La décadence de la langue latine date de l'époque où commencèrent à paraître les seconds. Il ne conserva d'autre lexique que le *Nomenclateur* de Junius pour l'intelligence des termes techniques. Il lut les auteurs dans des éditions sans notes, en cherchant à pénétrer dans leur esprit avec une critique philosophique. Aussi ses amis l'appelaient-ils, comme on nommait autrefois Épicure, αὐτοδιδάσκαλος, *le maître de soi-même*.

On commençait dès-lors à connaître son mérite, et les théatins cherchaient à le faire entrer dans leur ordre; comme il n'était point gentilhomme, ils offraient de lui obtenir une dispense du pape. Vico refusa, et se maria, à ce qu'il paraît, peu de temps après. Vers la même époque, la chaire de rhétorique étant venue à vaquer, il refusait de concourir, parce qu'il avait échoué peu auparavant dans la demande d'une autre place; mais ses amis se moquèrent de sa simplicité dans les choses d'intérêt; il concourut et réussit (1697 ou 98).

Cette place lui donna l'occasion d'exposer particllement, dans une suite de discours d'ouverture, les idées qu'il devait réunir dans son grand ouvrage (1699-1720). Ce sont toujours des sujets généraux « où la philosophie descend aux applications de la vie civile; il y traite du but des études et de la méthode qu'on doit y suivre, des fins de l'homme, du citoyen, du chrétien. »

Ces discours, généralement admirables par la hauteur des vues, ont une forme paradoxale et quelquefois bizarrement dramatique. L'homme, dit-il dans celui de 1699, doit embrasser le cercle des sciences; qui ne le fait pas, ne le veut pas sérieusement. Nous ignorons toute la puissance de nos facultés. De même que Dieu est l'esprit du monde, l'esprit humain est un dieu dans l'homme. Ne vous est-il pas arrivé de faire, dans l'élan d'une volonté forte, des choses que vous admiriez ensuite, et que vous étiez tentés d'attribuer à un dieu plutôt qu'à vous-mêmes? — Dans le discours de 1700, Dieu, juge de la grande cité, prononce cette sentence dans la forme des lois romaines : L'homme naîtra pour la vérité et pour la vertu, c'est-à-dire pour moi; la raison commandera, les passions obéiront. Si quelque insensé, par corruption, par négligence ou par légèreté, enfreint cette loi, criminel au premier chef, qu'il se fasse à lui-même une guerre cruelle..... puis vient la description pathétique de cette guerre intérieure.

1701. Tout artifice, toute intrigue doivent être bannis de la république des lettres, si l'on veut acquérir de véritables lumières. — 1704. Quiconque veut trouver dans l'étude le profit et l'honneur, doit travailler pour la gloire, c'est-à-dire pour le bien général. — 1705. Les époques de gloire et de puissance pour les sociétés, ont été celles où elles ont fleuri par les lettres. — 1707. La connaissance de notre nature déchue doit nous exciter à embrasser dans nos études l'universalité des arts et des sciences, et nous indiquer l'ordre naturel dans lequel nous les devons apprendre. — Les discours de 1699 et de 1700 sont les seuls qu'on ait conservés en entier; ils se trouvent dans le quatrième volume du recueil des Opuscules de Vico.

Nous avons parlé déjà de deux discours plus remarquables encore (*De nostri temporis studiorum ratione*, 1708. — *Omnis divinæ atque humanæ eruditionis elementa tria, nosse, velle, posse*, etc. 1719). Le second a été fondu par Vico dans son livre sur l'*Unité de principe du droit*, qui lui-même a fourni les matériaux de la *Science nouvelle*.

Le premier ouvrage considérable de Vico, est le traité : *De antiquissimâ Italorum sapientiâ ex linguæ latinæ originibus eruendâ*, 1710. La lecture du traité plus ingénieux que solide de Bacon, *De sapientiâ veterum*, lui fit naître l'idée de chercher les principes de la sagesse antique, non dans les fables des poètes, mais dans les étymologies de la langue latine, comme Platon les avait cherchés dans celles de la langue grecque (Voy. *le Cratyle*). Ce travail devait avoir deux parties, l'une métaphysique, l'autre physique. La première seule a été imprimée, sous le titre indiqué ci-dessus. Vico paraît n'avoir pas achevé la seconde ; il dit seulement en avoir dédié à Aulisio un morceau considérable, intitulé : *De æquilibrio corporis animantis*. Il y traitait de l'ancienne médecine des Egyptiens. Je n'ai pu me procurer cet opuscule, qui peut-être n'a pas été imprimé. Dans le peu qu'il en cite, on voit qu'il avait soupçonné l'analogie du calorique et du magnétisme.

Le livre *De antiquissimâ Italorum sapientiâ*, est de tous les ouvrages de Vico celui dont il a le moins profité dans la Science nouvelle. Rien de plus ingénieux que ses réflexions sur la signification identique des mots *verum* et *factum* dans l'ancienne langue latine, sur le sens d'*intelligere, cogitare, dividere, minuere, genus* et *forma, verum* et *æquum, causa* et *negotium*, etc. Nous avons fait connaître dans Vico le fondateur de la philosophie de l'histoire ; peut-être, dans un second volume, montrerons-nous en lui le métaphysicien subtil et profond, l'antagoniste du cartésianisme, l'adversaire le plus éclairé et le plus éloquent de l'esprit du dix-huitième siècle. La traduction de l'ouvrage dont nous venons de parler entrerait dans cette nouvelle publication.

Vico s'occupa bientôt d'un travail tout différent. Le duc de Tracltto, Adrien Caraffe, le pria de se charger d'écrire la vie du maréchal Antoine Caraffe, son oncle, d'après les Mémoires qu'il avait laissés. Il y consacra une partie de ses nuits pendant deux ans « et s'efforça d'y concilier le respect dû aux princes avec celui que réclame la vérité ». L'ouvrage parut en un volume, 1716, et concilia à l'auteur l'estime et l'amitié de Gravina, avec lequel il entretint dès-lors une correspondance assidue. Nous n'avons pu trouver ni l'histoire ni les lettres.

Pour se préparer à écrire cette vie, Vico lut le grand ouvrage de Grotius. Nous avons vu quelle révolution cette lecture opéra dans ses idées. On lui avait demandé des notes pour une nouvelle édition du *Droit de la guerre et de la paix*, et il en avait déjà écrit sur le premier livre et sur la moitié du second, lorsqu'il s'arrêta, « réfléchissant qu'il convenait peu à un catholique d'orner « de notes l'ouvrage d'un hérétique. » [*]

Lorsque Vico eut fait paraître ses deux ouvrages, *de universi juris principio*, et *de constantiâ jurisprudentis* (172.), l'importance de ces travaux et son ancienneté dans l'université de Naples, l'encouragèrent à concourir pour une chaire de droit qui se trouvait vacante. Plusieurs de ses adversaires comptaient bien qu'il vanterait longuement ses services envers l'université; plusieurs espéraient qu'il s'en tiendrait à l'érudition vulgaire des principaux auteurs qui avaient traité la matière; d'autres, qu'il se jetterait sur ses principes du droit universel. Il les trompa tous: après une invocation courte, grave et touchante, il lut le commencement de la loi, et suivit une méthode familière aux anciens jurisconsultes, mais toute nouvelle dans les concours. Les applaudissemens unanimes de l'auditoire lui faisaient croire qu'il avait réussi;

---

[*] On voit pourtant (*Recueil des Opuscules*, t. 1, p. 118) qu'il correspondait avec un Juif, dont il fait l'éloge, et qui, dit-il, était son ami.

il en fut autrement. « Mais voici ce qui prouve que Vico est né « pour la gloire de Naples et de l'Italie; il venait de perdre tout « espoir d'avancement dans sa patrie; un autre aurait dit adieu « aux lettres, se serait repenti peut-être de les avoir cultivées; « pour lui il ne songea qu'à compléter son système. »

Nous ajouterons peu de choses à ce que nous avons dit sur les dernières années de Vico, et sur les malheurs qui attristèrent la fin de sa carrière. Une seule anecdote montrera l'état de gêne où il se trouvait, et l'indifférence de ses protecteurs. On a trouvé la note suivante au dos d'une lettre adressée à Vico par le cardinal Laurent Corsini, son Mécène, depuis pape sous le nom de Clément XII. « Réponse de Son Eminence le cardinal Corsini « qui n'a pas eu le moyen de m'aider à imprimer mon ouvrage. « Ce refus m'a forcé de penser à ma pauvreté. Il a fallu que j'em-« ployasse le prix d'un beau diamant, que je portais au doigt, « à payer l'impression et la reliûre. J'ai dédié l'ouvrage au sei-« gneur cardinal, parce que je l'avais promis ». L'amitié d'un simple gentilhomme, nommé Pietro Belli, fut plus utile à Vico, qui reconnut ses bienfaits en mettant une préface à sa traduction de la *Siphilis* de Frascator.

Dans une situation si pénible, il ne laissait échapper aucune plainte. Seulement il lui arrivait quelquefois de dire à un ami *que le malheur le poursuivrait jusqu'au tombeau*. Cette triste prophétie fut réalisée. A sa mort, les professeurs de l'université s'étaient rassemblés chez lui, selon l'usage, pour accompagner leur collègue à sa dernière demeure. La confrérie de Sainte-Sophie, à laquelle tenait Vico, devait porter le corps. Il était déjà descendu dans la cour et exposé. Alors commença une vive altercation entre les membres de la congrégation et les professeurs, qui prétendaient également au droit de porter les coins du drap mortuaire. Les deux partis s'obstinant, la congrégation se retira et laissa le cadavre. Les professeurs ne pouvant l'enterrer seuls, il fallut le remonter dans la maison. Son malheureux fils, l'âme navrée, s'adressa au chapitre de l'église métropolitaine, et le fit enterrer enfin dans l'église des pères de l'Oratoire (*detta de' Ge-*

rolamini), qu'il fréquentait de son vivant, et qu'il avait choisie lui-même pour le lieu de sa sépulture.

Les restes de Vico demeurèrent négligés et ignorés jusqu'en 1789. Alors son fils Gennaro lui fit graver, dans un coin écarté de l'église, une simple épitaphe. L'Arcadie de Rome, dont Vico était membre, lui avait érigé un monument. Le possesseur actuel du château de Cilento, a mis une inscription à sa mémoire dans une bibliothèque peu considérable du couvent de Sainte-Marie de la Pitié, où il travaillait ordinairement pendant son séjour à Vatolla.

Nous avons parlé du peu d'impression que produisit sur le public l'apparition du système de Vico. Lorsque parurent les livres *De uno juris principio* et *De constantiâ jurisprudentis*, l'ouvrage, dit-il lui-même, n'éprouva qu'une critique, c'est qu'on ne le comprenait pas. Cependant le fameux Leclerc le comprit, car il écrivit à l'auteur une lettre flatteuse, et témoigna une haute estime pour l'ouvrage, dans la Bibliothèque ancienne et moderne, 2e partie du volume XVIII, article 8.

Lorsque les idées de Vico s'étendirent, et qu'il sentit la nécessité de réunir les deux ouvrages pour les appuyer l'un par l'autre, il entreprit d'abord d'établir son système en montrant l'invraisemblance de tout ce qu'on avait dit sur le même sujet; l'ouvrage devait avoir deux volumes in-4°. Mais il sentit les inconvéniens de cette méthode négative : d'ailleurs un revers de fortune l'avait mis hors d'état de faire des frais d'impression si considérables. Il concentra toutes ses facultés dans la méditation la plus profonde pour donner à son ouvrage une forme positive, et le réduire à de plus étroites proportions. Le résultat de ce nouveau travail fut la première édition de la *Science nouvelle*, qui parut en 1725.

La *Science nouvelle* fut attaquée par les protestans et par les catholiques. Tandis qu'un Damiano Romano, accusait le système de Vico d'être contraire à la religion, le journal de Leipsig insérait un article envoyé par un autre compatriote de Vico, dans lequel on lui reprochait d'avoir *approprié son système au goût de l'église romaine*. Vico accepte ce dernier reproche, mais il ajoute un mot remarquable : *N'est-ce pas un caractère commun à toute religion chrétienne, et même à toute religion, d'être fondée sur le dogme de la Providence.* Recueil des Opuscules, t. 1, p. 141. — L'accusation de Damiano a été reproduite en 1821, par M. Colangelo. *

On a vu dans le discours, comment Vico abandonna la méthode analytique qu'il avait suivie d'abord pour donner à son livre une forme synthétique. Dans la seconde édition (1730), il part souvent des idées de la première comme de principes établis, et les exprime en formules qu'il emploie ensuite sans les expliquer.

* Damiano Romano. Défense historique des lois grecques venues à Rome contre l'opinion moderne de M. Vico, 1736, in-4°. — Quatorze Lettres sur le troisième principe de la science nouvelle, relatif à l'origine du langage; ouvrage dans lequel on montre par des preuves tirées tant de la philosophie que de l'histoire sacrée et profane, que toutes les conséquences de ce principe sont fausses et erronées, 1749. — Dans la préface de son premier ouvrage, il reconnaît que Vico a mérité l'immortalité; dans le second, fait après la mort de Vico, il l'appelle plagiaire, etc. — Il croit prouver d'abord que le système de Vico n'est pas nouveau, et dans cette partie, malgré la diffusion et le pédantisme, l'ouvrage est assez curieux, en ce qu'il rapproche de Vico les auteurs qui ont pu le mettre sur la voie. — Il soutient ensuite que ce système est erroné, et particulièrement contraire à la religion chrétienne. Le critique bienveillant rappelle à cette occasion l'hérésie d'un Alméricus (p. 139), dont on jeta les cendres au vent.

M. Colangelo. *Essai de quelques considérations sur la Science nouvelle*, dédié à M. Louis de Médicis, ministre des finances. 1821.

Quelques admirateurs de Vico ont appuyé ces injustes accusations, qu'ils regardaient comme autant d'éloges. Dans le desir d'ajouter Vico à la liste des philosophes du 18e siècle, ils ont prétendu qu'il avait obscurci son livre à dessein, pour le faire passer à la censure. Cette tradition, dont on rapporte l'origine à Genovesi, a passé de lui à Galanti son biographe, et ensuite à M. de A. Les personnes qui ont le plus étudié Vico, MM. de A. et Jannelli n'y ajoutent aucune foi, et la lecture du livre suffit pour la réfuter.

Dans la dernière édition (1744), l'obscurité et la confusion augmentent. On ne peut s'en étonner lorsqu'on sait comment elle fut publiée. L'auteur arrivait au terme de sa vie et de ses malheurs; depuis plusieurs mois il avait perdu connaissance. Il paraît que son fils Gennaro Vico rassembla les notes qu'il avait pu dicter depuis l'édition de 1730, et les intercala à la suite des passages auxquels elles se rapportaient le mieux, sans entreprendre de les fondre avec le texte auquel il n'osait toucher.

La plupart des retranchemens que nous nous sommes permis, portent sur ces additions.

Quoique nous n'ayons point traduit le morceau considérable, intitulé : *Idée de l'ouvrage*, et que nous ayons abrégé de moitié la *Table chronologique*, nous n'avons réellement rien retranché du 1er livre. Tout ce que nous avons passé dans la table, se trouve placé ailleurs, et plus convenablement. Quant à l'*Idée de l'ouvrage*, Vico avoue lui-même, en tête de l'édition de 1730, qu'il y avait mis d'abord une sorte de préface qu'il supprima, et qu'il écrivit cette explication du frontispice pour remplir exactement le même nombre de pages. Ce frontispice est une sorte de représentation allégorique de la *Science nouvelle*. Debout sur le globe terrestre, la Métaphysique en extase contemple l'œil divin dans le mystérieux triangle; elle en reçoit un rayon qui se réfléchit sur la statue d'Homère (des poëmes duquel l'auteur doit tirer une grande partie de ses preuves). Le globe pose sur un autel qui porte aussi le feu sacré et le bâton augural, la torche nuptiale et l'urne funéraire, symboles des premiers principes de la société. Sur le devant, le tableau de l'alphabet, les faisceaux, les balances, etc., désignent autant de parties du système.

C'est sur le second livre que portent les principaux retranchemens. Le plus considérable des morceaux que nous n'avons pas cru devoir traduire, est une explication historique de la mythologie grecque et latine. Il comprend, dans le deuxième volume de l'édition de Milan (1803), les pages 101-107, 120-138, 147-156, 159, 165-171, 179, 182-185, 216-223, 235-238, 239-240, 254-268. Nous en avons rejeté l'extrait à la fin de la traduction. Pour ne point juger cette partie du système avec une injuste sévérité, il faut se rappeler qu'au temps de Vico, la science mythologique était encore frappée de stérilité par l'opinion ancienne qui ne voyait que des démons dans les dieux du paganisme, ou renfermée dans le système presque aussi infécond de l'apothéose. Vico est un des premiers qui aient considéré ces divinités comme autant de symboles d'idées abstraites.

Les autres retranchemens du livre II, comprennent les pages 7-12, 40-46, 49, 69-71, 90-92, 188-192, 210, et en grande partie 286-288. Ceux des derniers livres ne portent que sur les pages 78-9, 81-2, 84, 133, 138-140, 143-4.

Nous avons mentionné, à l'époque de leur publication, tous les ouvrages importans de Vico. 1708. *De nostri temporis studiorum ratione.* — 1710. *De antiquissimâ Italorum sapientiâ ex originibus linguæ latinæ eruendâ;* trad. en italien, 1816, Milan. — 1716. *Vita di Maresciallo Antonio Caraffa.* — 1721. *De uno juris universi principio. De constantiâ jurisprudentis.* — Enfin les trois éditions de la *Scienza nuova*, 1725, 1730, 1744. La première a été réimprimée, en 1817, à Naples, par les soins de M. Salvatore Galotti. La dernière l'a été, en 1801, à Milan; à Naples, en 1811 et en 1816, ou 1818? 1821? Elle a été traduite en allemand par M. W. E. Weber, Leipsig, 1822. — Pour compléter cette liste, nous n'aurons qu'à suivre l'éditeur des Opuscules de Vico. M. Carlantonio de Rosa, marquis de Villa-Rosa, les a recueillis en quatre volumes in-8° (Naples, 1818). Nous n'avons trouvé qu'une omission dans ce recueil. C'est celle de quelques notes faites par Vico sur l'Art poétique d'Horace. Ces notes peu remarquables ne portent point de date. Elles ont été publiées récemment. — Les pièces inédites publiées, en 1818, par M. Antonio Giordano, se trouvent aussi dans le recueil de M. de Rosa.

Le premier volume du recueil des Opuscules contient plusieurs écrits en prose italienne. Le plus curieux est le mémoire de Vico sur sa vie. L'estimable éditeur, descendant d'un protecteur de Vico, y a joint une addition de l'auteur qu'il a retrouvée dans ses papiers, et a complété la vie de Vico d'après les détails que lui a transmis le fils même du grand homme. Rien de plus touchant que les pages XV et 158-168 de ce volume. Nous en avons donné un extrait. Les autres pièces sont moins importantes. — 1715. Discours sur les repas somptueux des Romains, prononcé en présence du duc de Medina-Celi, vice-roi.—Oraison funèbre d'Anne-Marie d'Aspremont, comtesse d'Althann, mère du vice-roi. Beaucoup d'originalité. Comparaison remarquable entre la guerre de la succession d'Espagne et la seconde guerre punique. — 1727. Oraison funèbre d'Angiola Cimini, marquise de la Petrella. L'argument est très beau : *Elle a enseigné par l'exemple de sa vie la douceur et l'austérité* (il soave austero) *de la vertu.*

Le second volume renferme quelques opuscules et un grand nombre de lettres, en italien. Le principal opuscule est la *Réponse à un article du journal littéraire d'Italie.* C'est là qu'il juge Descartes avec l'impartialité que nous avons admirée plus haut. Dans deux lettres que contient aussi ce volume (au père de Vitré, 1726, et à D. Francesco Solla, 1729), il attaque la réforme cartésienne, et l'esprit du 18ᵉ siècle, souvent avec humeur, mais toujours d'une manière éloquente. — Deux morceaux sur Dante ne sont pas moins curieux. On y trouve l'opinion reproduite depuis par Monti, que l'auteur de la divine Comédie est plus admirable encore dans le purgatoire et le paradis que dans cet enfer si exclusivement admiré. — 1730. Pourquoi les orateurs réussissent mal dans la poésie.— De la grammaire. — 1720. Remercîment à un défenseur de son système. Dans cette lettre curieuse, Vico explique le peu de succès de la *Science nouvelle.* On y trouve le passage suivant : Je suis né dans cette ville, et j'ai eu affaire à bien des gens pour mes besoins. Me connaissant dès ma première jeunesse, ils se rappellent mes faiblesses et mes erreurs. Comme le mal que nous voyons dans les autres nous frappe vivement, et nous reste profondément gravé dans la mémoire, il devient une règle d'après laquelle nous jugeons toujours ce qu'ils peuvent faire ensuite de beau et de bon. D'ailleurs je n'ai ni richesses ni dignité; comment pourrais-je me concilier l'estime de la multitude? etc. — 1725. Lettre dans laquelle il se félicite de n'avoir pas obtenu la chaire de droit, ce qui lui a donné le loisir de composer la *Science nouvelle* (*Voy.* l'avant-dernière page du discours.) — Lettre fort belle sur un ouvrage qui traitait de la morale chrétienne, à Mgr. Muzio Gaëta. — Lettre au même, dans laquelle il donne une idée de son livre *De antiquâ sapientiâ Italorum*. « Il y a quelques années que j'ai travaillé à un système complet de métaphysique. J'essayais d'y démontrer que l'homme est Dieu dans le monde des grandeurs abstraites, et que Dieu est géomètre dans le monde des grandeurs concrètes, c'est-à-dire dans celui de la nature et des corps. En effet, dans la géométrie l'esprit humain part du point, chose qui n'a point de parties, et qui, par conséquent, est infinie; ce qui faisait dire à Galilée que quand nous sommes réduits au point, il n'y a plus lieu ni à l'augmentation, ni à la diminution, ni à l'égalité. Non-seulement dans les problèmes, mais aussi dans les théorèmes, connaître et faire, c'est la même chose pour le géomètre comme pour Dieu. »

Les réponses des hommes de lettres auxquels écrit Vico, donnent une haute idée du public philosophique de l'Italie à cette époque. Les principaux sont Muzio Gaëta, archevêque de Bari; un prédicateur célèbre, Michelangelo, capucin; Nicolò Concina, de l'ordre des Prêcheurs, professeur de philosophie et de droit naturel, à Padoue, qui enseignait plusieurs parties de la doctrine de Vico; Tommaso Maria Alfani, du même ordre, qui assure avoir été comme ressuscité après une longue maladie, par la lecture d'un nouvel ouvrage de Vico; le duc de Laurenzano, auteur d'un ouvrage sur le bon usage des passions humaines; enfin l'abbé Antonio Conti, noble vénitien, auteur d'une tragédie de César, et qui était lié avec Leibnitz et Newton. Vico était aussi en correspondance avec le célèbre Gravina, avec Paolo

Doria, philosophe cartésien, et avec ce prodigieux Aulisio, professeur de droit, à Naples, qui savait neuf langues, et qui écrivit sur la médecine, sur l'art militaire et sur l'histoire. D'abord ennemi de Vico, Aulisio se réconcilia avec lui après la lecture du discours *De nostri temporis studiorum ratione*. Nous n'avons ni les lettres qu'il écrivit à ces trois derniers ni leurs réponses.

Dans le troisième volume des Opuscules, Vico offre une preuve nouvelle que le génie philosophique n'exclut point celui de la poésie. Ainsi sont dérangées sans cesse les classifications rigoureuses des modernes. Quoi de plus subtil, et en même temps de plus poétique que le génie de Platon ? Vico présente, par ce double caractère, une analogie remarquable avec l'auteur de la Divine comédie.

Mais, c'est dans sa prose, c'est dans son grand poème philosophique de la *Science nouvelle*, que Vico rappelle la profondeur et la sublimité de Dante. Dans ses poésies, proprement dites, il a trop souvent sacrifié au goût de son siècle. Trop souvent son génie a été resserré par l'insignifiance des sujets officiels qu'il traitait. Cependant plusieurs de ces pièces se font remarquer par une grande et noble facture. Voyez particulièrement, l'exaltation de Clément XII, le panégyrique de l'électeur de Bavière, Maximilien Emmanuel ; la mort d'Angela Cimini ; plusieurs sonnets, pages 7, 9, 190, 195; enfin un épithalame dans lequel il met plusieurs des idées de la *Science nouvelle*, dans la bouche de Junon.

Nous ne nous arrêterons que sur les poésies où Vico a exprimé un sentiment personnel. La première est une élégie qu'il composa à l'âge de vingt-cinq ans (1693); elle est intitulée *Pensées de mélancolie*. A travers les *concetti* ordinaires aux poètes de cette époque, on y démêle un sentiment vrai : « Douces images du « bonheur, venez encore aggraver ma peine ! Vie pure et tran- « quille, plaisirs honnêtes et modérés, gloire et trésors acquis

« par le mérite, paix céleste de l'âme, (et ce qui est plus poignant
« à mon cœur) amour dont l'amour est le prix, douce récipro-
« cité d'une foi sincère!... » Long-temps après, sans doute de 1720
à 1730, il répond par un sonnet à un ami qui déplorait l'ingratitude
de la patrie de Vico. « Ma chère patrie m'a tout refusé!... Je la res-
« pecte et la révère. Utile et sans récompense, j'ai trouvé déjà dans
« cette pensée une noble consolation. Une mère sévère ne caresse
« point son fils, ne le presse point sur son sein, et n'en est pas
« moins honorée... » La pièce suivante, la dernière du recueil de
ses poésies, présente une idée analogue à celle du dernier morceau qu'il a écrit en prose (*Voy.* la fin du *Discours*). C'est une
réponse au cardinal Filippo Pirelli, qui avait loué la *Science
nouvelle* dans un sonnet. « Le destin s'est armé contre un misé-
« rable, a réuni sur lui seul tous les maux qu'il partage entre
« les autres hommes, et a abreuvé son corps et ses sens des plus
« cruels poisons. Mais la Providence ne permet pas que l'âme
« qui est à elle soit abandonnée à un joug étranger. Elle l'a
« conduit, par des routes écartées, à découvrir son œuvre ad-
« mirable du monde social, à pénétrer dans l'abîme de sa sagesse
« les lois éternelles par lesquelles elle gouverne l'humanité. Et
« grâce à vos louanges, ô noble poète, déjà fameux, déjà
« *antique* de son vivant, il vivra aux âges futurs, l'infortuné
« Vico! »

Le quatrième volume renferme ce que Vico a écrit en latin.
La vigueur et l'originalité avec lesquelles il écrivait en cette langue eût fait la gloire d'un savant ordinaire.

1696. *Pro auspicatissimo in Hispaniam reditu Francisci Be-
navidii S. Stephani comitis atque in regno Neap. Pro rege oratio.*
— 1697. *In funere Catharinæ Aragoniæ Segorbiensium ducis
oratio.* — 1702. *Pro felici in Neapolitanum solium aditu Phi-
lippi V, Hispaniarum novique orbis monarchæ oratio.* — 1708.
*De nostri temporis studiorum ratione oratio ad litterarum stu-
diosam juventutem, habita in R. Neap. Academiâ.* — 1738. *In*

Caroli et Mariæ Amaliæ utriusque Siciliæ regum nuptiis oratio. — Oratiuncula pro adsequendâ laureâ in utroque jure. — *Carolo Borbonio utriusque Siciliæ Regi R. Neap. Academia.* — *Carolo Borbonio utriusque Siciliæ Regi epistola.*

1729. *Vici vindiciæ sive notæ in acta eruditorum Lipsiensia mensis augusti A.* 1727, *ubi inter nova literaria unum extat de ejus libro, cui titulus : Principi d'una scienza nuova d'intorno alla commune natura delle nazioni.* Cet article, où l'on reproche à Vico d'avoir *approprié son système au goût de l'Eglise romaine*, avait été envoyé par un Napolitain. La violence avec laquelle Vico répond à un adversaire obscur, ferait quelquefois sourire, si l'on ne connaissait la position cruelle où se trouvait alors l'auteur. « Lecteur « impartial, dit-il en terminant, il est bon que tu saches que j'ai « dicté cet opuscule au milieu des douleurs d'une maladie mortelle, « et lorsque je courais les chances d'un remède cruel qui, chez les « vieillards, détermine souvent l'apoplexie. Il est bon que tu sa-« ches que depuis vingt ans j'ai fermé tous les livres, afin de « porter plus d'originalité dans mes recherches sur le droit des « gens; le seul livre où j'ai voulu lire c'est le sens commun de « l'humanité ». Ce qui rend cet opuscule précieux, c'est qu'en plusieurs endroits Vico déclare que le sujet propre de la Science nouvelle, c'est *la nature commune aux nations,* et que son système du droit des gens n'en est que le principal corollaire.

1708. *Oratio cujus argumentum, hostem hosti infensiorem infestioremque quam stultum sibi esse neminem.* Nul n'a d'ennemi plus cruel et plus acharné que l'insensé ne l'est de lui-même. — 1732. *De mente heroicâ oratio habita in R. Neap. academiâ.* L'héroïsme dont parle Vico est celui d'une grande âme, d'un génie courageux qui ne craint point d'embrasser dans ses études l'universalité des connaissances, et qui veut donner à sa nature le plus haut développement qu'elle comporte. Nulle part il ne s'est plus abandonné à l'enthousiasme qu'inspire la science considérée dans son ensemble et dans son harmonie. Cet ouvrage, qui semble porter l'empreinte d'une composition très rapide,

e

est surtout remarquable par la chaleur et la poésie du style. L'auteur avait cependant soixante-quatre ans.

Ajoutez à cette liste des ouvrages latins de Vico, un grand nombre de belles inscriptions. Voici l'indication des plus considérables : Inscriptions funéraires en l'honneur de D. Joseph Capece et D. Carlo de Sangro, 1707, faites par ordre du comte de Daun, général des armées impériales dans le royaume de Naples. — Autre en l'honneur de l'empereur Joseph, 1711, faite par ordre du vice-roi, Charles Borromée. — Autre en l'honneur de l'impératrice Éléonore, faite par ordre du cardinal Wolfang de Scratembac, vice-roi.

Nous avons déjà nommé la plupart des auteurs qui ont mentionné Vico (Journal de Trévoux, 1726, septembre ; page 1742). — Journal de Leipsig, 1727, août, page 383. — Bibliothèque ancienne et moderne de Leclerc, tome XVIII, partie II, pag. 426. — Damiano Romano. — Duni? Governo civile. — Cesarotti (sur Homère). — Parini (dans ses cours à Milan). — Joseph de Cesare. Pensées de Vico sur.... 18...? — Signorelli. — Romagnosi (de Parme). — L'abbé Talia. Lettres sur la philosophie morale, 1817, Padoue. — Colangelo — *Biblioteca analitica, passim*). — Joignez-y Herder, dans ses opuscules, et Wolf dans son *Musée des sciences de l'antiquité* (tome I, page 555). Ce dernier n'a extrait que la partie de la Science nouvelle relative à Homère. — Aucun Anglais, aucun Écossais, que je sache, n'a fait mention de Vico, si ce n'est l'auteur d'une brochure récemment publiée sur l'état des études en Allemagne et en Italie. — En France, M. Salfi est le premier qui ait appelé l'attention du public sur la Science nouvelle, dans son *Éloge de Filangieri*, et dans plusieurs numéros *de la Revue Encyclopédique*, t. II, p. 540 ; t. VI, p. 364 ; t. VII, p. 343. — *Voy.* aussi *Mémoires du comte Orloff sur Naples*, 1821, t. IV, p. 439, et t. V, p. 7.

Vico n'a point laissé d'école ; aucun philosophe italien n'a saisi son esprit dans tout le siècle dernier; mais un assez grand nombre d'écrivains ont développé quelques-unes de ses idées. Nous donnons ici la liste des principaux.

Genovesi (né en 1712, mort en 1769). N'ayant pu me procurer que deux des nombreux ouvrages de ce disciple illustre de Vico (les *Institutions* et la *Diceosina*), je donne les titres de tous les livres qu'il a faits, en faveur de ceux qui seraient à même de faire de plus amples recherches. — Leçons d'économie politique et commerciale. — Méditations philosophiques (sur la religion et la morale), 1758. — Institutions de métaphysique à l'usage des commençans. — Lettre académique (sur l'utilité des sciences, contre le paradoxe de J.-J. Rousseau), 1764. — Logique à l'usage des jeunes gens, 1766 (divisée en cinq parties : *emendatrice, inventrice, giudicatrice, ragionatrice, ordonatrice*. On estime le dernier chapitre, *Considérations sur les sciences et les arts*). — Traité des sciences métaphysiques, 1764 (divisé en cosmologie, théologie, anthropologie). — Dicéosine, ou science des droits et des devoirs de l'homme, 1767; ouvrage inachevé. C'est surtout dans le troisième volume de la Dicéosine que Genovesi expose des idées analogues à celles de Vico.

Filangieri (né en 1752, mort en 1788). Quoique cet homme célèbre n'ait rien écrit qui se rattache au système de Vico, nous croyons devoir le placer dans cette liste. A l'époque de sa mort prématurée, il méditait deux ouvrages; le premier eût été intitulé : *Nouvelle science des sciences*; le second : *Histoire civile, universelle et perpétuelle*. Il n'est resté qu'un fragment très court du premier, et rien du second. J'ai cherché inutilement ce fragment.

Cuoco (mort en 1822). Voyage de Platon en Italie. Ouvrage très superficiel et qui exagère tous les défauts du Voyage d'Anacharsis. Les hypothèses historiques de Vico ont souvent chez Cuoco un air plus paradoxal encore, parce qu'on n'y voit plus les principes dont elles dérivent. Ce sont à-peu-près les mêmes idées sur l'*Histoire éternelle*, sur l'Histoire romaine en particulier, sur les douze tables, sur l'âge et la patrie d'Homère, etc.

Au moment où les persécutions égarèrent la raison du malheureux Cuoco, il détruisit un travail fort remarquable, dit-on, sur le système de la Science nouvelle.

L'infortuné Mario Pagano (né en 1750, mort en 1800), est de tous les publicistes celui qui a suivi de plus près les traces de Vico. Mais quel que soit son talent, on peut dire que, dans ses *Saggi politici*, les idées de Vico ont autant perdu en originalité que gagné en clarté. Il ne fait point marcher de front, comme Vico, l'histoire des religions, des gouvernemens, des lois, des mœurs, de la poésie, etc. Le caractère religieux de la Science nouvelle a disparu. Les explications physiologiques qu'il donne à plusieurs phénomènes sociaux, ôtent au système sa grandeur et sa poésie, sans l'appuyer sur une base plus solide. Néanmoins les *Essais politiques* sont encore le meilleur commentaire de la Science nouvelle. Voici les points principaux dans lesquels il s'en écarte. 1° Il pense avec raison que la *seconde barbarie*, celle du moyen âge, n'a pas été aussi semblable à la première que Vico paraît le croire. 2° Il estime davantage la sagesse orientale. 3° Il ne croit pas que *tous* les hommes après le déluge soient tombés dans un état de brutalité complète. 4° Il explique l'origine des mariages, non par un sentiment religieux, mais par la jalousie. Les plus forts auraient enlevé les plus belles, auraient ainsi formé les premières familles et fondé la première noblesse. 5° Il croit qu'à l'origine de la société, les hommes furent, non pas agriculteurs, comme l'ont cru Vico et Rousseau, mais chasseurs et pasteurs.

Chez tous les écrivains que nous venons d'énumérer, les idées de Vico sont plus ou moins modifiées par l'esprit français du dernier siècle. Un philosophe de nos jours me semble mieux mériter le titre de disciple légitime de Vico. C'est M. Cataldo Jannelli, employé à la bibliothèque royale de Naples, qui a publié, en 1817, un ouvrage intitulé : *Essai sur la nature et la nécessité de la science des choses et histoires humaines*. Nous n'entreprendrons pas de juger ce livre remarquable. Nous observerons seulement que l'auteur ne semble pas tenir assez de compte de la perfectibilité de l'homme. Il compare trop rigoureusement l'humanité à un individu, et croit qu'elle aura sa vieillesse comme sa jeunesse et sa virilité (page 58).

Il ne nous reste qu'à donner la liste des principaux auteurs français, anglais et allemands qui ont écrit sur la philosophie de l'histoire. Lorsque nous n'étions pas sûr d'indiquer avec exactitude le titre de l'ouvrage, nous avons rapporté seulement le nom de l'auteur.

FRANCE. Bossuet. Discours sur l'histoire universelle, 1681. — Voltaire. Philosophie de l'histoire. Essai sur l'esprit et les mœurs des nations, commencé en 1740, imprimé en 1765. — Turgot. Discours sur les avantages que l'établissement du christianisme a procurés au genre humain. Autre sur les progrès de l'esprit humain. Essais sur la géographie politique. Plan d'histoire universelle. Progrès et décadences alternatives des sciences et des arts. Pensées détachées. Ces divers morceaux sont ce que nous avons de plus original et de plus profond sur la philosophie de l'histoire. L'auteur les a écrits à l'âge de vingt-cinq ans, lorsqu'il était au séminaire, de 1750 à 1764. *Voy.* le second volume des œuvres complètes, 1810. — Condorcet. Esquisse d'un tableau historique des progrès de l'esprit humain; écrit en 1793, publié en 1799. — M*me* de Staël, *passim*, et surtout dans son ouvrage sur la Littérature considérée dans ses rapports avec les institutions politiques. — Walckenaër. Essai sur l'histoire de l'espèce humaine. — Cousin. De la philosophie de l'histoire; très court, mais très éloquent, dans ses Fragmens philosophiques; écrit en 1818, imprimé en 1826.

ANGLETERRE. Ferguson. Essai sur l'histoire de la société civile, 1767; trad. — Millar. Observations sur les distinctions de rang dans la société, 1771. — Kames. Essais sur l'histoire de l'homme, 1773. — Dunbar? Essais sur l'histoire de l'humanité, 1780. — Price... 1787. — Priestley. Discours sur l'histoire; traduits.

ALLEMAGNE. Iselin. Histoire du genre humain, 1764. —

Herder. Idées philosophiques sur l'histoire de l'humanité, 1772 (traduit par M. Edgard Quinette, 1827). — Kant. Idée de ce que pourrait être une histoire universelle, considérée dans les vues d'un citoyen du monde (traduit par Villiers dans le Conservateur, tome 11, an VIII). Autres opuscules du même, sur l'identité de la race humaine, sur le commencement de l'histoire du genre humain, sur la théorie de la pure religion morale, etc. (traduits dans le même volume du Conservateur, ou dans les Archives philosophiques et littéraires, tome VIII). — Lessing. Éducation du genre humain, 1786. — Meiners. Histoire de l'humanité, 1786. Voyez aussi ses autres ouvrages *passim*. — Carus. Idées pour servir à l'histoire du genre humain. — Ancillon. Essais philosophiques, ou nouveaux mélanges, etc., 1817. *Voy.* philosophie de l'histoire, dans le premier volume; perfectibilité, dans le second (écrit en français).

Ajoutez à cette liste un nombre infini d'ouvrages dont le sujet est moins général, mais qui n'en sont pas moins propres à éclairer la philosophie de l'histoire; tels que l'Histoire de la culture et de la littérature en Europe, par Eichorn; la Symbolique de Creutzer, etc.

TABLE DES MATIÈRES.

Avis du Traducteur.
Discours sur le système et la vie de Vico . . . . pag. (1)
Appendice du Discours XLIX

LIVRE Ier — *Des principes.* — Argument 1
    Chapitre 1er Table chronologique. 5
    Chap. ii. Axiomes 24
    Chap. iii. Trois principes fondamentaux 75
    Chap. iv. De la Méthode. 81

LIVRE II. — *De la sagesse poétique.* — Argument 93
    Chap. 1er Sujet de ce Livre 101
    Chap. ii. De la Métaphysique poétique 108
    Chap. iii. De la Logique poétique. 125
    Chap. iv. De la Morale poétique. 168
    Chap. v. Du Gouvernement de la famille, ou Économie dans les âges poétiques. 174
    Chap. vi. De la Politique poétique 186
    Chap. vii. De la Physique poétique 221
    Chap. viii. De la Cosmographie poétique. 231
    Chap. ix. De l'Astronomie poétique.. 233
    Chap. x. De la Chronologie poétique. 235
    Chap. xi. De la Géographie poétique. 239
    Conclusion de ce Livre. 247

LIVRE III. — *Découverte du véritable Homère.* — Argument. 249
    Chap. 1er De la Sagesse philosophique que l'on attribue à Homère. 252
    Chap. ii. De la Patrie d'Homère. 258
    Chap. iii. Du temps où vécut Homère. 260
    Chap. iv. Pourquoi le génie d'Homère dans la poésie héroïque ne peut jamais être égalé. . . 264
    Chap. v. Observations philosophiques devant servir à la découverte du véritable Homère. . 268
    Chap. vi. Observations philologiques, etc. 274
    Chap. vii. Découverte du véritable Homère. 278

Appendice. — Histoire raisonnée des poètes dramatiques et lyriques. 285

TABLE DES MATIÈRES.

LIVRE IV. — *Du Cours que suit l'Histoire des Nations.* — pag.
— Argument. 287

Chap. 1ᵉʳ — Introduction. — Trois sortes de nature de mœurs, de droits naturels, de gouvernemens. 291

Chap. II. Trois espèces de langues et de caractères. . 296

Chap. III. Trois espèces de jurisprudences, d'autorités de raisons. — Corollaires relatifs à la politique et au droit des Romains. 299

Chap. IV. Trois espèces de Jugemens. — Corollaire relatif au duel et aux représailles. — Trois périodes dans l'histoire des mœurs et de la jurisprudence. 309

Chap. V. Autres preuves, tirées des caractères propres aux aristocraties héroïques. 321

Chap. VI. Autres preuves tirées de la manière dont chaque forme de la société se combine avec la précédente. 334

Chap. VII. Dernières preuves. 342

LIVRE V. — *Retour des mêmes révolutions, lorsque les sociétés détruites se relèvent de leurs ruines.*
— Argument. 355

Chap. 1ᵉʳ Objet de ce Livre. — Retour de l'âge *divin*. 357

Chap. II. Comment les nations parcourent de nouveau la carrière qu'elles ont fournie, conformément à la nature éternelle des fiefs. — Que l'ancien droit politique des Romains se renouvela dans le droit féodal. (Retour de l'âge héroïque.). 362

Chap. III. Coup-d'œil sur le monde politique, ancien et moderne. 371

Chap. IV. Conclusion. — D'une république éternelle fondée dans la nature par la providence divine, et qui est la meilleure possible dans chacune de ses formes diverses. . . . 376

Appendice du second Livre. — Explication de la mythologie grecque et romaine. 389

PRINCIPES
DE
LA PHILOSOPHIE
DE L'HISTOIRE.

LIVRE PREMIER.

DES PRINCIPES.

ARGUMENT.

On ne peut déterminer quelles lois observe la civilisation dans son développement, sans remonter à son origine. L'auteur prouve d'abord la nécessité de suivre dans cette recherche une nouvelle méthode, par l'insuffisance et la contradiction de tout ce qu'on a dit sur l'histoire ancienne jusqu'à la seconde guerre punique (chap. I.) — Il expose ensuite sous la forme d'axiômes, les vérités générales qui font la base de son système (chap. II.) — Il indique enfin les trois grands principes d'où part la science nouvelle, et la méthode qui lui est propre (chap. III et IV.)

Chap. I. TABLE CHRONOLOGIQUE. *Vaines prétentions des Egyptiens à une science profonde et à une antiquité exagérée. Le peuple hébreux est le plus ancien de tous. Division de l'histoire des premiers siècles en trois périodes. —* 1. *Déluge. Géans. Age d'or. Premier Hermès. —* 2. *Hercule et les Héraclides. Orphée. Second Hermès. Guerre de Troie. Colonies grecques de l'Italie et de la Sicile. —* 3. *Jeux olympiques. Fondation de Rome. Pythagore. Servius Tullius. Hésiode, Hippocrate et Hérodote. Thucydide ; guerre du Péloponèse. Xénophon ; Alexandre. Lois Publilia et Petilia. Guerre de Tarente et de Pyrrhus. Seconde guerre punique.*

Dans ce chapitre, l'auteur jette en passant les fondemens d'une critique nouvelle : 1° *La civilisation de chaque peuple a été son propre ouvrage, sans communication du dehors ;* 2° *On a exagéré la sagesse ou la puissance des premiers peuples ;* 3° *On a pris pour des individus des êtres allégoriques ou collectifs (Hercule, Hermès.)*

Chap. II. AXIOMES. 1-22. *Axiômes généraux.* 23-114. *Axiômes particuliers.*= 1-4. *Réfutation des opinions que l'on s'est formées jusqu'ici sur les commencemens de la civilisation. —* 5-15. *Fondemens du vrai. Méditer le monde social dans son idée éternelle. —* 16-22. *Fondemens du certain. Apercevoir le monde social dans sa réalité.* = 23-28. *Division des peuples anciens en hébreux et gentils. Déluge universel. Géans.* — 28-38. Principes de la théologie poétique. — 31-40. *Origine de l'idolâtrie, de la divination, des sacrifices.* — 41-46. Principes de la mythologie historique. — 47-62. Poétique. — 47-49. *Principe des caractères poétiques.* — 50-62. *Suite de la poétique. Fable, convenance, pensée, expression, chant, vers.* — 63-65. Principes étymologiques. — 66-96. Principes de l'histoire idéale. — 70-84. *Origine des sociétés.* — 84-96. *Ancienne histoire romaine.* — 97-103. *Migrations des peuples.* — 104-114. *Principes du droit naturel.*

Chap. III. TROIS PRINCIPES FONDAMENTAUX. — *Religions et croyance à une Providence, mariages et modération des passions, sépultures et croyance à l'immortalité de l'âme.*

Chap. IV. DE LA MÉTHODE. — *Le point de départ de la science nouvelle est la première pensée humaine que les hommes durent concevoir, à savoir, l'idée d'un Dieu.* = Cette science emploie d'abord des preuves philosophiques, *ensuite des preuves* philologiques.

Les preuves philosophiques *elles-mêmes sont ou théologiques ou logiques. La science nouvelle est une* démonstration historique *de la* Providence ; *elle trace le cercle éternel d'une* histoire idéale *dans lequel tourne l'histoire réelle de toutes les nations. Elle s'appuie sur une* critique nouvelle, *dont le criterium est le* sens commun du genre humain. *Cette*

1.

critique est le fondement d'un nouveau système du droit des gens.

Preuves philologiques, *tirées de l'interprétation des fables, de l'histoire des langues, etc.*

LIVRE PREMIER.

DES PRINCIPES.

CHAPITRE PREMIER.

TABLE CHRONOLOGIQUE, OU PRÉPARATION DES MATIÈRES QUE DOIT METTRE EN ŒUVRE LA SCIENCE NOUVELLE.

La table chronologique que l'on a sous les yeux embrasse l'histoire du monde ancien, depuis le déluge jusqu'à la seconde guerre punique, en commençant par les Hébreux, et continuant par les Chaldéens, les Scythes, les Phéniciens, les Egyptiens, les Grecs et les Romains. On y voit figurer des hommes ou des faits célèbres, lesquels sont ordinairement placés par les savans dans d'autres temps, dans d'autres lieux, ou qui même n'ont point existé. En récompense nous y tirons des ténèbres profondes où ils étaient restés ensevelis, des hommes et des faits remarquables, qui ont puissamment influé sur le cours des choses humaines; et nous montrons combien les explications qu'on a données sur *l'origine de la civilisation*, présentent d'incertitude, de frivolité et d'inconséquence.

Mais toute étude sur la civilisation païenne doit commencer par un examen sévère des prétentions des nations anciennes, et surtout des Égyptiens, à une antiquité exagérée. Nous tirerons deux utilités de cet examen : celle de savoir à quelle époque, à quel pays il faut rapporter les commencemens de cette civilisation ; et celle d'appuyer par des preuves, humaines à la vérité, tout le système de notre religion, laquelle nous apprend d'abord que le premier peuple fut le peuple hébreu, que le premier homme fut Adam, créé en même temps que ce monde par le Dieu véritable.*

Notre chronologie se trouve entièrement contraire au système de Marsham, qui veut prouver que les Égyptiens devancèrent toutes les nations dans la religion et dans la politique, de sorte que leurs rites sacrés et leurs réglemens civils, transmis aux autres peuples, auraient été reçus des Hébreux avec quelques changemens. Avant d'examiner ce qu'on doit croire de cette antiquité, il faut avouer qu'elle ne paraît pas avoir profité beaucoup aux Égyptiens. Nous voyons dans les Stromates de saint Clément d'Alexandrie, que les livres de leurs pré-

* V. p. 50, édition de Milan, 1801.

tres, au nombre de quarante-deux, couraient alors dans le public, et qu'ils contenaient les plus graves erreurs en philosophie et en astronomie. Leur médecine, selon Galien, *de Medicinâ mercuriali*, était un tissu de puérilités et d'impostures. Leur morale était dissolue, puisqu'elle permettait, qu'elle honorait même la prostitution. Leur théologie n'était que superstitions, prestiges et magie. Les arts du fondeur et du sculpteur restèrent chez eux dans l'enfance; et quant à la magnificence de leurs pyramides, on peut dire que la grandeur n'est point inconciliable avec la barbarie.

C'est la fameuse Alexandrie qui a ainsi exalté l'antique sagesse des Égyptiens. La cité d'Alexandre unit la subtilité africaine à l'esprit délicat des Grecs, et produisit des philosophes profonds dans les choses divines. Célébrée comme la *mère des sciences*, désignée chez les Grecs par le nom de πόλις, *la ville par excellence*, elle vit son Musée aussi célèbre que l'avaient été à Athènes l'académie, le lycée et le portique. Là s'éleva le grand prêtre Manéton, qui donna à toute l'histoire de l'Égypte l'interprétation d'une sublime théologie naturelle, précisément comme les philosophes grecs avaient donné à leurs fables nationales un sens tout philosophique. (*Voy.* le commencement du livre II.) Dans ce grand entrepôt du commerce de la Méditerranée et de l'Orient, un peuple si vaniteux [*], avide de super-

---

[*] *Gloriæ animalia;* et dans Tacite: *Gens novarum religionum avida.*

stitions nouvelles, imbu du préjugé de son antiquité prodigieuse et des vastes conquêtes de ses rois, ignorant enfin que les autres nations païennes avaient pu, sans rien savoir l'une de l'autre, concevoir des idées uniformes sur les dieux et sur les héros, ce peuple, dis-je, ne put s'empêcher de croire que tous les dieux des navigateurs qui venaient commercer chez lui, étaient d'origine égyptienne. Il voyait que toutes les nations avaient leur Jupiter et leur Hercule; il décida que son Jupiter Ammon était le plus ancien de tous, que tous les Hercule avaient pris leur nom de l'Hercule Égyptien.

Diodore de Sicile, qui vivait du temps d'Auguste, et qui traite les Égyptiens trop favorablement, ne leur donne que deux mille ans d'antiquité, encore a-t-il été réfuté victorieusement par Giacomo Cappello dans son *Histoire sacrée et égyptienne*. Cette antiquité n'est pas mieux prouvée par le Pimandre. Ce livre que l'on a vanté comme contenant la doctrine d'Hermès, est l'œuvre d'une imposture évidente. Casaubon n'y trouve pas une doctrine plus ancienne que le platonisme, et Saumaise ne le considère que comme une compilation indigeste.

L'intelligence humaine, étant infinie de sa nature, exagère les choses qu'elle ignore, bien au-delà de la réalité. Enfermez un homme endormi dans un lieu très étroit, mais parfaitement obscur, l'horreur des ténèbres le lui fait croire certainement plus grand qu'il ne le trouvera en touchant les murs qui l'environnent. Voilà ce qui a trompé les Égyptiens sur leur antiquité.

Même erreur chez les Chinois, qui ont fermé leur pays aux étrangers, comme le firent les Égyptiens jusqu'à Psammétique, et les Scythes jusqu'à l'invasion de Darius, fils d'Hystaspe. Quelques jésuites ont vanté l'antiquité de Confucius, et ont prétendu avoir lu des livres imprimés avant Jésus-Christ; mais d'autres auteurs mieux informés ne placent Confucius que cinq cents ans avant notre ère, et assurent que les Chinois n'ont trouvé l'imprimerie que deux siècles avant les Européens. D'ailleurs la philosophie de Confucius, comme celle des livres sacrés de l'Égypte, n'offre qu'ignorance et grossièreté dans le peu qu'elle dit des choses naturelles. Elle se réduit à une suite de préceptes moraux dont l'observance est imposée à ces peuples par leur législation.

Dans cette dispute des nations sur la question de leur antiquité, une tradition vulgaire veut que les Scythes aient l'avantage sur les Égyptiens. Justin commence l'histoire universelle par placer même avant les Assyriens deux rois puissans, Tanaïs le scythe, et l'égyptien Sésostris. D'abord Tanaïs part avec une armée innombrable pour conquérir l'Égypte, ce pays si bien défendu par la nature contre une invasion étrangère. Ensuite Sésostris, avec une armée non moins nombreuse, s'en va subjuguer la Scythie, laquelle n'en reste pas moins inconnue jusqu'à ce qu'elle soit envahie par Darius. Encore à cette dernière époque qui est celle de la plus haute civilisation des Perses, les Scythes se trouvent-ils si barbares que leur roi ne peut répondre à Darius qu'en lui envoyant des signes matériels sans pouvoir même écrire sa pensée en hiéroglyphes. Les deux conquérans traversent l'Asie avec leurs prodigieuses armées sans la soumettre ni aux Scythes ni aux Égyptiens. Elle reste si bien indépendante, qu'on y voit s'élever ensuite la première des quatre monarchies les plus célèbres, celle des Assyriens.

La prétention de ces derniers à une haute antiquité est plus spécieuse. En premier lieu leur pays est situé dans l'intérieur des terres, et nous démontrerons dans ce livre que les peuples habitèrent d'abord les contrées méditerranées et ensuite les rivages. Ajoutez qu'on regarde généralement les Chaldéens comme les premiers sages du paganisme, en plaçant Zoroastre à leur tête. De la tribu chaldéenne, se forma sous Ninus la grande nation des Assyriens, et le nom de la première se perdit dans celui de la seconde. Mais les Chaldéens ont été jusqu'à prétendre qu'ils avaient conservé des observations astronomiques d'environ vingt-huit mille ans. Josephe a cru à ces observations anté-diluviennes, et a prétendu qu'elles avaient été inscrites sur deux colonnes, l'une de marbre, l'autre de brique, qui devaient les préserver du déluge ou de l'embrasement du monde. On peut placer les deux colonnes dans le *Musée de la crédulité.*

Les Hébreux au contraire, étrangers aux nations

païennes, comme l'attestent Josephe et Lactance, n'en connurent pas moins le nombre exact des années écoulées depuis la création; c'est le calcul de Philon, approuvé par les critiques les plus sévères, et dont celui d'Eusèbe ne s'écarte d'ailleurs que de quinze cents ans, différence bien légère en comparaison des altérations monstrueuses qu'ont fait subir à la chronologie les Chaldéens, les Scythes, les Égyptiens et les Chinois. Il faut bien reconnaître que les Hébreux ont été le premier peuple, et qu'ils ont conservé sans altération les monumens de leur histoire depuis le commencement du monde.

Après les *Hébreux*, nous plaçons les *Chaldéens* et les *Scythes*, puis les *Phéniciens*. Ces derniers doivent précéder les *Égyptiens*, puisque, selon la tradition, ils leur ont transmis les connaissances astronomiques qu'ils avaient tirées de la Chaldée, et qu'ils leur ont donné en outre les caractères alphabétiques, comme nous devons le démontrer.

Si nous ne donnons aux Égyptiens que la cinquième place dans cette table, nous ne profiterons pas moins de leurs antiquités. Il nous en reste deux grands débris, aussi admirables que leurs pyramides. Je parle de deux vérités historiques, dont l'une nous a été conservée par Hérodote : 1° Ils divisaient tout le temps antérieurement écoulé en trois âges, *âge des dieux*, *âge des héros*, *âge des hommes*; 2° pendant ces trois âges, trois langues correspondantes se parlèrent, langue hiéroglyphique ou *sacrée*, langue symbolique ou *héroïque*, langue *vulgaire*, celle dans laquelle les hommes expriment par des signes convenus les besoins ordinaires de la vie. De même, Varron dans ce grand ouvrage *Rerum divinarum et humanarum*, dont l'injure des temps nous a privés, divisait l'ensemble des siècles écoulés en trois périodes, *temps obscur*, qui répond à l'âge divin des Égyptiens, *temps fabuleux*, qui est leur âge héroïque, enfin *temps historique*, l'âge des hommes, dans la nomenclature égyptienne.

Des nations civilisées ou barbares, il n'en est aucune, selon l'observation de Diodore, *qui ne se regarde comme la plus ancienne, et qui ne fasse remonter ses annales jusqu'à l'origine du monde.* Les Égyptiens nous fourniront encore à l'appui de ce principe deux traditions de vanité nationale, savoir, que Jupiter Ammon était le plus ancien de tous les Jupiter, et que les Hercule des autres nations avaient pris leur nom de l'Hercule Égyptien.

<small>Au du monde 1656.</small> Le *déluge universel* est notre point de départ. La confusion des langues qui suivit eut lieu chez les enfans de Sem, chez les peuples orientaux. Mais il en fut sans doute autrement chez les nations sorties de Cham et de Japhet (ou Japet); les descendans de ces deux fils de Noé durent se disperser dans la vaste forêt qui couvrait la terre. Ainsi er-

rans et solitaires, ils perdirent bientôt les mœurs humaines, l'usage de la parole, devinrent semblables aux animaux sauvages, et reprirent la taille gigantesque des hommes anté-diluviens. Mais lorsque la terre desséchée put de nouveau produire le tonnerre par ses exhalaisons, les géans épouvantés rapportèrent ce terrible phénomène à un Dieu irrité. Telle est l'origine de tant de Jupiter, qui furent adorés des nations païennes. De là la divination appliquée aux phénomènes du tonnerre, au vol de l'aigle, qui passait pour l'oiseau de Jupiter. Les Orientaux se firent une divination moins grossière; ils observèrent le mouvement des planètes, les divers aspects des astres, et leur premier sage fut Zoroastre (selon Bochart, *le contemplateur des astres.*) — Ce système ruine nécessairement celui des étymologistes qui cherchent dans l'Orient l'origine de toutes les langues. Selon nous, toutes les nations sorties de Cham et de Japhet se créèrent leurs langues dans les contrées méditerranées où elles s'étaient fixées d'abord; puis descendant vers les rivages, elles commencèrent à commercer avec les Phéniciens, peuple navigateur qui couvrit de ses colonies les bords de la Méditerranée et de l'Océan.

Dès que les géans, quittant leur vie vagabonde, se mettent à cultiver les champs, nous voyons commencer *l'âge d'or* ou *âge divin* des Grecs, et quelques siècles après celui du Latium, *l'âge de Saturne*, dans lequel les dieux vivaient sur la terre avec les hommes.

Dans cet âge divin paraît d'abord le premier Hermès. *Les Égyptiens*, dit Jamblique, *rapportaient à cet Hermès toutes les inventions nécessaires ou utiles à la vie sociale.* C'est qu'Hermès ne fut point un sage, un philosophe divinisé après sa mort, mais le caractère idéal des premiers hommes de l'Égypte, qui sans autre sagesse que celle de l'instinct naturel, y formèrent d'abord des familles, puis des tribus, et fondèrent enfin une grande nation. D'après la division des trois âges que reconnaissaient les Égyp-

---

* Est-il vrai que, dans cette période, Hermès ait porté d'Egypte en Grèce la connaissance des lettres et les premières lois ? ou bien Cadmus aurait-il enseigné aux Grecs l'alphabet de la Phénicie ? Nous ne pouvons admettre ni l'une ni l'autre opinion. — Les Grecs ne se servirent point d'hiéroglyphes comme les Egyptiens, mais d'une écriture alphabétique, encore ne l'employèrent-ils que bien des siècles après. — Homère confia ses poèmes à la mémoire des Rapsodes, parce que de son temps les lettres alphabétiques n'étaient point trouvées, ainsi que le soutient Josephe contre le sentiment d'Appion. — Si Cadmus eût porté les lettres phéniciennes en Grèce, la Béotie qui les eût reçues la première n'eût-elle pas dû se distinguer par sa civilisation entre toutes les parties de la Grèce ? — D'ailleurs quelle différence entre les lettres grecques et les phéniciennes ? ═ Quant à l'introduction simultanée des lois et des lettres, les difficultés sont plus grandes encore. — D'abord le mot νομος ne se trouve nulle part dans Homère. — Ensuite, est-il indispensable que des lois soient écrites ? n'en existait-il pas en Egypte avant Hermès, inventeur des lettres ? dira-t-on qu'il n'y eut pas de lois à Sparte où Lycurgue avait défendu aux citoyens l'étude des lettres ? ne voit-on pas dans Homère un Conseil des héros, βουλη, où l'on délibérait de vive voix sur les lois, et un Conseil du peuple, αγορα, où on les publiait de la même manière. La Providence a voulu que les sociétés qui n'ont point encore la connaissance des lettres se fondent d'abord sur les usages et les coutumes, pour se gouverner ensuite par des lois, quand elles sont plus civilisées. Lorsque la barbarie antique reparut au moyen âge, ce fut encore sur des coutumes que se fonda le droit chez toutes les nations européennes.

tiens, Hermès devait être un dieu, puisque sa vie embrassait tout ce qu'on appelait *l'âge des dieux* dans cette nomenclature. *

L'*âge héroïque* qui suit celui des dieux, est caractérisé par Hercule, Orphée et le second Hermès. L'Occident a ses Hercule, l'Orient ses Zoroastre qui présentent le même caractère. Autant de types idéaux des fondateurs des sociétés, et des poètes théologiens. Si l'on s'obstine à ne voir que des hommes dans ces êtres allégoriques, que de difficultés se présentent ! **

D'habiles critiques ont porté plus loin le scepticisme : ils ont pensé que la *guerre de Troie* n'avait

An du monde 2500. 3223.

An du monde 2820.

* Les héros investis du triple caractère de chefs des peuples, de guerriers et de prêtres, furent désignés dans la Grèce par le nom d'*Héraclides*, ou enfans d'Hercule ; dans la Crète, dans l'Italie et dans l'Asie mineure, par celui de *Curètes* (*quirites*, de l'inusité *quir, quiris*, lance).

** Orphée surtout, si on le considère comme un individu, offre aux yeux de la critique l'assemblage de mille monstres bizarres. — D'abord il vient de Thrace, pays plus connu comme la patrie de Mars, que comme le berceau de la civilisation. — Ce Thrace sait si bien le grec qu'il compose en cette langue des vers d'une poésie admirable. — Il ne trouve encore que des bêtes farouches dans ces Grecs, auxquels tant de siècles auparavant Deucalion a enseigné la piété envers les dieux, dont Hellen a formé une même nation en leur donnant une langue commune, chez lesquels enfin règne depuis trois cents ans la maison d'Inachus. — Orphée trouve la Grèce sauvage, et en quelques années elle fait assez de progrès pour qu'il puisse suivre Jason à la conquête de la Toison d'or ; remarquez que la marine n'est point un des premiers arts dont s'occupent les peuples. — Dans cette expédition il a pour compagnons Castor et Pollux, frères d'Hélène, dont l'enlèvement causa la fameuse guerre de Troie. Ainsi, la vie d'un seul homme nous présente plus de faits qu'il ne s'en passerait en mille années !.... Ce sont peut-être de semblables observations qui ont fait conjecturer à Cicéron, dans son livre sur la Nature des Dieux, jamais eu lieu, du moins telle qu'Homère la raconte; et ils ont renvoyé à la *Bibliothèque de l'Imposture* les Dictys de Crète, et les Darès de Phrygie, qui en ont écrit l'histoire en prose, comme s'ils eussent été contemporains.

Vers
9 J...

Dans le siècle qui suit immédiatement la guerre de Troie, et à la suite des courses errantes d'Énée et d'Antenor, de Diomède et d'Ulysse, nous plaçons la *fondation des colonies grecques de l'Italie et de la Sicile*. C'est trois siècles avant l'époque adoptée par les chronologistes; mais ont-ils le droit de s'en étonner, eux qui varient de quatre cent soixante ans sur le temps où vécut Homère, l'au-

qu'*Orphée n'a jamais existé*. Elles s'appliquent, pour la plupart, avec la même force à Hercule, à Hermès et à Zoroastre.

A ces difficultés chronologiques, joignez-en d'autres, morales ou politiques. Orphée, voulant améliorer les mœurs de la Grèce, lui propose l'exemple d'un Jupiter adultère, d'une Junon implacable qui persécute la vertu dans la personne d'Hercule, d'un Saturne qui dévore ses enfans! et c'est par ces fables capables de corrompre et d'abrutir le peuple le plus civilisé, le plus vertueux, qu'Orphée élève les hommes encore bruts à l'humanité et à la civilisation.

Guidés par les principes de la science nouvelle, nous éviterons ces terribles écueils de la *mythologie*; nous verrons que ces fables, détournées de leur sens par la corruption des hommes, ne signifiaient dans l'origine rien que de vrai, rien qui ne fût digne des fondateurs des sociétés. La découverte des caractères poétiques, des types idéaux, que nous venons d'exposer, fera luire un jour pur et serein à travers ces nuages sombres dont s'était voilée la *chronologie*.

teur le plus voisin de ces évènemens. La fondation de ces colonies est du petit nombre des faits dans lesquels nous nous écartons de la chronologie ordinaire, mais nous y sommes contraints par une raison puissante. C'est que Syracuse et tant d'autres villes n'auraient pas eu assez de temps pour s'élever au point de richesse et de splendeur où elles parvinrent. Pendant ses guerres contre les Carthaginois, Syracuse n'avait rien à envier à la magnificence et à la politesse d'Athènes. Long-temps après, Crotone presque déserte fait pitié à Tite-Live, lorsqu'il songe au nombre prodigieux de ses anciens habitans.

Le *temps certain*, l'*âge des hommes* commence à l'époque où les *jeux olympiques* fondés par Hercule, furent rétablis par Iphitus. Depuis le premier, on comptait les années par les récoltes; depuis le second, on les compta par les révolutions du soleil.

La *première Olympiade* coïncide presque avec la *fondation de Rome* (776,753 ans avant J.-C.) Mais Rome aura pendant long-temps bien peu d'importance. Toutes ces idées magnifiques que l'on s'est faites jusqu'ici sur les commencemens de Rome et de toutes les autres capitales des peuples célèbres, disparaissent, comme le brouillard aux rayons du soleil, devant ce passage précieux de Varron rapporté par Saint-Augustin dans la Cité de Dieu : *pendant deux siècles et demi qu'elle obéit à ses rois, Rome soumit plus de vingt peuples, sans étendre son empire à plus de vingt milles.*

Nous plaçons *Homère* après la fondation de Rome. L'histoire grecque, dont il est le principal flambeau, nous a laissés dans l'incertitude sur son siècle et sur sa patrie. On verra au livre III pourquoi nous nous écartons de l'opinion reçue sur ces deux points, et sur le fait même de son existence. — Nous éleverons les mêmes doutes sur celle d'*Ésope* que nous considérons non comme un individu, mais comme un type idéal, et dont nous plaçons l'époque entre celle d'Homère et celle des sept sages de la Grèce.

Pythagore qui vient ensuite, est, selon Tite-Live, contemporain de Servius Tullius; on voit s'il a pu enseigner la science des choses divines à Numa qui vivait près de deux siècles auparavant. Tite-Live dit aussi que pendant ce règne de Servius Tullius, où l'intérieur de l'Italie était encore barbare, il eût été impossible que le nom même de Pythagore pénétrât de Crotone à Rome à travers tant de peuples différens de langues et de mœurs. Ce dernier passage doit nous faire entendre combien devaient être faciles ces longs voyages dans lesquels Pythagore alla, dit-on, consulter en Thrace les disciples d'Orphée, en Perse les mages, les Chaldéens à Babylone, les Gymnosophistes dans l'Inde, puis en revenant, les prêtres de l'Egypte, les disciples d'Atlas dans la Mauritanie, et les Druides dans la Gaule, pour rentrer enfin dans sa patrie, riche de toute la *sagesse barbare.* *

---

* Si nous en croyons ceux qui, aux applaudissemens des savans, ont entrepris de nous faire connaître la succession des écoles de la *philosophie*

Servius Tullius, institue le cens., dans lequel on a vu jusqu'ici le fondement de la *liberté démocratique*, et qui ne fut dans le principe que celui de la *liberté aristocratique*.

An du monde 3468: de Rome 215.

3500. C'est l'époque où les Grecs trouvèrent leur écriture vulgaire (*Voyez* plus bas.) Nous y plaçons *Hésiode*, *Hérodote* et *Hippocrate*. — Les chronologistes déclarent sans hésiter qu'Hésiode vivait trente

barbare, Zoroastre fut le maître de Bérose et des Chaldéens, Bérose celui d'Hermès et des Egyptiens, Hermès celui d'Atlas et des Éthiopiens, Atlas celui d'Orphée, qui, de la Thrace, vint établir son école en Grèce. On sent ce qu'ont de sérieux ces communications entre les premiers peuples, qui, à peine sortis de l'état sauvage, vivaient ignorés même de leurs voisins, et n'avaient connaissance les uns des autres qu'autant que la guerre ou le commerce leur en donnait l'occasion.

Ce que nous disons de l'isolement des premiers peuples s'applique particulièrement aux Hébreux. — Lactance assure que Pythagore n'a pu être disciple d'Isaïe. — Un passage de Josephe prouve que les Hébreux, au temps d'Homère et de Pythagore, vivaient inconnus à leurs voisins de l'intérieur des terres, et à plus forte raison aux nations éloignées dont la mer les séparait. — Ptolémée Philadelphe s'étonnant qu'aucun poëte, aucun historien n'eût fait mention des lois de Moïse, le juif Démétrius lui répondit que ceux qui avait tenté de les faire connaître aux Gentils, avaient été punis miraculeusement, tels que Théopompe qui en perdit le sens, et Théodecte qui fut privé de la vue. — Aussi Josephe ne craint point d'avouer cette longue obscurité des Juifs, et il l'explique de la manière suivante : *Nous n'habitons point les rivages ; nous n'aimons point à faire le négoce et à commercer avec les étrangers.* Sans doute la Providence voulait, comme l'observe Lactance, empêcher que la religion du vrai Dieu ne fût profanée par les communications de son peuple avec les Gentils. — Tout ce qui précède est confirmé par le témoignage du peuple Hébreux lui-même, qui prétendait qu'à l'époque où parut la version des Septante, les ténèbres couvrirent le monde pendant trois jours, et qui, en expiation, observait un jeûne solennel, le 8 de tébet ou décembre. Ceux de Jérusalem détestaient les juifs hellénistes qui attribuaient une autorité divine à cette version.

ans avant Homère, quoiqu'ils diffèrent de quatre siècles et demi sur le temps où il faut placer l'auteur de l'Iliade. Mais Velleius Paterculus et Porphyre (dans Suidas), sont d'avis qu'Homère précéda de beaucoup Hésiode. Quant aux trépieds consacrés par ce dernier en mémoire de sa victoire sur Homère, ce sont des monumens tels qu'en fabriquent de nos jours les faiseurs de médailles, qui vivent de la simplicité des curieux. — Si nous considérons, d'un côté, que la vie d'Hippocrate est toute fabuleuse, et que, de l'autre, il est l'auteur incontestable d'ouvrages écrits en prose et en caractères vulgaires, nous rapporterons son existence au temps d'Hérodote qui écrivit de même en prose et dont l'histoire est pleine de fables.

An du monde 3530. *Thucydide* vécut à l'époque la mieux connue de l'histoire grecque, celle de la guerre du Péloponèse; et c'est afin de n'écrire que des choses certaines qu'il a choisi cette guerre pour sujet. Il était fort jeune, pendant la vieillesse d'Hérodote qui eût pu être son père; or, il dit que, *jusqu'au temps de son père, les Grecs ne surent rien de leurs propres antiquités.* Que devaient-ils donc savoir de celles des barbares qu'ils nous ont seuls fait connaître?... et que penserons-nous de celles des Romains, peuple tout occupé de l'agriculture et de la guerre, lorsque Thucydide fait un tel aveu au nom de ses Grecs, qui devinrent sitôt philosophes? Dira-t-on que les Romains ont reçu de Dieu un privilège particulier?

L'époque de Thucydide est celle où Socrate fondait la morale, où Platon cultivait avec tant de gloire la métaphysique; c'est pour Athènes l'âge de la civilisation la plus rafinée. Et c'est alors que les historiens nous font venir d'Athènes à Rome ces lois des *douze tables* si grossières et si barbares. *Voy.* plus loin la réfutation de ce préjugé.

Les Grecs avaient commencé sous le règne de Psammétique à mieux connaître l'Égypte; à partir de cette époque, les récits d'Hérodote sur cette contrée prennent un caractère de certitude. Ce fut de *Xénophon* qu'ils reçurent les premières connaissances exactes qu'ils aient eues de la Perse; la *nécessité* de la guerre fit pour la Perse ce qu'avait fait pour l'Égypte l'*utilité* du commerce. Encore Aristote nous assure-t-il qu'avant la *conquête d'Alexandre*, l'on avait débité bien des fables sur les mœurs et l'histoire des Perses. — C'est ainsi que la Grèce commença à avoir quelques notions certaines sur les peuples étrangers.

Deux lois changent à cette époque la constitution de Rome.

La loi *Publilia* est le passage visible de l'aristocratie à la démocratie. On n'a point assez remarqué cette loi, faute d'en savoir comprendre le langage.

La loi *Petilia, de nexu*, n'est pas moins digne d'attention. Par cette loi, les nobles perdirent leurs droits sur la personne des Plébéiens dont ils étaient créanciers. Mais le sénat conserva son empire souverain sur toutes les terres de la république, et le maintint jusqu'à la fin par la force des armes.

An du monde 3703; 489.

Guerre de Tarente, où les Latins et les Grecs commencent à prendre connaissance les uns des autres. Lorsque les Tarentins maltraitèrent les vaisseaux des Romains, et ensuite leurs ambassadeurs, ils alléguèrent pour excuse, selon Florus, qu'*ils ne savaient qui étaient les Romains, ni d'où ils venaient.* Tant les premiers peuples se connaissaient peu, à une distance si rapprochée, et lors même qu'aucune mer ne les séparait!

3849; 652.

Seconde guerre punique. C'est en commençant le récit de cette guerre que Tite-Live déclare qu'*il va écrire désormais l'histoire romaine avec plus de certitude, parce que cette guerre est la plus mémorable de toutes celles que firent les Romains.* Néanmoins il avoue son ignorance sur trois circonstances essentielles : d'abord il ne sait sous quels consuls, Annibal, vainqueur de Sagonte, quitta l'Espagne pour aller en Italie, ni par quelle partie des Alpes il exécuta son passage, ni quelles étaient alors ses forces; il trouve sur ce dernier article la plus grande diversité d'opinions dans les anciennes annales.

D'après toutes les observations que nous avons faites sur cette table, on voit que tout ce qui nous est parvenu de l'antiquité païenne jusqu'au temps où nous nous arrêtons, n'est qu'incertitude et obscurité. Aussi nous ne craignons pas d'y pénétrer comme dans un champ sans maître, qui appartient au premier occupaut (*res nullius, quæ occupanti conceduntur.*) Nous ne craindrons point d'aller contre les droits de personne, lorsqu'en traitant ces matières nous ne nous conformerons pas, ou que même nous serons contraires, aux opinions que l'on s'est faites jusqu'ici sur les *origines de la civilisation*, et que par là nous les ramenerons à des *principes scientifiques*. Grâce à ces principes, les *faits de l'histoire certaine* retrouveront leurs *origines primitives*, faute desquelles ils semblent jusqu'ici n'avoir eu ni *fondement* commun, ni *continuité*, ni *cohérence*.

CHAPITRE II.

AXIOMES.

Maintenant pour donner une forme aux *matériaux* que nous venons de préparer dans la table chronologique, nous proposons les *axiomes* philosophiques et philologiques que l'on va lire, avec un petit nombre de *postulats* raisonnables, et de *définitions* où nous avons cherché la clarté. Ainsi que le sang parcourt le corps qu'il anime, de même ces idées générales, répandues dans la *science nouvelle*, l'animeront de leur esprit dans toutes ses déductions sur la *nature commune des nations*.

1-22. AXIOMES GÉNÉRAUX.

1-4. Réfutation des opinions que l'on s'est formées jusqu'ici des commencemens de la civilisation.

1. Par un effet de la nature infinie de l'intelligence de l'homme, lorsqu'il se trouve arrêté par l'ignorance, il se prend lui-même pour règle de tout.

De là deux choses ordinaires : *La renommée croît dans sa marche ; elle perd sa force pour ce qu'on voit de près (fama crescit eundo ; minuit præsentia famam.)* La marche a été longue depuis le commencement du monde, et la renommée n'a cessé de produire les opinions magnifiques que l'on a conçues jusqu'à nous de ces antiquités que leur extrême éloignement dérobe à notre connaissance. Ce caractère de l'esprit humain a été observé par Tacite (Agricola) : *omne ignotum pro magnifico est* ; l'inconnu ne manque pas d'être admirable.

2. Autre caractère de l'esprit humain : s'il ne peut se faire aucune idée des choses lointaines et inconnues, il les juge sur les choses connues et présentes.

C'est là la source inépuisable des erreurs où sont tombés toutes les nations, tous les savans, au sujet des commencemens de l'*humanité*; les premières s'étant mises à observer, les seconds à raisonner sur ce sujet dans des siècles d'une brillante civilisation, ils n'ont pas manqué de juger d'après leur temps, des premiers âges de l'humanité, qui naturellement ne devaient être que grossièreté, faiblesse, obscurité.

3. *Chaque nation grecque ou barbare, a follement prétendu avoir trouvé la première, les commodités de la vie humaine, et conservé les traditions de son histoire depuis l'origine du monde.* Ce mot précieux est de Diodore de Sicile.

Par là sont écartées à-la-fois les vaines prétentions des Chaldéens, des Scythes, des Égyptiens et des Chinois, qui se vantent tous d'avoir fondé la civilisation antique. Au contraire, Josephe met les Hébreux à l'abri de ce reproche en faisant l'aveu magnanime qu'*ils sont restés cachés à tous les peuples païens*. Et en même temps l'histoire sainte nous représente le monde comme jeune, eu égard à la vieillesse que lui supposaient les Chaldéens, les Scythes, les Égyptiens, et que lui supposent encore aujourd'hui les Chinois. Preuve bien forte en faveur de la vérité de l'histoire sainte.

A la vanité des nations, joignez celle des savans; ils veulent que ce qu'ils savent soit aussi ancien que le monde. Le mot de Diodore détruit tout ce qu'ils ont pensé de cette sagesse antique qu'il faudrait désespérer d'égaler; prouve l'imposture des oracles de Zoroastre le Chaldéen, et d'Anacharsis le Scythe, qui ne nous sont pas parvenus, du Pimandre de Mercure trismégiste, des vers d'Orphée, des *vers dorés* de Pythagore (déjà condamnés par les plus habiles critiques); enfin découvre à-la-fois l'absurdité de tous les sens mystiques donnés par l'érudition aux hiéroglyphes égyptiens, et celle des allégories philosophiques par lesquelles on a cru expliquer les fables grecques.

5-15. *Fondemens du vrai.*

(Méditer le monde social dans son idéal éternel.)

5. Pour être utile au genre humain, la philosophie doit relever et diriger l'homme déchu et toujours débile; elle ne doit ni l'arracher à sa propre nature, ni l'abandonner à sa corruption.

Ainsi sont exclus de l'école de la nouvelle science les Stoïciens qui veulent la mort des sens, et les Épicuriens qui font des sens la règle de l'homme; ceux-là s'enchaînant au destin, ceux-ci s'abandonnant au hasard et faisant mourir l'âme avec le corps; les uns et les autres niant la Providence. Ces deux sectes isolent l'homme et devraient s'appeler philosophies *solitaires*. Au contraire nous admettons dans notre école les philosophes politiques, et surtout les Platoniciens, parce qu'ils sont d'accord avec tous les législateurs sur trois points capitaux : existence d'une Providence divine, nécessité de modérer les passions humaines et d'en faire des vertus *humaines*, immortalité de l'âme. Cet axiome nous donnera les trois principes de la nouvelle science. *

---

* Le principe du droit naturel est *le juste dans son unité*, autrement dit, l'unité des idées du genre humain concernant les choses dont l'utilité ou la nécessité est commune à toute la nature humaine. Le pyrrhonisme détruit *l'humanité*, parce qu'il ne donne point l'unité. L'épicuréisme la dissipe, en quelque sorte, parce qu'il abandonne au sentiment individuel le jugement de l'utilité. Le stoïcisme l'anéantit, parce qu'il ne reconnaît d'utilité ou de nécessité que celles de l'âme, et qu'il méconnaît celles du corps; encore le *Sage* seul peut-il juger de celles de l'âme. La seule

6. La philosophie considère l'homme tel qu'il doit être; ainsi elle ne peut être utile qu'à un bien petit nombre d'hommes qui veulent vivre dans la république de Platon, et non ramper dans *la fange du peuple de Romulus.* *

7. La législation considère l'homme tel qu'il est, et veut en tirer parti pour le bien de la société humaine. Ainsi de trois vices, l'orgueil féroce, l'avarice, l'ambition, qui égarent tout le genre humain, elle tire le métier de la guerre, le commerce, la politique (*la corte*), dans lesquels se forment le courage, l'opulence, la sagesse de l'homme d'état. Trois vices capables de détruire la race humaine produisent la félicité publique.

Convenons qu'il doit y avoir une Providence divine, une intelligence législatrice du monde : grâce à elle, les passions des hommes livrés tout entiers à l'intérêt privé, qui les ferait vivre en bêtes féroces dans les solitudes, ces passions mêmes ont formé la hiérarchie civile, qui maintient la société humaine.

8. Les choses, hors de leur état naturel, ne peuvent y rester, ni s'y maintenir.

---

doctrine de Platon nous présente le *juste dans son unité*; ce philosophe pense qu'on doit suivre comme la règle du vrai ce qui semble un, ou le même à tous les hommes. Édition de 1725, réimprimée en 1817, page 74.

* *Dicit enim* (Cato) *tanquam in Platonis* πολιτεια, *non tanquam in Romuli fæce sententiam.* Cic. ad *Atticum,* lib. 11 (*Note du Traducteur*).

Si, depuis les temps les plus reculés dont nous parle l'histoire du monde, le genre humain a vécu, et vit tolérablement en société, cet axiome termine la grande dispute élevée sur la question de savoir *si la nature humaine est sociable*, en d'autres termes *s'il y a un droit naturel*; dispute que soutiennent encore les meilleurs philosophes et les théologiens contre Épicure et Carnéade, et qui n'a point été fermée par Grotius lui-même.

Cet axiome, rapproché du septième et de son corollaire, prouve que l'homme a le libre arbitre, quoique incapable de changer ses passions en vertus, mais qu'il est aidé naturellement par la Providence de Dieu, et d'une manière surnaturelle par la Grâce.

9. Faute de savoir le *vrai*, les hommes tâchent d'arriver au *certain*, afin que si l'*intelligence* ne peut être satisfaite par la *science*, la *volonté* du moins se repose sur la *conscience*.

10. La *philosophie* contemple la *raison*, d'où vient la *science du vrai*; la *philologie* étudie les actes de la liberté humaine, elle en suit l'*autorité*; et c'est de là que vient la conscience du *certain*. — Ainsi nous comprenons sous le nom de *philologues* tous les grammairiens, historiens, critiques, lesquels s'occupent de la connaissance des *langues* et des *faits* (tant des faits *intérieurs* de l'histoire des peuples, comme lois et usages, que des faits *exté-*

rieurs, comme guerres, traités de paix et d'alliance, commerce, voyages.)

Le même axiome nous montre que les *philosophes* sont restés à moitié chemin en négligeant de donner à leurs *raisonnemens* une *certitude* tirée de l'*autorité* des *philologues* ; que les *philologues* sont tombés dans la même faute, puisqu'ils ont négligé de donner aux faits le caractère de *vérité* qu'ils auraient tiré des *raisonnemens philosophiques*. Si les philosophes et les philologues eussent évité ce double écueil, ils eussent été plus utiles à la société, et ils nous auraient prévenus dans la recherche de cette nouvelle science.

11. L'étude des actes de la *liberté humaine*, si incertaine de sa nature, tire sa certitude et sa détermination du *sens commun* appliqué par les hommes aux *nécessités* ou *utilités* humaines, *double source du droit naturel des gens.**

12. Le *sens commun* est un *jugement* sans *réflexion*, partagé par tout un ordre, par tout un peuple, par toute une nation, ou par tout le genre humain.

Cet axiome (avec la définition suivante) nous ou-

---

* Le *droit naturel des gens* a, dans Vico, une signification très étendue. Il comprend non-seulement les rapports des sociétés entre elles, mais même tous les rapports des individus entre eux (*Note du Traducteur*).

vrira une critique nouvelle relative aux *auteurs des peuples*, qui ont dû précéder de plus de mille ans les *auteurs de livres*, dont la critique s'est occupée jusqu'ici exclusivement.

13. Des idées uniformes nées chez des peuples inconnus les uns aux autres, doivent avoir un motif commun de vérité.

Grand principe, d'après lequel le sens commun du genre humain est le *criterium* indiqué par la Providence aux nations pour déterminer la certitude dans le droit naturel des gens. On arrive à cette certitude en connaissant l'unité, l'essence de ce droit auquel toutes les nations se conforment avec diverses modifications (*Voy.* le vingt-deuxième axiome.)

Le même axiome renferme toutes les idées qu'on s'est formées jusqu'ici du droit naturel des gens; droit qui, selon l'opinion commune, serait sorti d'une nation pour être transmis aux autres. Cette erreur est devenue scandaleuse par la vanité des Égyptiens et des Grecs, qui, à les en croire, ont répandu la civilisation dans le monde.

C'était une conséquence naturelle qu'on fît venir de Grèce à Rome la loi des douze tables. Ainsi le droit civil aurait été communiqué aux autres peuples par une prévoyance humaine; ce ne serait pas un droit mis par la divine Providence dans la nature, dans les mœurs de l'humanité, et ordonné par elle chez toutes les nations!

Nous ne cesserons dans cet ouvrage de tâcher de

démontrer que le droit naturel des gens naquit chez chaque peuple en particulier, sans qu'aucun d'eux sût rien des autres; et qu'ensuite à l'occasion des guerres, ambassades, alliances, relations de commerce, ce droit fut reconnu commun à tout le genre humain.

14. La *nature* des choses consiste en ce qu'elles naissent en certaines circo ..nces, et de certaines manières. Que les circonstances se représentent les mêmes, les choses naissent les mêmes et non différentes.

15. Les *propriétés inséparables* du sujet doivent résulter de la modification avec laquelle, de la manière dont la chose est née; ces propriétés *vérifient* à nos yeux que la nature de la chose même (c'est-à-dire la manière dont elle est née) est telle, et non pas autre.

16-22. *Fondemens du certain.*

(Apercevoir le monde social dans sa réalité.)

16. Les traditions vulgaires doivent avoir quelques *motifs publics de vérité*, qui expliquent comment elles sont nées, et comment elles se sont conservées long-temps chez des peuples entiers.

Assigner à ces traditions leurs véritables causes qui, à travers les siècles, à travers les changemens de langues et d'usages, nous sont arrivées déguisées par l'erreur, ce sera un des grands travaux de la nouvelle science.

17. Les façons de parler vulgaires sont les témoignages les plus graves sur les usages nationaux des temps où se formèrent les langues.

18. Une langue ancienne qui est restée en usage, doit, considérée avant sa maturité, être un grand monument des usages des premiers temps du monde.

Ainsi c'est du latin qu'on tirera les preuves philologiques les plus concluantes en matière de droit des gens; les Romains ont surpassé sans contredit tous les autres peuples dans la connaissance de ce droit. Ces preuves pourront aussi être recherchées dans la langue allemande qui partage cette propriété avec l'ancienne langue romaine.

19. Si les lois des douze tables furent les coutumes en vigueur chez les peuples du Latium depuis l'âge de Saturne, coutumes qui, toujours mobiles chez les autres tribus, furent fixées par les Romains sur le bronze, et gardées religieusement par leur jurisprudence, ces lois sont un grand monument de l'ancien droit naturel des peuples du Latium.

20. Si les poëmes d'Homère peuvent être considérés comme l'histoire civile des anciennes coutumes grecques, ils sont pour nous deux grands tré-

sors du droit naturel des gens considéré chez les Grecs.

Cette vérité et la précédente ne sont encore que des *postulats*, dont la démonstration se trouvera dans l'ouvrage.

21. Les philosophes grecs précipitèrent la marche naturelle que devait suivre leur nation; ils parurent dans la Grèce lorsqu'elle était encore toute barbare, et la firent passer immédiatement à la civilisation la plus rafinée; en même temps les Grecs conservèrent entières leurs histoires fabuleuses, tant divines qu'héroïques. La civilisation marcha d'un pas plus réglé chez les Romains; ils perdirent entièrement de vue leur histoire *divine*; aussi l'*âge des dieux*, pour parler comme les Égyptiens (*Voy.* l'axiome 28), est appelé par Varron le *temps obscur* des Romains; les Romains conservèrent dans la langue vulgaire leur histoire héroïque, qui s'étend depuis Romulus jusqu'aux lois Publilia et Petilia, et nous trouverons réfléchie dans cette histoire toute la suite de celle des héros grecs. *

---

* La vérité de ces observations nous est confirmée par l'exemple de la nation française. Elle vit s'ouvrir au milieu de la barbarie du onzième siècle, cette fameuse école de Paris, où Pierre Lombard, *le maître des sentences*, enseignait la scholastique la plus subtile; et d'un autre côté elle a conservé une sorte de poëme homérique dans l'histoire de l'archevêque Turpin, ce recueil universel des *Fables héroïques* qui ont ensuite embelli tant de poëmes et de romans. Ce passage prématuré de la barbarie aux sciences les plus subtiles, a donné à la langue française une

Nous trouvons encore, dans nos principes, une autre cause de cette marche des Romains, et peut-être cette cause explique plus convenablement l'effet indiqué. Romulus fonda Rome au milieu d'autres cités latines plus anciennes; il la fonda en ouvrant un asile, *moyen*, dit Tite-Live, *employé jadis par la sagesse des fondateurs de villes*; l'âge de la violence durant encore, il dut fonder sa ville sur la même base qui avait été donnée aux premières cités du monde. La civilisation romaine partit de ce principe; et comme les langues vulgaires du Latium avaient fait de grands progrès, il dut arriver que les Romains expliquèrent en langue vulgaire les affaires de la vie civile, tandis que les Grecs les avaient exprimées en langue héroïque. Voilà aussi pourquoi les Romains furent les *héros du monde*, et soumirent les autres cités du Latium, puis l'Italie, enfin l'univers. Chez eux l'héroïsme était jeune, lorsqu'il avait commencé à vieillir chez les autres peuples du Latium, dont la soumission devait préparer toute la grandeur de Rome.

22. Il existe nécessairement dans la nature une *langue intellectuelle commune à toutes les nations*; toutes les choses qui occupent l'activité de l'homme en société y sont uniformément comprises, mais

---

délicatesse supérieure à celle de toutes les langues vivantes; c'est elle qui reproduit le mieux l'atticisme des Grecs. Comme la langue grecque, elle est aussi éminemment propre à traiter les sujets scientifiques.

exprimées avec autant de modifications qu'on peut considérer ces choses sous divers aspects. Nous le voyons dans les proverbes ; ces maximes de la *sagesse vulgaire*, sont entendues dans le même sens par toutes les nations anciennes et modernes, quoique dans l'expression elles aient suivi la diversité des manières de voir. — Cette langue appartient à la *science nouvelle* ; guidés par elle, les philologues pourront se faire un *vocabulaire intellectuel commun à toutes les langues mortes et vivantes*.

23-114. AXIOMES PARTICULIERS.

23-28. *Division des peuples anciens en Hébreux et Gentils. — Déluge universel. — Géans.*

23. L'histoire sacrée est plus ancienne que toutes les histoires profanes qui nous sont parvenues, puisqu'elle nous fait connaître, avec tant de détails et dans une période de huit siècles, l'état de nature sous les patriarches (*état de famille*, dans le langage de la *science nouvelle*). Cet état dont, selon l'opinion unanime des politiques, sortirent les peuples et les cités, l'histoire profane n'en fait point mention, ou en dit à peine quelques mots confus.

24. Dieu défendit la divination aux Hébreux ; cette défense est la base de leur religion ; la divination au contraire est le principe de la société chez

toutes les nations païennes. Aussi tout le monde ancien fut-il divisé en Hébreux et Gentils.

25. Nous démontrerons le *déluge universel*, non plus par les preuves philologiques de Martin Scoock; elles sont trop légères; ni par les preuves astrologiques du cardinal d'Alliac, suivi par Pic de la Mirandole; elles sont incertaines et même fausses; mais par les faits d'une *histoire physique* dont nous trouverons les vestiges dans les fables.

26. Il a existé des *géans* dans l'antiquité, tels que les voyageurs disent en avoir trouvé de très grossiers et de très féroces à l'extrémité de l'Amérique dans le pays des Patagons. Abandonnant les vaines explications que nous ont données les philosophes de leur existence, nous l'expliquerons par des causes en partie physiques, en partie morales, que César et Tacite ont remarquées en parlant de la stature gigantesque des anciens Germains. Nous rapportons ces causes à l'*éducation* sauvage, et pour ainsi dire *bestiale*, des enfans.

27. L'histoire grecque, qui nous a conservé tout ce que nous avons des antiquités païennes, en exceptant celles de Rome, prend son commencement du *déluge et de l'existence des géans*.

Cette tradition nous présente la *division originaire du genre humain* en deux espèces, celle des géans et celle des hommes d'une stature naturelle, celle des Gentils et celle des Hébreux. Cette différence ne peut être venue que de l'éducation *bestiale* des uns, de l'éducation *humaine* des autres; d'où l'on peut conclure que les Hébreux ont eu une autre origine que celle des Gentils.

28-40. *Principes de la théologie pratique.* — *Origine de l'idolâtrie, de la divination, des sacrifices.*

28. Il nous reste deux grands débris des antiquités égyptiennes; 1° Les Égyptiens divisaient tout le temps antérieurement écoulé en trois âges, *âge des dieux, âge des héros, âge des hommes*; 2° Pendant ces trois âges, trois langues correspondantes se parlèrent, langue hiéroglyphique ou *sacrée*, langue symbolique ou *héroïque*, langue *vulgaire* ou *épistolaire*, celle dans laquelle les hommes expriment par des signes convenus les besoins ordinaires de la vie.

29. Homère parle dans cinq passages de ses poèmes d'une langue plus ancienne que l'héroïque dont il se servait, et il l'appelle langue des dieux. (*Voy.* livre 2, chap. 6.)

30. Varron a pris la peine de recueillir trente mille noms de divinités reconnues par les Grecs. Ces noms se rapportaient à autant de besoins de la vie *naturelle, morale, économique* ou *civile* des premiers temps. — Concluons des trois traditions qui

viennent d'être rapportées que, *partout la société a commencé par la religion.* C'est le premier des trois principes de la science nouvelle.

31. Lorsque les peuples sont *effarouchés* par la violence et par les armes, au point que les lois humaines n'auraient plus d'action, il n'existe qu'un moyen puissant pour les dompter, c'est la religion.

Ainsi dans l'*état sans lois* (*stato eslege*), la Providence réveilla dans l'âme des plus violens et des plus fiers une idée confuse de la divinité, afin qu'ils entrassent dans la vie sociale et qu'ils y fissent entrer les nations. Ignorans comme ils étaient, ils appliquèrent mal cette idée, mais l'effroi que leur inspirait la divinité telle qu'ils l'imaginèrent, commença à ramener l'ordre parmi eux.

Hobbes ne pouvait voir la société commencer ainsi parmi *les hommes violens et farouches* de son système, lui qui, pour en trouver l'origine, s'adresse au hasard d'Épicure. Il entreprit de remplir la grande lacune laissée par la philosophie grecque, qui n'avait point considéré l'*homme dans l'ensemble de la société du genre humain.* Effort magnanime auquel le succès n'a pas répondu![*]

32. Lorsque les hommes ignorent les causes na-

---

[*] La fin de cet alinéa est rejetée dans une note du chapitre III.
(*Note du Traducteur.*)

turelles des phénomènes, et qu'ils ne peuvent les expliquer par des analogies, ils leur attribuent leur propre nature ; par exemple, le vulgaire dit que *l'aimant aime le fer*. (*Voy*. l'axiome 1er.)

33. La physique des ignorans est une métaphysique vulgaire, dans laquelle ils rapportènt les causes des phénomènes qu'ils ignorent à la volonté de Dieu, sans considérer les moyens qu'emploie cette volonté.

34. L'observation de Tacite est très juste : *mobiles ad superstitionem perculsæ semel mentes*. Dès que les hommes ont laissé surprendre leur âme par une superstition pleine de terreurs, ils y rapportent tout ce qu'ils peuvent imaginer, voir, ou faire eux-mêmes.

35. L'admiration est fille de l'ignorance.

36. L'imagination est d'autant plus forte que le raisonnement est plus faible.

37. Le plus sublime effort de la poésie est d'animer, de passionner les choses insensibles. — Il est ordinaire aux enfans de prendre dans leurs jeux les choses inanimées, et de leur parler comme à des personnes vivantes. — Les hommes du monde enfant durent être naturellement des poètes sublimes.

38. Passage précieux de Lactance, sur l'origine

de l'idolâtrie: *Rudes initio homines Deos appellarunt, sive ob miraculum virtutis (hoc verò putabant rudes adhuc et simplices); sive, ut fieri solet, in admirationem præsentis potentiæ; sive ob beneficia, quibus erant ad humanitatem compositi;* au commencement, les hommes encore simples et grossiers divinisèrent de bonne foi ce qui excitait leur admiration, tantôt la vertu, tantôt une puissance secourable (la chose est ordinaire), tantôt la bienfaisance de ceux qui les avaient civilisés.

39. Dès que notre intelligence est éveillée par l'admiration, quel que soit l'effet extraordinaire que nous observions, comète, parélie, ou toute autre chose, la curiosité, fille de l'ignorance et mère de la science, nous porte à demander : Que signifie ce phénomène ?

40. La superstition qui remplit de terreur l'âme des magiciennes, les rend en même temps cruelles et barbares; au point que souvent pour célébrer leurs affreux mystères, elles égorgent sans pitié et déchirent en pièces l'être le plus innocent et le plus aimable, un enfant.

Voilà l'origine des sacrifices, dans lesquels la férocité des premiers hommes faisait couler le sang humain. Les Latins eurent leurs *victimes de Saturne* (Saturni hostiæ); les Phéniciens faisaient passer à travers les flammes les enfans consacrés à Moloch; et les douze tables conservent quelques traces de semblables consécrations. — Cette explication nous fera mieux entendre le vers fameux : *La crainte seule a fait les premiers dieux.* Les fausses religions sont nées de la crédulité, et non de l'imposture. — Elle répond aussi à l'exclamation impie de Lucrèce au sujet du sacrifice d'Iphigénie (*tant la religion put enfanter de maux!*). Ces religions cruelles étaient le premier degré par lequel la Providence amenait les hommes encore farouches, *les fils des Cyclopes et des Lestrigons*, à la civilisation des âges d'Aristide, de Socrate et de Scipion.

41-46. *Principes de la Mythologie historique.*

41-42. Dans cette période qui suivit le déluge universel, les descendans impies des fils de Noé retournèrent à l'état sauvage, se dispersèrent comme des bêtes farouches dans la vaste forêt qui couvrait la terre, et par l'effet d'une éducation toute *bestiale*, redevinrent géans à l'époque où il tonna la première fois après le déluge. C'est alors que *Jupiter foudroie et terrasse les géans.* Chaque nation païenne eut son Jupiter. — Il fallut sans doute plus d'un siècle après le déluge pour que la terre moins humide pût exhaler des vapeurs capables de produire le tonnerre.

43. Toute nation païenne eut son Hercule, fils de Jupiter ; le docte Varron en a compté jusqu'à quarante. — Voilà l'origine de l'héroïsme chez les

premiers peuples, qui faisaient sortir leurs héros des dieux.

Cette tradition et la précédente qui nous montre d'abord tant de Jupiter, ensuite tant d'Hercule chez les nations païennes, nous indique que les premières sociétés ne purent se fonder sans religion, ni s'agrandir sans vertu. — En outre, si vous considérez l'isolement de ces peuples sauvages qui s'ignoraient les uns les autres, et si vous vous rappelez l'axiome : *Des idées uniformes nées chez des peuples inconnus entre eux, doivent avoir un motif commun de vérité*, vous trouverez un grand principe, c'est que les premières fables durent contenir des vérités relatives à l'état de la société, et par conséquent être l'histoire des premiers peuples.

44. Les premiers sages parmi les Grecs furent les *poëtes théologiens*, lesquels sans aucun doute fleurirent avant les *poëtes héroïques*, comme Jupiter fut père d'Hercule.

Des trois traditions précédentes, il résulte que les nations païennes avec leurs Jupiter et leurs Hercule, furent dans leurs commencemens toutes poétiques, et que d'abord naquit chez elles la *poésie divine*, ensuite l'*héroïque*.

45. Les hommes sont naturellement portés à conserver dans quelque monument le souvenir des lois et institutions, sur lesquelles est fondée la société où ils vivent.

46. Toutes les histoires des barbares commencent par des fables.

47-62. POÉTIQUE.

47-62. *Principe des caractères poétiques.*

47. L'esprit humain aime naturellement l'uniforme.

Cet axiome appliqué aux fables s'appuie sur une observation. Qu'un homme soit fameux en bien ou en mal, le vulgaire ne manque pas de le placer en telle ou telle circonstance, et d'inventer sur son compte des fables en harmonie avec son caractère; *mensonges de fait*, sans doute, mais *vérités d'idées*, puisque le public n'imagine que ce qui est analogue à la réalité. Qu'on y réfléchisse, on trouvera que le *vrai poétique* est *vrai métaphysiquement*, et que le *vrai physique*, qui n'y serait pas conforme, devrait passer pour faux. Le véritable capitaine, par exemple, c'est le Godefroi du Tasse; tous ceux qui ne se conforment pas en tout à ce modèle, ne méritent point le nom de capitaine. Considération importante dans la poétique.

48. Il est naturel aux enfans de transporter l'idée et le nom des premières personnes, des premières choses qu'ils ont vues, à toutes les personnes, à toutes les choses qui ont avec elles quelque ressemblance, quelque rapport.

49. C'est un passage précieux que celui de Jamblique, *sur les mystères des Égyptiens* : les Égyptiens attribuaient à Hermès Trismégiste toutes les découvertes utiles ou nécessaires à la vie humaine.

Cet axiome et le précédent renverseront cette sublime théologie naturelle par laquelle ce grand philosophe interprète les mystères de l'Égypte.

Dans les axiomes 47, 48 et 49, nous trouvons le principe des caractères poétiques, lesquels constituent l'essence des fables. Le premier nous montre le penchant naturel du vulgaire à imaginer des fables et à les imaginer avec convenance. — Le second nous fait voir que les premiers hommes qui représentaient l'enfance de l'humanité, étant incapables d'abstraire et de généraliser, furent contraints de créer les caractères poétiques, pour y ramener, comme à autant de modèles, toutes les espèces particulières qui auraient avec eux quelque ressemblance. Cette ressemblance rendait infaillible la convenance des fables antiques. Ainsi les Égyptiens rapportaient au type du *sage dans les choses de la vie sociale* toutes les découvertes utiles ou nécessaires à la vie, et comme ils ne pouvaient atteindre cette abstraction, encore moins celle de *sagesse sociale*, ils personnifiaient le genre tout entier sous le nom d'Hermès Trismégiste. Qui peut soutenir encore qu'au temps où les Égyptiens enrichissaient le monde de leurs découvertes, ils étaient déjà philosophes, déjà capables de généraliser ?

50-62. *Fable, convenance, pensée, expression, etc.*

50. Dans l'enfance, la mémoire est très forte; aussi l'imagination est vive à l'excès; car l'imagination n'est autre chose que la mémoire avec extension, ou composition. —Voilà pourquoi nous trouvons un caractère si frappant de vérité dans les images poétiques, que dut former le monde enfant.

51. En tout les hommes suppléent à la nature par une étude opiniâtre de l'art; en poésie seulement, toutes les ressources de l'art ne feront rien pour celui que la nature n'a point favorisé.— Si la poésie fonda la civilisation païenne qui devait produire tous les arts, il faut bien que la nature ait fait les premiers poètes.

52. Les enfans ont à un très haut degré la faculté d'imiter; tout ce qu'ils peuvent déjà connaître, ils s'amusent à l'imiter. — Aux temps du monde enfant, il n'y eut que des peuples poètes; la poésie n'est qu'imitation.

C'est ce qui peut faire comprendre pourquoi tous les arts de nécessité, d'utilité, de commodité, et même la plupart des arts d'agrément, furent trouvés dans les siècles poétiques, avant qu'il se formât des philosophes : les arts ne sont qu'autant d'imitations de la nature, une *poésie réelle*, si je l'ose dire.

53. Les hommes sentent d'abord, sans remarquer les choses senties; ils les remarquent ensuite, mais avec la confusion d'une âme agitée et passionnée; enfin, éclairés par une pure intelligence, ils commencent à réfléchir.

Cet axiome nous explique la formation des pensées poétiques. Elles sont l'expression des passions et des sentimens, à la différence des pensées philosophiques qui sont le produit de la réflexion et du raisonnement. Plus les secondes s'élèvent aux généralités, plus elles approchent du *vrai;* les premières au contraire deviennent *plus certaines* (c'est-à-dire qu'elles peignent plus fidèlement), à proportion qu'elles descendent dans les particularités.

54. Les hommes interprètent les choses douteuses ou obscures qui les touchent, conformément à leur propre nature, et aux passions et usages qui en dérivent.

Cet axiome est une règle importante de notre mythologie. Les fables imaginées par les premiers hommes furent sévères comme leurs farouches inventeurs, qui étaient à peine sortis de l'indépendance bestiale pour commencer la société. Les siècles s'écoulèrent, les usages changèrent, et les fables furent altérées, détournées de leur premier sens, obscurcies dans les temps de corruption et de dissolution qui précédèrent même l'existence d'Homère. Les Grecs, craignant de trouver les dieux aussi contraires à leurs vœux, qu'ils devaient l'être à leurs mœurs, attribuèrent ces mœurs aux dieux eux-mêmes, et donnèrent souvent aux fables un sens honteux et obscène.

55. Etendez à tous les Gentils, le passage suivant où Eusèbe parle des seuls Égyptiens, il devient précieux : *Originairement la théologie des Égyptiens ne fut autre chose qu'une histoire mêlée de fables ; les âges suivans qui rougissaient de ces fables, leur supposèrent peu à peu une signification mystique*. C'est ce que fit Manéton, grand-prêtre de l'Égypte, qui prêta à l'histoire de son pays le sens d'une sublime *théologie naturelle*.

Les deux axiomes précédens sont deux fortes preuves en faveur de notre mythologie historique et en même temps deux coups mortels portés au préjugé qui attribue aux anciens une sagesse impossible à égaler (*innarrivabile*). Ils renferment en même temps deux puissans argumens en faveur de la vérité du christianisme, qui dans l'histoire sainte ne présente aucun récit dont il ait à rougir.

56. Les premiers auteurs parmi les Orientaux, les Égyptiens, les Grecs et les Latins, les premiers écrivains qui firent usage des nouvelles langues de l'Europe, lorsque la barbarie antique reparut au moyen âge, se trouvent avoir été des poètes.

57. Les muets s'expliquent par des gestes, ou par d'autres signes matériels, qui ont des rapports

naturels avec les idées qu'ils veulent faire entendre.

C'est le principe des langues hiéroglyphiques, en usage chez toutes les nations dans leur première barbarie. C'est celui du *langage | naturel qui s'est parlé jadis dans le monde*, si l'on s'en rapporte à la conjecture de Platon (*Cratyle*), suivi par Jamblique, par les Stoïciens et par Origène (*contre Celse*). Mais comme ils avaient seulement deviné la vérité, ils trouvèrent des adversaires dans Aristote (περὶ ἑρμηνείας), et dans Galien (*de decretis Hippocratis et Platonis*); Publius Nigidius parle de cette dispute dans Aulu-Gelle. A ce *langage naturel* dut succéder le *langage poétique*, composé d'images, de similitudes et de comparaisons, enfin de traits qui peignaient les propriétés naturelles des êtres.

58. Les muets émettent des sons confus avec une espèce de chant. Les bègues ne peuvent délier leur langue qu'en chantant.

59. Les grandes passions se soulagent par le chant, comme on l'observe dans l'excès de la douleur ou de la joie.

D'après ces deux axiomes, si les premiers hommes du monde païen retombèrent dans un état de brutalité où ils devinrent *muets* comme les bêtes, on doit croire que les plus violentes passions purent seules les arracher à ce silence, et qu'*ils formèrent leurs premières langues en chantant.*

60. Les langues durent commencer par des *monosyllabes*. Maintenant encore au milieu de tant de facilités pour apprendre le langage articulé, les enfans, dont les organes sont si flexibles, commencent toujours ainsi.

61. Le vers *héroïque* est le plus ancien de tous. Le vers spondaïque est le plus lent, et la suite prouvera que le vers héroïque fut originairement spondaïque.

62. Le vers *iambique* est celui qui se rapproche le plus de la prose, et l'iambe est un mètre rapide, comme le dit Horace.

Ces deux axiomes peuvent nous faire conjecturer que le développement des idées et des langues fut correspondant. Les sept axiomes précédens doivent nous convaincre que chez toutes les nations l'on parla d'abord en vers, puis en prose.

63-65. *Principes étymologiques.*

63. *L'âme est portée* naturellement *à se voir au-dehors et dans la matière;* ce n'est qu'avec beaucoup de peine, et par la réflexion, qu'elle en vient à se comprendre elle-même. — Principe universel d'étymologie; nous voyons en effet dans toutes les langues les choses de l'âme et de l'intelligence exprimées par des métaphores qui sont tirées des corps et de leurs propriétés.

64. *L'ordre des idées* doit suivre *l'ordre des choses.*

65. Tel est l'ordre que suivent les choses humaines : d'abord les *forêts*, puis les *cabanes*, puis les *villages*, ensuite les *cités*, ou réunions de citoyens, enfin les *académies*, ou réunions de savans. — Autre grand principe étymologique, d'après lequel l'histoire des langues indigènes doit suivre cette série de changemens que subissent les choses. Ainsi dans la langue latine, nous pouvons observer que tous les mots ont des *origines sauvages et agrestes :* par exemple, *lex* (*legere*, cueillir) dut signifier d'abord *récolte de glands*, d'où l'arbre qui produit les glands fut appelé *illex*, *ilex*; de même que *aquilex* est incontestablement *celui qui recueille les eaux.* Ensuite *lex* désigna la récolte des *légumes* (legumina) qui en dérivent leur nom. Plus tard, lorsqu'on n'avait pas de lettres pour écrire les lois, *lex* désigna nécessairement la réunion des citoyens, ou l'assemblée publique. La présence du peuple constituait *la loi* qui rendait les testamens authentiques, *calatis comitiis.* Enfin l'action de recueillir les lettres, et d'en faire comme un faisceau pour former chaque parole, fut appelée *legere*, lire.

66-86. *Principes de l'histoire idéale.*

66. Les hommes sentent d'abord le *nécessaire*, puis font attention à *l'utile*, puis cherchent la *commodité;* plus tard aiment le *plaisir*, s'abandonnent

au *luxe*, et en viennent enfin à *tourmenter leurs richesses*.*

67. Le caractère des peuples est d'abord *cruel*, ensuite *sévère*, puis *doux* et bienveillant, puis *ami de la recherche*, enfin *dissolu*.

68. Dans l'histoire du genre humain, nous voyons s'élever d'abord des caractères *grossiers et barbares*, comme le Polyphème d'Homère; puis il en vient d'*orgueilleux et de magnanimes*, tels qu'Achille; ensuite de *justes et de vaillans*, des Aristides, des Scipions; plus tard nous apparaissent avec de nobles images de *vertus*, et en même temps *avec de grands vices*, ceux qui au jugement du vulgaire obtiennent la véritable gloire, les Césars et les Alexandres; plus tard des caractères *sombres*, *d'une méchanceté réfléchie*, des Tibères; enfin des *furieux* qui s'abandonnent en même temps à une *dissolution sans pudeur*, comme les Caligulas, les Nérons, les Domitiens.

La dureté des premiers fut nécessaire, afin que l'homme, obéissant à l'homme dans l'*état de famille*, fût préparé à obéir aux lois dans l'*état civil* qui devait suivre; les seconds incapables de céder à leurs égaux, servirent à établir à la suite de l'état de famille les *républiques aristocratiques*; les troisièmes à frayer le chemin à la *démocratie*; les qua-

---

* *Divitias suas trahunt, vexant.* Salluste. (*N. du T.*)

trièmes à élever les *monarchies;* les cinquièmes à les affermir; les sixièmes à les renverser.

69. Les gouvernemens doivent être conformes à la nature de ceux qui sont gouvernés. — D'où il résulte que l'école des princes, c'est la science des mœurs des peuples.

70-82. *Commencemens des sociétés.*

70. Qu'on nous accorde la proposition suivante (la chose ne répugne point en elle-même, et plus tard elle se trouve vérifiée par les faits): du *premier état sans loi et sans religion* sortirent d'abord un petit nombre d'hommes supérieurs par la force, lesquels fondèrent les *familles*, et à l'aide de ces mêmes familles commencèrent à cultiver les champs; la foule des autres hommes en sortit long-temps après en se *réfugiant* sur les terres cultivées par les premiers pères de famille.

71. *Les habitudes originaires*, particulièrement celle de l'indépendance naturelle, *ne se perdent point tout d'un coup*, mais par degrés et à force de temps.

72. Supposé que toutes les sociétés aient commencé par le culte d'une divinité quelconque, les *pères* furent sans doute, dans l'état de famille, les *sages* en fait de divination, les *prêtres* qui sacrifiaient pour connaître la volonté du ciel par les

auspices, et les *rois* qui transmettaient les lois divines à leur famille.

73 et 76. C'est une tradition vulgaire que le *monde fut d'abord gouverné par des rois*, — que la *première forme de gouvernement fut la monarchie*.

74. Autre tradition vulgaire : *les premiers rois qui furent élus, c'étaient les plus dignes.*

75. Autre : *les premiers rois furent des sages.* Le vain souhait de Platon était en même temps un regret de ces premiers âges pendant lesquels *les philosophes régnaient, ou les rois étaient philosophes.*

Dans la personne des premiers pères se trouvèrent donc réunis la sagesse, le sacerdoce et la royauté. Les deux dernières supériorités dépendaient de la première. Mais cette sagesse n'était point la sagesse *réfléchie* (riposta) celle des philosophes, mais la *sagesse vulgaire* des législateurs. Nous voyons que dans la suite chez toutes les nations les prêtres marchaient la couronne sur la tête.

77. Dans l'état de famille, les pères durent exercer un *pouvoir monarchique*, dépendant de Dieu seul, sur la personne et sur les biens de leurs *fils*, et, à plus forte raison, sur ceux des hommes qui s'étaient réfugiés sur leurs terres, et qui étaient devenus leurs *serviteurs*. Ce sont ces premiers monarques du monde que désigne l'Écriture Sainte en les

appelant *patriarches*, c'est-à-dire, *pères et princes*. Ce droit monarchique fut conservé par la loi des douze tables dans tous les âges de l'ancienne Rome: *Patri familias jus vitæ et necis in liberos esto*, le père de famille a sur ses enfans droit de vie et de mort; principe d'où résulte le suivant, *quidquid filius acquirit, patri acquirit*, tout ce que le fils acquiert, il l'acquiert à son père.

78. Les *familles* ne peuvent avoir été nommées d'une manière convenable à leur origine, si l'on n'en fait venir le nom de ces *famuli*, ou serviteurs des premiers pères de famille.

79. Si les premiers *compagnons*, ou *associés*, eurent pour but une *société d'utilité*, on ne peut les placer antérieurement à ces réfugiés qui, ayant cherché la sûreté près des premiers pères de famille, furent obligés pour vivre de cultiver les champs de ceux qui les avaient reçus. — Tels furent les véritables *compagnons des héros*, dans lesquels nous trouvons plus tard les *plébéiens* des cités héroïques, et en dernier lieu les *provinces soumises* à des peuples souverains.

80. Les hommes s'engagent dans des rapports de bienfaisance, lorsqu'ils espèrent retenir une partie du *bienfait*, ou en tirer une grande utilité ; tel est le genre de bienfait que l'on doit attendre dans la vie sociale.

81. C'est un caractère des hommes courageux de ne point laisser perdre par négligence ce qu'ils ont acquis par leur courage, mais de ne céder qu'à la nécessité ou à l'intérêt, et cela peu-à-peu, et le moins qu'ils peuvent. Dans ces deux axiomes nous voyons les *principes éternels des fiefs*, qui se traduisent en latin avec élégance par le mot *beneficia*.

82. Chez toutes les nations anciennes nous ne trouvons partout que *clientèles* et *cliens*, mots qu'on ne peut entendre convenablement que par *fiefs* et *vassaux*. Les feudistes ne trouvent point d'expressions latines plus convenables pour traduire ces derniers mots que *clientes* et *clientelæ*.

Les trois derniers axiomes avec les douze précédens (en partant du 70e), nous font connaître l'*origine des sociétés*. Nous trouvons cette origine, comme on le verra d'une manière plus précise, dans la nécessité imposée aux pères de famille par leurs serviteurs. Ce premier gouvernement dut être *aristocratique*, parce que les pères de famille s'unirent en corps politique pour résister à leurs serviteurs mutinés contre eux, et furent cependant obligés pour les ramener à l'obéissance, de leur faire des concessions de terres analogues aux *feuda rustica* (*fiefs roturiers*) du moyen âge. Ils se trouvèrent eux-mêmes avoir assujetti leurs souverainetés domestiques (que l'on peut comparer aux *fiefs nobles*) à la *souveraineté de l'ordre* dont ils faisaient partie. Cette origine des sociétés sera prouvée par le fait;

mais quand elle ne serait qu'une hypothèse, elle est si simple et si naturelle, tant de phénomènes politiques s'y rapportent d'eux-mêmes, comme à leur cause, qu'il faudrait encore l'admettre comme vraie. Autrement il devient impossible de comprendre comment l'*autorité civile* dériva de l'*autorité domestique*; comment le patrimoine public se forma de la réunion des patrimoines particuliers ; comment à sa formation, la société trouva des élémens tout préparés dans un corps peu nombreux qui pût commander dans une multitude de plébéiens qui pût obéir. Nous démontrerons qu'en supposant les familles composées seulement *de fils*, et non *de serviteurs*, cette formation des sociétés a été impossible.

83. Ces concessions de terres constituèrent la première *loi agraire* qui ait existé, et la nature ne permet pas d'en *imaginer*, ni d'en *comprendre* une qui puisse offrir plus de précision.

Dans cette loi agraire furent distingués les trois genres de possession qui peuvent appartenir aux trois sortes de personnes : *domaine bonitaire* appartenant aux Plébéiens; *domaine quiritaire* appartenant aux Pères, conservé par les armes, et par conséquent *noble*; *domaine éminent*, appartenant au corps souverain. Ce dernier genre de possession n'est autre chose que la souveraine puissance dans les républiques aristocratiques.

84-96. *Ancienne histoire romaine.*

84. Dans un passage remarquable de sa Politique, où il énumère les diverses sortes de gouvernemens, Aristote fait mention de la *royauté héroïque*, où les rois, chefs de la religion, administraient la justice au-dedans, et conduisaient les guerres au-dehors.

Cet axiome se rapporte précisément à la royauté héroïque de Thésée et de Romulus. *Voyez* la vie du premier dans Plutarque. Quant aux rois de Rome, nous voyons Tullus Hostilius juge d'Horace*. Les rois de Rome étaient appelés rois des choses sacrées, *reges sacrorum*. Et même après l'expulsion des rois, de crainte d'altérer la forme des cérémonies, on créait un roi des choses sacrées ; c'était le chef des féciaux, ou hérauts de la république.

85. Autre passage remarquable de la Politique d'Aristote : *Les anciennes républiques n'avaient point de lois pour punir les offenses et redresser les torts particuliers ; ce défaut de lois est commun à tous les peuples barbares.* En effet les peuples ne sont barbares dans leur origine que parce qu'ils ne sont pas encore adoucis par les lois. — De là la *nécessité des duels et des représailles personnelles* dans les temps barbares, où l'on manque de *lois judiciaires*.

---

* Par l'intermédiaire des Duumvirs, auxquels il délègue son pouvoir.
(*N. du T.*).

86. Troisième passage non moins précieux du même livre : *Dans les anciennes républiques, les nobles juraient aux plébéiens une éternelle inimitié.* Voilà ce qui explique l'orgueil, l'avarice, et la barbarie des nobles à l'égard des plébéiens, dans les premiers siècles de l'histoire romaine. Au milieu de cette prétendue liberté populaire que l'imagination des historiens nous montre dans Rome, ils *pressaient* * les plébéiens, et les forçaient de les servir à la guerre à leurs propres dépens ; ils les enfonçaient, pour ainsi dire, dans un abîme d'usures ; et lorsque ces malheureux n'y pouvaient satisfaire, ils les tenaient enfermés toute leur vie dans leurs prisons particulières, afin de se payer eux-mêmes par leurs travaux et leurs sueurs ; là, ces tyrans les déchiraient à coups de verges comme les plus vils esclaves.

87. Les républiques aristocratiques se décident difficilement à la guerre, de crainte d'aguerrir la multitude des plébéiens.

88. Les gouvernemens aristocratiques conservent les richesses dans l'ordre des nobles, parce qu'elles contribuent à la puissance de cet ordre. — C'est ce qui explique la clémence avec laquelle les Romains traitaient les vaincus ; ils se contentaient de leur ôter

---

* Ce mot est pris dans le sens anglais, *to press. Angariarono.*
(*N. du T.*)

leurs armes, et leur laissaient la jouissance de leurs biens (*dominium bonitarium*), sous la condition d'un tribut supportable. — Si l'aristocratie romaine combattit toujours les lois agraires proposées par les Gracques, c'est qu'elle craignait d'enrichir le petit peuple.

89. L'*honneur* est le plus noble aiguillon de la valeur militaire.

90. Les peuples, chez lesquels les différens ordres se disputent les *honneurs* pendant la paix, doivent déployer à la guerre une *valeur héroïque;* les uns veulent se conserver le privilège des honneurs, les autres mériter de les obtenir. Tel est le principe de l'*héroïsme* romain depuis l'expulsion des rois jusqu'aux guerres puniques. Dans cette période, les nobles se dévouaient pour leur patrie, dont le salut était lié à la conservation des privilèges de leur ordre; et les plébéiens se signalaient par de brillans exploits pour prouver qu'ils méritaient de partager les mêmes honneurs.

91. Les querelles dans lesquelles les différens ordres cherchent *l'égalité des droits*, sont pour les républiques le plus puissant moyen d'agrandissement.

Autre principe de l'*héroïsme* romain, appuyé sur trois vertus civiles : *confiance magnanime des plébéiens*, qui veulent que les patriciens leur communiquent les droits civils, en même temps que ces lois dont ils se réservent la connaissance mystérieuse; *courage des patriciens*, qui retiennent dans leur ordre un privilège si précieux; *sagesse des jurisconsultes*, qui interprètent ces lois, et qui peu-à-peu en étendent l'utilité en les appliquant à de nouveaux cas, selon ce que demande la raison. Voilà les trois caractères qui distinguent exclusivement la jurisprudence romaine.

92. Les faibles veulent les lois; les puissans les repoussent; les ambitieux en présentent de nouvelles pour se faire un parti; les princes protègent les lois, afin d'égaler les puissans et les faibles.

Dans sa première et sa seconde partie, cet axiome éclaire l'histoire des querelles qui agitent les aristocraties. Les nobles font de la connaissance des lois le *secret* de leur ordre, afin qu'elles dépendent de leurs caprices, et qu'ils les appliquent *aussi arbitrairement que des rois*. Telle est, selon le jurisconsulte Pomponius, la raison pour laquelle les plébéiens desiraient la loi des douze tables : *gravia erant jus latens, incertum, et manus regia*. C'est aussi la cause de la répugnance que montraient les sénateurs pour accorder cette législation : *mores patrios servandos; leges ferri non oportere*. Tite-Live dit au contraire, que les nobles ne repoussaient pas les vœux du peuple, *desideria plebis non aspernari*. Mais Denis d'Halicarnasse, devait être mieux informé que Tite-Live des antiquités romaines, puisqu'il écrivait d'après les mémoires de Varron, le plus docte des Romains. *

Le troisième article du même axiome nous montre la route que suivent les ambitieux dans les états populaires pour s'élever au pouvoir souverain; ils secondent le désir naturel du peuple, qui, ne pouvant s'élever aux idées générales, veut une loi pour chaque cas particulier. Aussi voyons-nous que Sylla, chef du parti de la noblesse, n'eut pas plus tôt vaincu Marius, chef du parti du peuple, et rétabli la république en rendant le gouvernement à l'aristocratie, qu'il remédia à la multitude des lois par l'institution des *quæstiones perpetuæ*.

Enfin le même axiome nous fait connaître dans sa dernière partie le secret motif pour lequel les Empereurs, en commençant par Auguste, firent des *lois innombrables pour des cas particuliers*; et pourquoi chez les modernes tous les états monarchiques ou républicains ont reçu le corps du droit romain, et celui du droit canonique.

93. Dans les démocraties où domine une multitude avide, dès qu'une fois cette multitude s'est ouvert par les lois la porte des honneurs, la paix n'est plus qu'une lutte dans laquelle on se dispute la puissance, non plus avec les lois, mais avec les

* Nous rejetons une longue digression sur la question de savoir si les lois des douze tables ont été transportées d'Athènes à Rome, dans la note où nous citerons un passage plus considérable d'un autre ouvrage de Vico sur le même sujet. (*N. du T.*)

armes; et la puissance elle-même est un moyen de faire des lois pour enrichir le parti vainqueur; telles furent à Rome les lois agraires proposées par les Gracques. De là résultent à-la-fois des guerres civiles au-dedans, des guerres injustes au-dehors.

Cet axiome confirme par son contraire ce qu'on a dit de l'*héroïsme* romain pour tout le temps antérieur aux Gracques.

94. Plus les biens sont attachés à la personne, au corps du possesseur, plus la liberté naturelle conserve sa fierté; c'est avec le superflu que la servitude enchaîne les hommes.

Dans son premier article, cet axiome est un nouveau principe de l'*héroïsme* des premiers peuples; dans le second, c'est le *principe naturel des monarchies.*

95. Les hommes aiment d'abord à sortir de sujétion et desirent l'*égalité* ; voilà les plébéiens dans les républiques aristocratiques, qui finissent par devenir des gouvernemens populaires. Ils s'efforcent ensuite de *surpasser leurs égaux* ; voilà le petit peuple dans les états populaires qui dégénèrent en oligarchies. Ils veulent enfin *se mettre au-dessus des lois* ; et il en résulte une démocratie effrénée, une anarchie, qu'on peut appeler la pire des tyrannies, puisqu'il y a autant de tyrans qu'il se trouve d'hommes audacieux et dissolus dans la cité. Alors le petit peuple, éclairé par ses propres maux, y cherche un

remède en *se réfugiant dans la monarchie*. Ainsi nous trouvons dans la nature cette *loi royale* par laquelle Tacite légitime la monarchie d'Auguste : *qui cuncta bellis civilibus fessa nomine principis sub imperium* ACCEPIT.

96. Lorsque la réunion des familles forma les premières cités, *les nobles* qui sortaient à peine de *l'indépendance de la vie sauvage*, ne voulaient point se soumettre au frein des lois, ni aux charges publiques; voilà les *aristocraties* où les nobles sont seigneurs. Ensuite les plébéiens étant devenus nombreux et aguerris, les nobles se soumirent, comme les plébéiens, aux lois et aux charges publiques; voilà les nobles dans les *démocraties*. Enfin pour s'assurer la vie commode dont ils jouissent, ils inclinèrent naturellement à se soumettre au gouvernement d'un seul ; voilà les nobles sous la *monarchie*.

97-103. *Migration des peuples.*

97. Qu'on m'accorde, et la raison ne s'y refuse pas, qu'après le déluge, les hommes habitèrent d'abord sur les *montagnes;* il sera naturel de croire qu'ils descendirent quelque temps après dans les *plaines*, et qu'au bout d'un temps considérable, ils prirent assez de confiance pour aller jusqu'aux *rivages* de la mer.

98. On trouve dans Strabon un passage précieux

de Platon, où il raconte qu'après les déluges particuliers d'Ogygès et de Deucalion, les hommes habitèrent *dans les cavernes des montagnes*, et il les reconnaît dans ces cyclopes, ces Polyphèmes, qui lui représentent ailleurs les premiers pères de famille; ensuite sur les *sommets* qui dominent les vallées, tels que Dardanus qui fonda Pergame, depuis la citadelle de Troie; enfin dans les *plaines*, tels qu'Ilus qui fit descendre Troie jusqu'à la plaine voisine de la mer, et qui l'appela Ilion.

99. Selon une tradition ancienne, Tyr, fondée d'abord *dans les terres*, fut ensuite assise sur le *rivage* de la mer de Phénicie; et l'histoire nous apprend que de là elle passa dans une *île* voisine, qu'Alexandre rattacha par une chaussée au continent.

Le postulat 97 et les deux traditions qui viennent à l'appui, nous apprennent que les peuples *méditerranés* se formèrent d'abord, ensuite les peuples *maritimes*.

Nous y trouvons aussi une preuve remarquable de l'antiquité du peuple hébreux, dont Noé plaça le berceau dans la Mésopotamie, contrée la plus *méditerranée* de l'ancien monde habitable. Là aussi se fonda la première monarchie, celle des Assyriens, sortis de la tribu chaldéenne, laquelle avait produit les premiers sages, et Zoroastre le plus ancien de tous.

100. Pour que les hommes se décident à *abandonner pour toujours la terre où ils sont nés*, et qui

naturellement leur est chère, il faut les plus extrêmes nécessités. Le desir d'acquérir par le commerce, ou de conserver ce qu'ils ont acquis, peut seul les décider à quitter leur patrie *momentanément*.

C'est le principe de la *Transmigration des peuples*, dont les moyens furent, ou les *colonies maritimes des temps héroïques*, ou les *invasions des barbares*, ou les *colonies* les plus lointaines *des Romains*, ou celles *des Européens dans les deux Indes*.

Le même axiome nous démontre que les descendans des fils de Noé durent *se perdre et se disperser* dans leurs courses vagabondes, comme les bêtes sauvages, soit pour *échapper* aux animaux farouches qui peuplaient la vaste forêt dont la terre était couverte ; soit en *poursuivant* les femmes rebelles à leurs desirs, soit en *cherchant* l'eau et la pâture. Ils se trouvèrent ainsi épars sur toute la terre, lorsque le tonnerre se faisant entendre pour la première fois depuis le déluge, les ramena à des pensées religieuses, et leur fit concevoir un Dieu, un Jupiter; principe uniforme des sociétés païennes qui eurent chacune leur Jupiter. S'ils eussent conservé des mœurs *humaines*, comme le peuple de Dieu, ils seraient, comme lui, restés en Asie ; cette partie du monde est si vaste, et les hommes étaient alors si peu nombreux, qu'ils n'avaient aucune nécessité de l'abandonner ; il n'est point dans la nature que l'on quitte par caprice le pays de sa naissance.

101. Les Phéniciens furent les premiers navigateurs du monde ancien.

102. Les nations encore barbares *sont impénétrables*; au-dehors, il faut la *guerre* pour les ouvrir aux étrangers, au-dedans l'intérêt du *commerce*, pour les déterminer à les admettre. Ainsi Psammétique ouvrit l'Égypte aux Grecs de l'Ionie et de la Carie, lesquels durent être célèbres après les Phéniciens par leur commerce maritime*. Ainsi dans les temps modernes les Chinois ont ouvert leur pays aux Européens.

Ces trois axiomes nous donnent le principe d'un *autre système d'étymologie pour les mots dont l'origine est certainement étrangère*, système différent de celui dans lequel nous trouvons l'*origine des mots indigènes*. Sans ce principe, nul moyen de connaître l'*histoire des nations transplantées par des colonies aux lieux où s'étaient établies déjà d'autres nations*. Ainsi Naples fut d'abord appelée *Sirène*, d'un mot syriaque, ce qui prouve que les Syriens, ou Phéniciens, y avaient d'abord fondé un comptoir. Ensuite elle s'appela *Parthenope*, d'un mot grec de la langue *héroïque*, et enfin *Neapolis* dans la langue grecque vulgaire; ce qui prouve que les

---

* C'est ce qui explique ces grandes richesses qui permirent aux Ioniens de bâtir le temple de Junon à Samos, et aux Cariens d'élever le tombeau de Mausole, qui furent placés au nombre des sept merveilles du monde. La gloire du commerce maritime appartint en dernier lieu à ceux de Rhodes qui élevèrent à l'entrée de leur port le fameux colosse du Soleil. (*Vico*.)

Grecs s'y étaient établis ensuite, pour partager le commerce des Phéniciens. De même sur les rivages de Tarente il y eut une colonie syrienne appelée *Siri*, que les Grecs nommèrent ensuite *Polylée*; Minerve, qui y avait un temple, en tira le surnom de *Poliade*.

103. Je demande qu'on m'accorde, et on sera forcé de le faire, qu'il y ait eu *sur le rivage du Latium une colonie grecque*, qui, *vaincue et détruite par les Romains*, sera restée ensevelie dans les ténèbres de l'antiquité.

Si l'on n'accorde point ceci, quiconque réfléchit sur les choses de l'antiquité et veut y mettre quelqu'ensemble, ne trouve dans l'histoire romaine que sujets de s'étonner; elle nous parle d'*Hercule*, d'*Évandre*, d'*Arcadiens*, de *Phrygiens établis dans le Latium*, d'un *Servius Tullius* d'origine grecque, d'un *Tarquin l'Ancien*, fils du Corinthien Démarate, d'*Énée*, auquel le peuple romain rapporte sa première origine. *Les lettres latines*, comme l'observe Tacite, *étaient semblables aux anciennes lettres grecques;* et pourtant Tite-Live pense qu'au temps de Servius Tullius, le nom même de Pythagore qui enseignait alors dans son école tant célébrée de Crotone n'avait pu pénétrer jusqu'à Rome. Les Romains ne commencèrent à connaître les Grecs d'Italie qu'à l'occasion de la guerre de Tarente, qui entraîna celle de Pyrrhus et des Grecs d'outremer (*Florus*).

104-114. *Principes du droit naturel.*

104. Elle est digne de nos méditations, cette pensée de Dion Cassius : *la coutume est semblable à un roi, la loi à un tyran* : ce qui doit s'entendre de la coutume raisonnable, et de la loi qui n'est point animée de l'esprit de la raison naturelle.

Cet axiome termine par le fait la grande dispute à laquelle a donné lieu la question suivante : *le droit est-il dans la nature, ou seulement dans l'opinion des hommes ?* c'est la même que l'on a proposée dans le corollaire du 8ᵉ axiome : *la nature humaine est-elle sociable ?* Si la coutume commande, comme un roi à des sujets qui veulent obéir, le droit naturel qui a été ordonné par la coutume, est né des mœurs humaines, résultant de la NATURE COMMUNE DES NATIONS. Ce droit conserve la société, parce qu'il n'y a chose plus agréable et par conséquent plus naturelle que de suivre les coutumes enseignées par la nature. D'après tout ce raisonnement, *la nature humaine* dont elles sont un résultat, *ne peut être que sociable.*

Cet axiome, rapproché du 8ᵉ et de son corollaire, prouve que *l'homme n'est pas injuste par le fait de sa nature, mais par l'infirmité d'une nature déchue.* Il nous démontre le premier *principe du christianisme*, qui se trouve dans le caractère d'Adam, considéré avant le péché, et dans l'état de perfection où il dut avoir été conçu par son créateur. Il nous démontre par suite les *principes ca-*

tholiques de la grâce. La grâce suppose le libre arbitre, auquel elle prête un secours *surnaturel*, mais qui est aidé *naturellement* par la *Providence* (*Voy.* le même axiome 8° et son second corollaire.) Sur ce dernier article la religion chrétienne s'accorde avec toutes les autres. Grotius, Selden et Puffendorf devaient fonder leurs systèmes sur cette base, et se ranger à l'opinion des jurisconsultes romains, selon lesquels le *droit naturel a été ordonné par la divine Providence.*

105. Le *droit naturel des gens* est sorti des *mœurs et coutumes* des nations, lesquelles se sont rencontrées dans *un sens commun*, ou manière de voir uniforme, et cela sans *réflexion*, sans prendre *exemple* l'une de l'autre.

Cet axiome, avec le mot de Dion Cassius qui vient d'être rapporté, établit que la Providence est *la législatrice du droit naturel des gens*, parce qu'elle est la *reine des affaires humaines.*

Le même axiome établit la différence qui existe entre le *droit naturel des Hébreux*, celui des *Gentils*, et celui des *philosophes*. Les Gentils eurent seulement les secours *ordinaires* de la Providence, les Hébreux eurent de plus les secours *extraordinaires* du vrai Dieu, et c'est le principe de la *division de tous les peuples anciens en Hébreux et Gentils.* Les philosophes par leurs raisonnemens arrivèrent à l'idée d'un droit plus parfait que celui que pratiquaient les Gentils; mais ils ne parurent que deux mille ans après la fondation des sociétés païennes. Ces trois différences, inaperçues jusqu'ici, renversent les trois systèmes de Grotius, de Selden et de Puffendorf.

106. Les sciences doivent prendre pour point de départ l'époque où commence le sujet dont elles traitent.*

107. Les *Gentes* (familles, tribus, clans) commencèrent avant les cités; du moins celles que les Latins appelèrent *gentes majores*, c'est-à-dire, *maisons nobles anciennes*, comme celle des *Pères* dont Romulus composa le sénat, et en même temps la cité de Rome. Au contraire, on appela *gentes minores*, les *maisons nobles nouvelles* fondées après les cités, telles que celles des *Pères*, dont Junius Brutus, après avoir chassé les rois, remplit le sénat, devenu presque désert par la mort des sénateurs que Tarquin-le-Superbe avait fait périr.

108. Telle fut aussi la division des dieux : *dii majorum gentium*, ou dieux consacrés par les familles avant la fondation des cités; et *dii minorum gentium*, ou dieux consacrés par les peuples, comme

---

* Cet axiome placé ici à cause de son rapport *particulier* avec le droit des gens, s'applique *généralement* à tous les objets dont nous avons à parler. Il aurait dû être rangé parmi les *axiomes généraux*; si nous l'avons mis en cet endroit, c'est qu'on voit mieux dans le droit des gens que dans toute autre matière particulière, combien il est conforme à la vérité, et important dans l'application (*Vico*).

Romulus, que le peuple romain appela après sa mort *Dius Quirinus*.

Ces trois axiomes montrent que les systèmes de Grotius, de Selden et de Puffendorf, manquent dans leurs principes mêmes. Ils commencent par les *nations déjà formées* et composant dans leur ensemble la *société du genre humain*, tandis que l'*humanité* commença chez toutes les nations primitives à *l'époque où les familles étaient les seules sociétés et où elles adoraient les dieux majorum gentium*.

109. Les hommes à courtes vues prennent pour la justice ce qu'on leur montre rentrer dans les termes de la loi.

110. Admirons la définition que donne Ulpien de l'*équité civile* : *c'est une présomption de droit, qui n'est point connue naturellement à tous les hommes* (comme l'équité naturelle), *mais seulement à un petit nombre d'hommes, qui réunissant la sagesse, l'expérience et l'étude, ont appris ce qui est nécessaire au maintien de la société*. C'est ce que nous appelons *raison d'état*.

111. La *certitude de la loi* n'est qu'une *ombre effacée* de la raison (*obscurezza*) *appuyée sur l'autorité*. Nous trouvons alors les lois *dures* dans l'application, et pourtant nous sommes obligés de les appliquer en considération de leur *certitude*. *Certum*, en bon latin, signifie *particularisé* (*individua-*

tum, comme dit l'école); dans ce sens, *certum*, et *commune*, sont très bien opposés entre eux.

La *certitude* est le principe de la *jurisprudence inflexible*, naturelle aux âges barbares, et dont l'*équité civile* est la règle. Les barbares, n'ayant que des idées particulières, *s'en tiennent naturellement à cette certitude*, et sont satisfaits, pourvu que les termes de la loi soient appliqués avec précision. Telle est l'idée qu'ils se forment du droit. Aussi la phrase d'Ulpien, *lex dura est, sed scripta est*, s'exprimerait plus élégamment selon la langue et selon la jurisprudence, par les mots : *lex dura est, sed certa est.*

112. Les hommes éclairés estiment conforme à la justice ce que l'impartialité reconnaît être utile dans chaque cause.

113. Dans les lois, le *vrai* est une lumière certaine dont nous éclaire la *raison naturelle*. Aussi les jurisconsultes disent-ils souvent *verum est*, pour *æquum est* (*Voy.* les axiomes 9 et 10.)

114. L'*équité naturelle de la jurisprudence humaine dans son plus grand développement* est une *pratique*, une application *de la sagesse aux choses de l'utilité* ; car la *sagesse*, en prenant le mot dans le sens le plus étendu, n'est que la *science de faire des choses l'usage qu'elles ont dans la nature.*

Tel est le principe de la *jurisprudence humaine*, dont la règle est l'*équité naturelle*, et qui est inséparable de la civilisation. Cette jurisprudence, ainsi que nous le démontrerons, est l'*école publique* d'où sont sortis les philosophes. (*Voyez* le livre iv, vers la fin.)

Les six dernières propositions établissent que la *Providence a été la législatrice du droit naturel des gens.* Les nations devant vivre pendant une longue suite de siècles encore incapables de connaître la *vérité* et l'*équité naturelle*, la Providence permit qu'en attendant elles s'attachassent à la *certitude* et à l'*équité civile* qui suit religieusement l'expression de la loi; de façon qu'elles observassent la loi, même lorsqu'elle devenait *dure* et rigoureuse dans l'application, *pour assurer le maintien de la société humaine.*

C'est pour avoir ignoré les vérités énoncées dans ces derniers axiomes, que les trois principaux auteurs, qui ont écrit sur le droit naturel des gens, se sont égarés comme de concert dans la recherche des principes sur lesquels ils devaient fonder leurs systèmes. Ils ont cru que les nations païennes, dès leur commencement, avaient compris l'*équité naturelle* dans sa perfection idéale, sans réfléchir qu'il fallut bien deux mille ans pour qu'il y eût des philosophes, et sans tenir compte de l'assistance particulière que reçut du vrai Dieu un peuple privilégié.

CHAPITRE III.

TROIS PRINCIPES FONDAMENTAUX.

Maintenant afin d'éprouver si les propositions que nous avons présentées comme les *élémens* de la science nouvelle, peuvent donner forme aux *matériaux* préparés dans la table chronologique, nous prions le lecteur de réfléchir à tout ce qu'on a jamais écrit sur les principes du savoir divin et humain des Gentils, et d'examiner s'il y trouvera rien qui contredise toutes ces propositions, ou plusieurs d'entr'elles, ou même une seule; chacune étant étroitement liée avec toutes les autres, en ébranler une, c'est les ébranler toutes. S'il fait cette comparaison, il ne verra certainement dans ce qu'on a écrit sur ces matières que des *souvenirs* confus, que les rêves d'une *imagination* déréglée; la *réflexion* y est restée étrangère, par l'effet des deux vanités dont nous avons parlé (axiome 3). La *vanité des nations*, dont chacune veut être la plus ancienne de toutes, nous ôte l'espoir de trouver les principes de la Science nouvelle dans les écrits des *philologues*; la *vanité des savans*, qui veulent que leurs sciences favorites aient été portées à leur perfection dès le commencement du monde, nous empêche de les chercher dans les ouvrages des *philosophes*; nous suivrons donc ces recherches, comme s'il n'existait point de livres.

Mais dans cette nuit sombre dont est couverte à nos yeux l'antiquité la plus reculée, apparaît une lumière qui ne peut nous égarer; je parle de cette vérité incontestable : *le monde social est certainement l'ouvrage des hommes;* d'où il résulte que l'on en peut, que l'on en doit trouver les principes dans les modifications mêmes de l'intelligence humaine. Cela admis, tout homme qui réfléchit, ne s'étonnera-t-il pas que les philosophes aient entrepris sérieusement de connaître le *monde de la nature* que Dieu a fait et dont il s'est réservé la science, et qu'ils aient négligé de méditer sur ce *monde social*, que les hommes peuvent connaître, puisqu'il est leur ouvrage? Cette erreur est venue de l'infirmité de l'intelligence humaine : plongée et comme ensevelie dans le corps, elle est portée naturellement à percevoir les choses corporelles, et a besoin d'un grand travail, d'un grand effort pour se comprendre elle-même; ainsi l'œil voit tous les objets extérieurs, et ne peut se voir lui-même que dans un miroir.

Puisque *le monde social est l'ouvrage des hommes,* examinons en quelle chose ils se sont rapportés et *se rapportent toujours.* C'est de là que nous tirerons *les principes qui expliquent comment se forment, comment se maintiennent toutes les sociétés*, principes universels et éternels, comme doivent l'être ceux de toute science.

Observons toutes les nations barbares ou policées, quelque éloignées qu'elles soient de temps ou de lieu ; elles sont fidèles à trois coutumes humaines : toutes ont une *religion* quelconque, toutes contractent des *mariages solennels*, toutes *ensevelissent* leurs morts. Chez les nations les plus sauvages et les plus barbares, nul acte de la vie n'est entouré de cérémonies plus augustes, de solennités plus saintes, que ceux qui ont rapport à la *religion*, aux *mariages*, aux *sépultures*. Si des idées uniformes chez des peuples inconnus entre eux doivent avoir un principe commun de vérité, Dieu a sans doute enseigné aux nations que partout la civilisation avait eu cette triple base, et qu'elles devaient à ces trois institutions une fidélité religieuse, de peur que le monde ne redevînt sauvage et ne se couvrît de nouvelles forêts. C'est pourquoi nous avons pris ces trois coutumes éternelles et universelles pour les *trois premiers principes de la science nouvelle.*

I. Qu'on n'oppose point au premier de nos principes le témoignage de quelques voyageurs modernes, selon lesquels les Cafres, les Brésiliens, quelques peuples des Antilles et d'autres parties du Nouveau-Monde, vivent en société sans avoir aucune connaissance de Dieu *. Ce sont nouvelles de voyageurs, qui, pour faciliter le débit de leurs livres, les remplissent de récits monstrueux. Toutes les nations ont cru un Dieu, une Providence. Aussi dans toute la suite des temps, dans toute l'étendue du monde, on peut réduire à quatre le nombre des religions principales. Celles des Hébreux et des Chrétiens qui attribuent à la Divinité un esprit libre et infini ; celle des idolâtres qui la partagent entre plusieurs dieux composés d'un corps et d'un esprit libre ; enfin celle des Mahométans, pour lesquels Dieu est un esprit infini et libre dans un corps infini ; ce qui fait qu'ils placent les récompenses de l'autre vie dans les plaisirs des sens.

Aucune nation n'a cru à l'existence d'un Dieu tout matériel, ni d'un Dieu tout intelligence sans liberté. Aussi les Épicuriens qui ne voient dans le monde que matière et hasard, les Stoïciens qui, semblables en ceci aux Spinosistes, reconnaissent pour Divinité une intelligence infinie animant une matière infinie et soumise au destin, ne pourront raisonner de législation ni de politique. Spinosa parle de la société civile comme d'une société de marchands. Cicéron disait à l'épicurien Atticus qu'il

---

* Bayle a sans doute été trompé par leurs rapports, lorsqu'il affirme, dans le Traité de la Comète, *que les peuples peuvent vivre dans la justice sans avoir besoin de la lumière de Dieu.* Avant lui, Polybe avait dit : *si les hommes étaient philosophes, il n'y aurait plus besoin de religion.* Mais s'il n'existait point de société, y aurait-il des philosophes? Or, sans les religions, point de société. (*Vico.*)

Les trois dernières lignes sont tirées du second corollaire de l'axiome 31.

ne pouvait raisonner avec lui sur la législation, à moins qu'il ne lui accordât l'existence d'une Providence divine. Dira-t-on encore que la secte stoïcienne et l'épicurienne s'accordent avec la jurisprudence romaine, qui prend l'existence de cette Providence pour premier principe ?

II. L'opinion selon laquelle *l'union de l'homme et de la femme sans mariage solennel serait innocente*, est accusée d'erreur par les usages de toutes les nations. Toutes célèbrent religieusement les mariages, et semblent par là regarder les unions illégitimes comme une sorte de bestialité, quoique moins coupable. En effet les parens dont le lien des lois n'assure point l'union, *perdent* leurs enfans, autant qu'il est en eux ; le père et la mère pouvant toujours se séparer, l'enfant abandonné de l'un et de l'autre, doit rester exposé à devenir la proie des chiens; et si l'humanité publique ou privée ne l'élevait, il croîtrait sans qu'on lui transmît ni religion, ni langue, ni aucun élément de civilisation. Ainsi, de ce monde social embelli et policé par tous les arts de l'humanité, ils tendent à en faire la grande forêt des premiers âges, où, avant Orphée, erraient les hommes à la manière des bêtes sauvages, suivant au hasard la coupable brutalité de leurs appétits, où un amour sacrilège unissait les fils à leurs mères, et les pères à leurs filles.

III. Enfin pour apprécier l'importance du troisième principe de la civilisation, qu'on imagine un état dans lequel les cadavres humains resteraient sur la terre sans *sépulture*, pour servir de pâture aux chiens et aux oiseaux de proie. Dès lors les cités se dépeupleraient, les champs resteraient sans culture, et les hommes chercheraient les glands mêlés et confondus avec la cendre des morts. Aussi c'est avec raison qu'on a désigné les sépultures par cette expression sublime *fœdera generis humani*, et par cette autre expression moins élevée qu'emploie Tacite, *humanitatis commercia*. Toutes les nations païennes se sont accordées à croire que les âmes allaient errantes autour des corps laissés sans sépulture, et demeuraient inquiètes sur la terre; que par conséquent elles survivaient aux corps, et étaient *immortelles*. Les rapports des voyageurs modernes nous prouvent que maintenant encore plusieurs peuples barbares partagent cette croyance. La chose nous est attestée pour les Péruviens et les Mexicains par Acosta, pour les peuples de la Virginie par Thomas Aviot, pour ceux de la nouvelle Angleterre par Richard Waitborn; pour ceux de la Guinée par Hugues Linschotan, et pour les Siamois par Joseph Scultenius. — Aussi Sénèque a-t-il dit: *Quum de immortalitate loquimur, non leve momentum apud nos habet consensus hominum aut timentium inferos, aut colentium; hac persuasione publica utor.*

CHAPITRE IV.

DE LA MÉTHODE.

Pour achever d'établir nos principes, il nous reste dans ce premier livre à examiner la méthode que doit suivre la Science nouvelle. Si, comme nous l'avons dit dans les axiomes, *la science doit prendre pour point de départ l'époque où commence le sujet de la science*, nous devons, pour nous adresser d'abord aux philologues, commencer aux cailloux de Deucalion, aux pierres d'Amphion, aux hommes nés des sillons de Cadmus, ou des chênes dont parle Virgile (*duro robore nati*). Pour les philosophes, nous partirons des grenouilles d'Épicure, des cigales de Hobbes, des *hommes simples et stupides* de Grotius, des *hommes jetés dans le monde sans soin ni aide de Dieu*, dont parle Puffendorf, des géans grossiers et farouches, tels que les Patagons du détroit de Magellan; enfin des *Polyphèmes* d'Homère, dans lesquels Platon reconnaît les premiers pères de famille. Nous devons commencer à les observer dès le moment où ils ont commencé à penser *en hommes*; et nous trouvons d'abord que, dans cette barbarie profonde, leur liberté bestiale ne pouvait être domptée et enchaînée que par l'*idée d'une divinité quelconque qui leur inspirât de la terreur*. Mais, lorsque nous cherchons comment cette première pensée *humaine* fut conçue dans le monde païen, nous rencontrons de graves difficultés. Comment descendre d'une nature cultivée par la civilisation à cette nature inculte et sauvage; c'est à grand'peine que nous pouvons la *comprendre*, loin de pouvoir nous la *représenter?*

Nous devons donc partir d'une notion quelconque de la divinité dont les hommes ne puissent être privés, quelque sauvages, quelque farouches qu'ils soient; et voici comment nous expliquons cette connaissance : *l'homme déchu, n'espérant aucun secours de la nature, appelle de ses desirs quelque chose de surnaturel qui puisse le sauver;* or cette chose surnaturelle n'est autre que Dieu. Voilà la lumière que Dieu a répandue sur tous les hommes. Une observation vient à l'appui de cette idée, c'est que les libertins qui vieillissent, et qui sentent les forces naturelles leur manquer, deviennent ordinairement religieux.

Mais des hommes tels que ceux qui commencèrent les nations païennes, devaient, comme les animaux, ne penser que sous l'aiguillon des passions les plus violentes. En suivant une métaphysique vulgaire qui fut la théologie des poètes, nous rappellerons (*Voy*. les axiomes) *cette idée effrayante d'une divinité* qui borna et contint les *passions bestiales* de ces hommes perdus, et en fit des *passions humaines*. De cette idée dut naître le noble *effort propre à la volonté de l'homme*, de tenir en bride les mouvemens imprimés à l'âme par le corps, de manière à les étouffer, comme il convient à l'*homme sage*, ou à les tourner à un meilleur usage, comme il convient à l'*homme social*, au membre de la société. *

Cependant, par un effet de leur nature corrompue, les hommes toujours tyrannisés par l'égoïsme, ne suivent guère que leur intérêt; chacun voulant pour soi tout ce qui est utile, sans en faire part à son prochain, ils ne peuvent *donner à leurs passions la direction salutaire qui les rapprocherait de la justice*. Partant de ce principe, nous établissons que l'homme *dans l'état bestial, n'aime que sa propre conservation*; il prend femme, il a des enfans, et il aime sa conservation *en y joignant celle de sa famille*; arrivé à la vie civile, il cherche à-la-fois sa propre conservation et celle *de la cité* dont il fait partie; lorsque les empires s'étendent sur plusieurs peuples, il cherche avec sa conservation celle *des nations* dont il est membre; enfin quand les nations sont liées par les rapports des traités, du

---

* Notre libre arbitre, notre volonté libre peut seule réprimer ainsi l'impulsion du corps.... Tous les corps sont des agens nécessaires, et ce que les mécaniciens appellent *forces*, *efforts*, *puissances*, ne sont que les mouvemens des corps, mouvemens étrangers au sentiment (*Vico.*)

commerce, et de la guerre, il embrasse dans un même desir sa conservation et *celle du genre humain*. Dans toutes ces circonstances, l'homme est principalement attaché à son intérêt particulier. Il faut donc que ce soit *la Providence* elle-même qui le retienne dans cet ordre de choses, et *qui lui fasse suivre dans la justice la société de famille, de cité, et enfin la société humaine*. Ainsi conduit par elle, l'homme incapable d'atteindre toute l'utilité qu'il desire, obtient ce qu'il en doit prétendre, et c'est ce qu'on appelle *le juste*. La dispensatrice du juste parmi les hommes, c'est la *justice divine*, qui, appliquée aux affaires du monde par la Providence, conserve la *société humaine*.

La *science nouvelle* sera donc sous l'un de ses principaux aspects une *théologie civile de la Providence divine*, laquelle semble avoir manqué jusqu'ici. Les philosophes ont ou entièrement méconnu la Providence, comme les Stoïciens et les Épicuriens, ou l'ont considérée seulement dans l'ordre des choses physiques. Ils donnent le nom de *théologie naturelle* à la métaphysique, dans laquelle ils étudient cet attribut de Dieu, et ils appuient leurs raisonnemens d'observations tirées du *monde matériel;* mais c'était surtout dans *l'économie du monde civil* qu'ils auraient dû chercher les preuves de la Providence... La Science nouvelle sera, pour ainsi parler, *une démonstration de fait, une démonstration historique de la Providence,* puisqu'elle doit être une histoire des décrets par lesquels cette Providence a gouverné, à l'insu des hommes, et souvent malgré eux, la grande cité du genre humain. Quoique ce monde ait été créé *particulièrement* et *dans le temps*, les lois qu'elle lui a données, n'en sont pas moins *universelles* et *éternelles*.

Dans la contemplation de cette Providence éternelle et infinie la Science nouvelle trouve des *preuves divines* qui la confirment et la démontrent. N'est-il pas naturel en effet que la Providence divine ayant pour instrument la *toute-puissance*, exécute ses décrets par des moyens aussi faciles que le sont les usages et coutumes suivis librement par les hommes... que, conseillée par la *sagesse infinie*, tout ce qu'elle dispose soit ordre et harmonie... qu'ayant pour fin son *immense bonté*, elle n'ordonne rien qui ne tende à un bien toujours supérieur à celui que les hommes se sont proposé? Dans l'obscurité jusqu'ici impénétrable qui couvre l'origine des nations, dans la variété infinie de leurs mœurs et de leurs coutumes, dans l'immensité d'un sujet qui embrasse toutes les choses humaines, peut-on desirer des preuves plus sublimes que celles que nous offriront la *facilité* des moyens employés par la Providence, l'*ordre* qu'elle établit, la *fin* qu'elle se propose, laquelle fin n'est autre que la conservation du genre humain? Voulons-nous que ces preuves deviennent distinctes et lumineuses? Réfléchissons avec quelle *facilité* l'on voit naître les choses, par suite d'occasions lointaines, et souvent contraires aux desseins des hommes; et néanmoins elles viennent s'y adapter comme d'elles-mêmes; autant de preuves que nous fournit la *toute-puissance*. Observons encore dans l'*ordre* des choses humaines, comme elles naissent au temps, au lieu où elles doivent naître, comme elles sont différées quand il convient qu'elles le soient*; c'est l'ouvrage de la *sagesse infinie*. Considérons en dernier lieu si nous pouvons concevoir dans telle occasion, dans tel lieu, dans tel temps, quelques *bienfaits divins* qui eussent pu mieux conduire et conserver la société humaine, au milieu des besoins et des maux éprouvés par les hommes; voilà les preuves que nous fournit l'*éternelle bonté* de Dieu. — Ces trois sortes de preuves peuvent se ramener à une seule : Dans toute la série des choses possibles, notre esprit peut-il imaginer des causes plus nombreuses, moins nombreuses, ou autres, que celles dont le monde social est résulté?... Sans doute le lecteur éprouvera un plaisir divin en ce corps mortel, lorsqu'il *contemplera dans l'uniformité des idées divines ce monde des nations, par toute l'étendue et la variété des lieux et des temps*. Ainsi nous aurons prouvé par le fait aux Épicuriens que leur hasard ne peut errer selon la folie de ses caprices,

---

* C'est en cela qu'Horace fait consister toute la beauté de l'ordre :
    Ordinis hæc virtus erit et Venus, aut ego fallor,
    Ut jam nunc dicat, jam nunc debentia dici
    Pleraque differat, et præsens in tempus omittat.
                    Art poétique. (*Vico.*)

et aux Stoïciens que leur chaîne éternelle des causes à laquelle ils veulent attacher le monde, est elle-même suspendue à la main puissante et bienfaisante du Dieu très grand et très bon.

Ces preuves *théologiques* seront appuyées par une espèce de preuves *logiques* dont nous allons parler. En réfléchissant sur les commencemens de la religion et de la civilisation païennes, on arrive à ces premières origines, au-delà desquelles c'est une vaine curiosité d'en demander d'antérieures; ce qui est le caractère propre des principes. Alors s'expliquera la manière particulière dont les choses sont nées, autrement dit, leur *nature* (axiome 14); or l'explication de la nature des choses est le propre de la science. Enfin cette explication de leur nature se confirmera par l'observation des *propriétés éternelles* qu'elles conservent; lesquelles propriétés ne peuvent résulter que de ce qu'elles sont nées dans tel temps, dans tel lieu et de telle manière, en d'autres termes, de ce qu'elles ont une telle nature (axiomes 14, 15.)

Pour arriver à trouver cette nature des choses humaines, la Science nouvelle procède par une *analyse sévère des pensées humaines relatives aux nécessités ou utilités de la vie sociale, qui sont les deux sources éternelles du droit naturel des gens* (axiome 11). Ainsi considérée sous le second de ses principaux aspects, la Science nouvelle est une *histoire des idées humaines*, d'après laquelle semble devoir procéder la *métaphysique de l'esprit humain*. S'il est vrai que *les sciences doivent commencer au point même où leur sujet a commencé* (axiome 104), la métaphysique, cette reine des sciences, commença à l'époque où les hommes se mirent à penser *humainement*, et non point à celle où les philosophes se mirent à réfléchir sur les idées humaines.

Pour déterminer l'époque et le lieu où naquirent ces idées, pour donner à leur histoire la certitude qu'elle doit tirer de la *chronologie et de la géographie métaphysiques* qui lui sont propres, la science nouvelle applique une *Critique* pareillement *métaphysique* aux fondateurs, aux *auteurs des nations*, antérieurs de plus de mille ans aux *auteurs de livres*, dont s'est occupé jusqu'ici la *critique philologique*. Le criterium dont elle se sert (axiome 13), est celui que la providence divine a enseigné également à toutes les nations, savoir : *le sens commun du genre humain*, déterminé par la convenance nécessaire des choses humaines elles-mêmes (convenance qui fait toute la beauté du monde social). C'est pourquoi le genre de preuve sur lequel nous nous appuyons principalement, c'est que, telles lois étant établies par la Providence, la destinée des nations *a dû*, *doit* et *devra* suivre le cours indiqué par la Science nouvelle, quand même des mondes infinis en nombre naîtraient pendant l'éternité; hypothèse indubitablement fausse. De cette manière, la Science nouvelle trace le cercle éternel d'une *histoire idéale*, sur lequel tournent *dans le temps les histoires de toutes les nations*, avec leur naissance, leurs progrès, leur décadence et leur fin. Nous dirons plus : celui qui étudie la Science nouvelle, se raconte à lui-même cette histoire idéale, en ce sens que *le monde social étant l'ouvrage de l'homme, et la manière* dont il s'est formé devant, par conséquent, *se retrouver dans les modifications de l'âme humaine,* celui qui médite cette science s'en crée à lui-même le sujet. Quelle histoire plus certaine que celle où la même personne est à-la-fois l'acteur et l'historien? Ainsi la Science nouvelle procède précisément comme la géométrie, qui crée et contemple en même temps le monde idéal des grandeurs; mais la Science nouvelle a d'autant plus de réalité que les lois qui régissent les affaires humaines en ont plus que les points, les lignes, les superficies et les figures. Cela même montre encore que les preuves dont nous avons parlé sont d'une espèce *divine*, et qu'elles doivent, ô lecteur, te donner un plaisir *divin* : car pour Dieu, connaître et faire, c'est la même chose.

Ce n'est pas tout ; d'après la définition du *vrai* et du *certain* que nous avons donnée plus haut, les hommes furent long-temps incapables de connaître le *vrai* et la *raison*, source de la *justice intérieure* [*],

---

[*] Cette justice intérieure fut pratiquée par les Hébreux que le vrai Dieu éclairait de sa lumière, et auxquels sa loi défendait jusqu'aux pensées injustes, chose dont les législateurs mortels ne s'étaient jamais embarrassés. Les Hébreux croyaient en un Dieu tout esprit, qui scrute le cœur des hommes ; les gentils croyaient leurs dieux composés d'âme et de corps, et par conséquent incapables de pénétrer dans les cœurs. La justice intérieure ne fut connue chez eux que par les raisonnemens des philosophes, lesquels ne parurent que deux mille ans après la formation des nations qui les produisirent (*Vico*).

qui peut seule suffire aux intelligences. Mais en attendant, ils se gouvernèrent par la *certitude de l'autorité*, par le *sens commun du genre humain* (criterium de notre Critique métaphysique), sur le témoignage duquel se repose la conscience de toutes les nations (axiome 9). Ainsi sous un autre aspect, la science nouvelle devient une *philosophie de l'autorité*, source de la justice *extérieure*, pour parler le langage de la théologie morale. Les trois principaux auteurs qui ont écrit sur le droit naturel (Grotius, Selden et Puffendorf), auraient dû tenir compte de cette autorité, plutôt que de celles qu'ils tirent de tant de citations d'auteurs. Elle a régné chez les nations plus de mille ans avant qu'elles eussent des écrivains; ces écrivains n'ont donc pu en avoir aucune connaissance. Aussi Grotius, plus érudit et plus éclairé que les deux autres, combat les jurisconsultes romains presque sur tous les points; mais les coups qu'il leur porte ne frappent que l'air, puisque ces jurisconsultes ont établi leurs principes de justice sur la *certitude de l'autorité du genre humain*, et non sur l'*autorité des hommes déjà éclairés*.

Telles sont les preuves *philosophiques* qu'emploiera cette science. Les preuves *philologiques* doivent venir en dernier lieu; elles peuvent se ramener toutes aux sept classes suivantes : 1° Notre *explication des fables* se rapporte à notre système d'une manière naturelle, et qui n'a rien de pénible ou de forcé. Nous montrons dans les fables l'*histoire civile des premiers peuples*, lesquels se trouvent avoir été partout naturellement *poètes*. 2° Même accord avec les *locutions héroïques*, qui s'expliqueront dans toute la vérité du sens, dans toute la propriété de l'expression; 3° et avec les *étymologies des langues indigènes*, qui nous donnent l'histoire des choses exprimées par les mots, en examinant d'abord leur sens propre et originaire, et en suivant le progrès naturel du sens figuré, conformément à l'ordre des idées dans lequel se développe l'histoire des langues (axiomes 64,65). 4° Nous trouvons encore expliqué par le même système le *vocabulaire mental des choses relatives à la société**, qui, prises dans leur substance, ont été perçues d'une manière uniforme par le *sens* de toutes les nations, et qui dans leurs modifications diverses, ont été diversement *exprimées* par les langues. 5° Nous séparons le vrai du faux en tout ce que nous ont conservé les *traditions vulgaires* pendant une longue suite de siècles. Ces traditions ayant été suivies si long-temps, et par des peuples entiers, doivent avoir eu un motif commun de vérité (axiome 16). 6° Les *grands débris* qui nous restent de l'antiquité, jusqu'ici inutiles à la science, parce qu'ils étaient négligés, mutilés, dispersés, reprennent leur éclat, leur place et leur ordre na-

---

*. *Voyez* l'axiome 22, et le second chapitre du IIe livre, corollaire relatif au mot *Jupiter*.

turels. 7° Enfin tous les faits que nous raconte l'*histoire certaine* viennent se rattacher à ces antiquités expliquées par nous, comme à leurs causes naturelles. — Ces *preuves philologiques* nous font voir dans la *réalité* les choses que nous avons aperçues dans la méditation du monde *idéal*. C'est la méthode prescrite par Bacon, *cogitare*, *videre*. Les preuves *philosophiques* que nous avons placées d'abord, confirment par la *raison l'autorité* des preuves *philologiques*, qui à leur tour prêtent aux premières l'appui de leur *autorité* (axiome 10.)

Concluons tout ce qui s'est dit en général pour *établir les principes de la Science nouvelle*. Ces principes sont *la croyance en une Providence divine, la modération des passions par l'institution du mariage*, et le dogme de l'*immortalité de l'âme* consacré par l'usage des *sépultures*. Son criterium est la maxime suivante : *ce que l'universalité ou la pluralité du genre humain sent être juste, doit servir de règle dans la vie sociale*. La sagesse *vulgaire* de tous les législateurs, la sagesse *profonde* des plus célèbres philosophes s'étant accordées pour admettre ces principes et ce criterium, on doit y trouver les bornes de la raison humaine ; et quiconque veut s'en écarter doit prendre garde de s'écarter de l'humanité tout entière.

LIVRE SECOND.

DE LA SAGESSE POÉTIQUE.

ARGUMENT.

Frappé de l'idée que l'admiration exagérée pour la sagesse des premiers âges est le plus grand obstacle aux progrès de la philosophie de l'histoire, l'auteur examine comment les peuples des temps poétiques imaginèrent la Nature, qu'ils ne pouvaient connaître encore. Il appelle cet ensemble des croyances antiques, sagesse, et non pas science, parce qu'elles se rapportaient généralement à un but pratique. Dans ce livre, il passe en revue toutes les idées que les premiers hommes se firent sur la logique et la morale, sur l'économie domestique et politique, sur la physique, la cosmographie et l'astronomie, sur la chronologie et la géographie. C'est en quelque sorte l'encyclopédie des peuples barbares, (M. Jannelli, Delle cose humane.)

*Chapitre I*ᵉʳ. Sujet de ce livre. — §. I. *Les fables n'ont point le sens mystérieux que les philosophes leur ont attribué. La Providence a mis dans l'instinct des premiers hommes les germes de civilisation que la réflexion devait ensuite développer.* — §. II. *De la sagesse en général. Sens divers de ce mot à différentes époques.* — §. III. *Exposition et division de la sagesse poétique.*

Chapitre II. DE LA MÉTAPHYSIQUE POÉTIQUE. — §. *I. Origine de la poésie, de l'idolâtrie, de la divination et des sacrifices. Certitude du déluge universel et de l'existence des géans. Les premiers peuples furent poètes naturellement et nécessairement. La crédulité, et non l'imposture, fit les premiers dieux.*— §. *II. Corollaires relatifs aux principaux aspects de la science nouvelle. Philosophie de la propriété, histoire des idées humaines, critique philosophique, histoire idéale éternelle, système du droit naturel des gens, origines de l'histoire universelle.*

Chapitre III. DE LA LOGIQUE POÉTIQUE.— §. *I. Définition et étymologie du mot* logique. *Les premiers hommes divinisèrent tous les objets, et prirent les noms de ces dieux pour signes ou symboles des choses qu'ils voulaient exprimer.*— §. *II. Corollaires relatifs aux tropes, aux métamorphoses poétiques et aux monstres de la fable. Origine des principales figures. Ces figures du langage, ces créations de la poésie, ne sont point, comme on l'a cru, l'ingénieuse invention des écrivains, mais des formes nécessaires dont toutes les nations se sont servies à leur premier âge, pour exprimer leurs pensées.*— §.*III. Corollaires relatifs aux* caractères poétiques employés comme signes du langage par les premières nations. *Solon, Dracon, Ésope, Romulus et autres rois de Rome, les décemvirs, etc.*— §.*IV. Corollaires relatifs à l'origine des langues et des lettres, dans laquelle nous devons trouver celle des hiéroglyphes, des lois, des noms, des armoiries, des médailles, des monnaies. On n'a pu trouver jusqu'ici l'origine des langues, ni celle des lettres, parce qu'on les a cherchées séparément. Les premiers hommes ont dû parler successivement trois langues,* l'hiéroglyphique, *la* symbolique *et la* vulgaire. *Les langues vulgaires n'ont point une signification arbitraire. Ordre dans lequel furent trouvées les parties du discours dans la langue articulée ou vulgaire.*—§. *V.Corollaires relatifs à l'origine de l'élocution poétique, des épisodes, du tour, du nombre, du chant et du vers. Ces ornemens du style naquirent, dans l'origine, de l'indigence du langage. La poésie a précédé la prose.*—§. *VI. Corollaires relatifs à la logique des esprits cultivés. La topique naquit avant la critique. Ordre dans lequel les diverses méthodes furent employées par la philosophie. Incapacité des premiers hommes de s'élever aux idées générales, surtout en législation.*

Chapitre IV. DE LA MORALE POÉTIQUE, *et de l'origine des vertus* vulgaires *qui résultèrent de l'institution de la religion et des mariages. Caractère farouche et religions sanguinaires des hommes de l'âge d'or. Ces religions furent cependant nécessaires.*

Chapitre V. Du gouvernement de la famille, ou ECONOMIE dans les âges poétiques.=§. *I. De la fa-*

mille composée des parens et des enfans, sans esclaves ni serviteurs. Éducation des âmes, éducation des corps. Les premiers pères furent à-la-fois les sages, les prêtres et les rois de leur famille. La sévérité du gouvernement de la famille prépara les hommes à obéir au gouvernement civil. Les premiers hommes, fixés sur les hauteurs, près des sources vives, perdirent par une vie plus douce la taille des géans. Communauté de l'eau, du feu, des sépultures. — §. II. *Des familles, en y comprenant non-seulement les parens, mais les* serviteurs (*famuli*). *Cette composition des familles fut antérieure à l'existence des cités, et sans elle cette existence était impossible. Les hommes qui étaient restés sauvages se réfugient auprès de ceux qui avaient déjà formé des familles, et deviennent leurs* cliens *ou* vassaux. *Premiers* héros. *Origine des asiles, des fiefs, etc.* — §. III. *Corollaires relatifs aux contrats qui se font par le simple consentement des parties. Les premiers hommes ne pouvaient connaître les engagemens de* bonne foi. — *Chez eux, les seuls contrats étaient ceux de* cens territorial; *point de* contrats de société, point de mandataires.

Chapitre *VI*. De la politique poétique. — §. I. *Origine des premières républiques, dans la forme la plus rigoureusement aristocratique. Puissance sans borne des premiers pères de famille sur leurs enfans et sur leurs* serviteurs. *Ils sont forcés, par la révolte de ces derniers, de s'unir en corps politique. Les rois ne sont d'abord que de simples chefs. Premiers comices. Les* serviteurs, *investis par les nobles ou* héros *du* domaine bonitaire *des champs qu'ils cultivaient, deviennent les premiers* plébéiens, *et aspirent à conquérir, avec le droit des mariages solennels, tous les priviléges de la cité.* — §. II. *Les sociétés politiques sont nées toutes de certains principes éternels des fiefs. Différence des* domaines bonitaire, quiritaire, éminent. *Le corps souverain des nobles avait conservé le dernier, qui était, dans l'origine, un droit général sur tous les fonds de la cité. Opposition des nobles et des plébéiens, des sages et du vulgaire, des citoyens et des hôtes ou étrangers.* — §. III. *De l'origine du cens et du trésor public. Le cens était d'abord une redevance territoriale que les plébéiens payaient aux nobles. Plus tard il fut payé au trésor; cette institution aristocratique devint ainsi le principe de la démocratie. Observations sur l'histoire des* domaines. — §. IV. *De l'origine des comices chez les Romains. Étymologie des mots* Curia, Quirites, Curetes. *Révolutions que subirent les comices.* — §. V. *Corollaire : c'est la divine Providence qui règle les sociétés, et qui a ordonné le droit naturel des gens.* — §. VI. *Suite de la politique* héroïque. *La navigation est l'un des derniers arts qui furent cultivés dans les temps héroïques. Pirateries et caractère inhospitalier des premiers peuples. Leurs guerres continuelles.* — §. VII. *Corollaires relatifs aux antiquités romaines. Le gouvernement de Rome fut, dans son origine, plus aristocratique que monarchique, et malgré l'expulsion des rois, il ne changea point de caractère, jusqu'à l'époque où les plébéiens acquirent le droit des mariages solennels et participèrent aux charges publiques.* — §. *VIII. Corollaire relatif à l'héroïsme des premiers peuples. Il n'avait rien de la magnanimité, du désintéressement et de l'humanité, dont le mot d'héroïsme rappelle l'idée dans les temps modernes.*

Chapitre VII. De la physique poétique. — §. *I. De la physiologie poétique. Les premiers hommes rapportèrent à diverses parties du corps toutes nos facultés intellectuelles et morales. Note sur l'incapacité de généraliser, qui caractérisait les premiers hommes.* — §. *II. Corollaire relatif aux descriptions héroïques. Les premiers hommes rapportaient aux cinq sens les fonctions externes de l'âme.* — §. *III. Corollaire relatif aux mœurs héroïques.*

Chapitre VIII. De la cosmographie poétique. *Elle fut proportionnée aux idées étroites des premiers hommes.*

Chapitre IX. De l'astronomie poétique. *Le ciel, que les hommes avaient placé d'abord au sommet des montagnes, s'éleva peu-à-peu dans leur opinion. Les dieux montèrent dans les planètes, les héros dans les constellations.*

Chapitre X. DE LA CHRONOLOGIE POÉTIQUE. *Son point de départ. Quatre espèces d'anachronismes. Canon chronologique, pour déterminer les commencemens de l'histoire universelle, antérieurement au règne de Ninus, d'où elle part ordinairement. L'étude du développement de la civilisation humaine prête une certitude nouvelle aux calculs de la chronologie.*

Chapitre XI. DE LA GÉOGRAPHIE POÉTIQUE. — §. I. *Les diverses parties du monde ancien ne furent d'abord que les parties du petit monde de la Grèce. L'Hespérie en était la partie occidentale, etc. Il en dut être de même de la géographie des autres contrées. Les héros qui passent pour avoir fondé des colonies lointaines, Hercule, Évandre, Énée, etc., ne sont que des expressions symboliques du caractère des indigènes qui fondèrent ces villes.* — §. II. *Des noms et descriptions des cités* héroïques. *Sens et dérivés du mot* ara.

CONCLUSION DE CE LIVRE. *Les poètes théologiens ont été le* sens (*ou le* sentiment), *les philosophes ont été l'*intelligence *de l'humanité.*

LIVRE SECOND.

DE LA SAGESSE POÉTIQUE.

CHAPITRE PREMIER.

SUJET DE CE LIVRE.

§. I.

Nous avons dit dans les axiomes que *toutes les histoires des Gentils ont eu des commencemens fabuleux*, que *chez les Grecs* qui nous ont transmis tout ce qui nous reste de l'antiquité païenne, *les premiers sages furent les poètes théologiens*, enfin que *la nature veut qu'en toute chose les commencemens soient grossiers* : d'après ces données, nous pouvons présumer que tels furent aussi les commencemens de la *sagesse poétique*. Cette haute estime dont elle a joui jusqu'à nous est l'effet de la *vanité des nations*, et surtout de celle *des savans*. De même que Manethon, le grand prêtre d'Égypte, interpréta l'histoire fabuleuse des Égyptiens par une haute *théologie naturelle*, les philosophes grecs donnèrent à la leur une interprétation *philosophique*. Un de leurs motifs était sans doute de déguiser l'infamie de ces fables, mais ils en eurent plusieurs autres encore. Le *premier* fut leur respect pour la religion : chez les Gentils, toute société fut fondée par les fables sur la religion. Le *second* motif fut leur juste admiration pour l'ordre social qui en est résulté et qui ne pouvait être que l'ouvrage d'une sagesse surnaturelle. En *troisième* lieu, ces fables tant célébrées pour leur sagesse et entourées d'un respect religieux ouvraient mille routes aux recherches des philosophes, et appelaient leurs méditations sur les plus hautes questions de la philosophie. *Quatrièmement*, elles leur donnaient la facilité d'exposer les idées philosophiques les plus sublimes en se servant des expressions des poètes, héritage heureux qu'ils avaient recueilli. Un *dernier* motif, assez puissant à lui seul, c'est la facilité que trouvaient les philosophes à consacrer leurs opinions par l'autorité de la sagesse poétique et par la sanction de la religion. De ces cinq motifs les deux premiers et le dernier impliquaient une louange de la sagesse divine, qui a ordonné le monde civil, et un témoignage que lui rendaient les philosophes, même au milieu de leurs erreurs. Le troisième et le quatrième étaient autant d'artifices salutaires que permettait la Providence, afin qu'il se formât des philosophes capables de la comprendre et de la reconnaître pour ce qu'elle est, un attribut du vrai Dieu. Nous verrons d'un bout à l'autre de ce livre que tout ce que les poètes avaient d'abord *senti* relativement à la *sagesse vulgaire*, les philosophes le *comprirent* ensuite relativement à *une sagesse plus élevée* (*riposta*); de sorte qu'on appellerait avec raison les premiers le *sens*, les seconds l'*intelligence* du genre humain. On peut dire de l'espèce ce qu'Aristote dit de l'individu : *Il n'y a rien dans l'intelligence qui n'ait été auparavant dans le sens*; c'est-à-dire que l'esprit humain ne comprend rien que les sens ne lui aient donné auparavant occasion de comprendre. L'*intelligence*, pour remonter au sens étymologique, *inter legere*, *intelligere*, l'intelligence agit lorsqu'elle tire de ce qu'on a *senti* quelque chose qui ne tombe point sous les *sens*.

§. II. *De la sagesse en général.*

Avant de traiter *de la sagesse poétique*, il est bon d'examiner en général ce que c'est que *sagesse*. La sagesse est la faculté qui domine toutes les doctrines relatives aux sciences et aux arts dont se compose l'humanité. Platon définit la sagesse *la faculté qui perfectionne l'homme*. Or l'homme, en tant qu'homme, a deux parties constituantes, l'esprit et le cœur, ou si l'on veut, l'intelligence et la volonté. La sagesse doit développer en lui ces deux puissances à-la-fois, la seconde par la première, de sorte que l'intelligence étant éclairée par la connaissance des choses les plus sublimes, la volonté fasse choix des choses les meilleures. Les choses les plus sublimes en ce monde, sont les connaissances que l'entendement et le raisonnement peuvent nous donner relativement à Dieu ; les choses les meilleures sont celles qui concernent le bien de tout le genre humain ; les premières s'appellent divines, les secondes humaines ; la véritable sagesse doit donc donner la connaissance des choses divines pour conduire les choses humaines au plus grand bien possible. Il est à croire que Varron, qui mérita d'être appelé le plus docte des Romains, avait élevé sur cette base son grand ouvrage *des choses divines et humaines*, dont l'injure des temps nous a privés. Nous essaierons dans ce livre de traiter le même sujet, autant que nous le permet la faiblesse de nos lumières et le peu d'étendue de nos connaissances.

La *sagesse* commença chez les Gentils par la *muse*, définie par Homère dans un passage très remarquable de l'Odyssée, *la science du bien et du mal* ; cette science fut ensuite appelée *divination*, et c'est sur la défense de cette divination, de cette science du bien et du mal refusée à l'homme par la nature, que Dieu fonda la religion des Hébreux, d'où est sortie la nôtre. La *muse* fut donc proprement dans l'origine la science de la divination et des auspices, laquelle fut la *sagesse vulgaire* de toutes les nations, comme nous le dirons plus au long ; elle consistait à contempler Dieu dans l'un de ses attributs, dans sa Providence ; aussi, de *divination*, l'essence de Dieu a-t-elle été appelée *divinité*. Nous verrons dans la suite que dans ce genre de sagesse, les sages furent les *poètes théologiens*, qui, à n'en pas douter, fondèrent la civilisation grecque. Les Latins tirèrent de là l'usage d'appeler *professeurs de sagesse* ceux qui professaient l'astrologie judiciaire. — Ensuite la *sagesse* fut attribuée aux hommes célèbres pour avoir donné des avis utiles au genre humain ; tels furent les sept sages de la Grèce.—Plus tard la *sagesse* passa dans l'opinion aux hommes qui ordonnent et gouvernent sagement les états, dans l'intérêt des nations.—Plus tard encore le mot *sagesse* vint à signifier la *science naturelle des choses divines*, c'est-à-dire la métaphysique, qui cherchant à connaître l'intelligence de l'homme par la contemplation de Dieu, doit tenir Dieu pour le régulateur de tout bien, puisqu'elle le reconnaît pour la source de toute vérité*.—Enfin la *sagesse* parmi les Hébreux et ensuite parmi les Chrétiens a désigné la *science des vérités éternelles révélées par Dieu*; science qui, considérée chez les Toscans comme *science du vrai bien et du vrai mal*, reçut peut-être pour cette cause son premier nom, *science de la divinité*.

D'après cela, nous distinguerons à plus juste titre que Varron, trois espèces de *théologie : théologie poétique*, propre aux *poètes théologiens*, et qui fut la *théologie civile* de toutes les nations païennes; *théologie naturelle*, celle des métaphysiciens ; la troisième, qui dans la classification de Varron est la

---

* En conséquence la métaphysique doit essentiellement travailler au bonheur du genre humain dont la conservation tient au sentiment universel qu'ont tous les hommes d'une divinité douée de providence. C'est peut-être pour avoir démontré cette providence que Platon a été

théologie poétique *, est pour nous la *théologie chrétienne*, mêlée de la théologie civile, de la naturelle, et de la révélée, la plus sublime des trois. Toutes se réunissent dans la contemplation de la Providence divine; cette Providence, qui conduit la marche de l'humanité, voulut qu'elle partît de la *théologie poétique* qui réglait les actions des hommes d'après certains signes sensibles, pris pour des avertissemens du ciel; et que la *théologie naturelle*, qui démontre la Providence par des raisons d'une nature immuable et au-dessus des sens, préparât les hommes à recevoir la *théologie révélée*, par l'effet d'une foi surnaturelle et supérieure aux sens et à tous les raisonnemens.

§. III. *Exposition et division de la sagesse poétique.*

Puisque la métaphysique est la science sublime qui répartit aux sciences subalternes les sujets dont elles doivent traiter, puisque la sagesse des anciens ne fut autre que celle des *poètes théologiens*, puisque les origines de toutes choses sont naturellement grossières, *nous devons chercher le commencement*

---

surnommé *le divin*. La philosophie qui enlève à Dieu un tel attribut, mérite moins le nom de philosophie et de *sagesse* que celui de *folie*.

(*Vico.*)

* La théologie *poétique* fut chez les Gentils la même que la théologie civile. Si Varron la distingue de la théologie *civile* et de la théologie *naturelle*, c'est que, partageant l'erreur vulgaire qui place dans les fables les mystères d'une philosophie sublime, il l'a crue mêlée de l'une et de l'autre. (*Vico.*)

de la sagesse poétique dans une métaphysique informe. D'une seule branche de ce tronc sortirent, en se séparant, *la logique, la morale, l'économie et la politique poétiques ;* d'une autre branche sortit avec le même caractère poétique la *physique*, mère de la *cosmographie*, et par suite de l'*astronomie*, à laquelle la *chronologie* et la *géographie*, ses deux filles, doivent leur certitude. Nous ferons voir d'une manière claire et distincte comment les fondateurs de la civilisation païenne, guidés par leur théologie naturelle, ou *métaphysique*, imaginèrent les dieux ; comment par leur *logique* ils trouvèrent les langues, par leur *morale* produisirent les héros, par leur *économie* fondèrent les familles, par leur *politique* les cités ; comment par leur *physique*, ils donnèrent à chaque chose une origine divine, se créèrent eux-mêmes en quelque sorte par leur *physiologie*, se firent un univers tout de dieux par leur *cosmographie*, portèrent dans leur *astronomie* les planètes et les constellations de la terre au ciel, donnèrent commencement à la série des temps dans leur *chronologie*, enfin dans leur *géographie* placèrent tout le monde dans leur pays (les Grecs dans la Grèce, et de même des autres peuples). Ainsi la Science nouvelle pourra devenir une histoire des idées, coutumes et actions du genre humain. De cette triple source nous verrons sortir les principes de l'*histoire de la nature humaine*, principes identiques avec ceux de l'*histoire universelle* qui semblent manquer jusqu'ici.

CHAPITRE II.

DE LA MÉTAPHYSIQUE POÉTIQUE.

§. I. *Origine de la poésie, de l'idolâtrie, de la divination et des sacrifices.*

[L'auteur établit d'abord la certitude du déluge universel, et de l'existence des géans. Les preuves les plus fortes qu'il allègue ont été déjà énoncées dans les axiomes 25, 26, 27. *Voyez* aussi le Discours préliminaire.]

C'est dans l'état de stupidité farouche où se trouvèrent les premiers hommes, que tous les philosophes et les philologues devaient prendre leur point de départ pour raisonner sur la sagesse des Gentils. Ils devaient interroger d'abord la science qui cherche ses preuves, non pas dans le monde extérieur, mais dans l'âme de celui qui la médite, je veux dire, la métaphysique. Ce monde social étant indubitablement l'ouvrage des hommes, on pouvait en lire les principes dans les modifications de l'esprit humain.

La *sagesse poétique*, la première sagesse du paganisme, dut commencer par une métaphysique, non point de raisonnement et d'abstraction, comme celle des esprits cultivés de nos jours, mais de sentiment et d'imagination, telle que pouvaient la concevoir ces premiers hommes, qui n'étaient que sens et imagination sans raisonnement. La métaphysique dont je parle, c'était leur *poésie*, faculté qui naissait avec eux. L'*ignorance est mère de l'admiration*; ignorant tout, ils admiraient vivement. Cette poésie fut d'abord *divine*: ils rapportaient à des dieux la cause de ce qu'ils admiraient. Voyez le passage de Lactance (axiome 38). *Les anciens Germains*, dit Tacite, *entendaient la nuit le soleil qui passait sous la mer d'occident en orient; ils affirmaient aussi qu'ils voyaient les dieux*. Maintenant encore les sauvages de l'Amérique divinisent tout ce qui est au-delà de leur faible capacité. Quelles que soient la simplicité et la grossiéreté de ces nations, nous devons présumer que celles des premiers hommes du paganisme allaient bien au-delà. Ils donnaient aux objets de leur admiration une existence analogue à leurs propres idées. C'est ce que font précisément les enfans (axiome 37), lorsqu'ils prennent dans leurs jeux des choses inanimées et qu'ils leur parlent comme à des personnes vivantes. Ainsi ces premiers hommes, qui nous représentent l'enfance du genre humain, créaient eux-mêmes les choses d'après leurs idées. Mais cette création différait infiniment de celle de Dieu : Dieu dans sa pure intelligence connaît les êtres, et les crée par cela même qu'il les connaît; les premiers hommes, puissans de leur ignorance, créaient à leur manière par la force d'une imagination, si je puis dire, toute *matérielle*. Plus elle était matérielle, plus ses créations furent sublimes; elles l'étaient au point de troubler à l'excès l'esprit même d'où elles étaient sorties. Aussi les premiers hommes furent appelés *poètes*, c'est-à-dire, *créateurs*, dans le sens étymologique du mot grec. Leurs créations réunirent les trois caractères qui distinguent la haute poésie dans l'invention des fables, la sublimité, la popularité, et la puissance d'émotion qui la rend plus capable d'atteindre le but qu'elle se propose, celui d'*enseigner au vulgaire à agir selon la vertu*. — De cette faculté originaire de l'esprit humain, il est resté une loi éternelle : les esprits une fois frappés de terreur, *fingunt simul credunt que*, comme le dit si bien Tacite.

Tels durent se trouver les fondateurs de la civilisation païenne, lorsqu'un siècle ou deux après le déluge, la terre desséchée forma de nouveaux orages, et que la foudre se fit entendre. Alors sans doute un petit nombre de géans dispersés dans les bois, vers le sommet des montagnes, furent épouvantés par ce phénomène dont ils ignoraient la cause, levèrent les yeux, et remarquèrent le ciel pour la première fois. Or, comme en pareille circonstance, il est dans la nature de l'esprit humain d'attribuer au phénomène qui le frappe, ce qu'il

trouve en lui-même, ces premiers hommes, dont
toute l'existence était alors dans l'énergie des forces
corporelles, et qui exprimaient la violence extrême
de leurs passions par des murmures et des hurle-
mens, se figurèrent le ciel comme un grand corps
animé, et l'appelèrent Jupiter*. Ils présumèrent que
par le fracas du tonnerre, par les éclats de la foudre, Jupiter *voulait leur dire quelque chose*; et ils

---

* Avec l'idée d'un Jupiter, auquel ils attribuèrent bientôt une Providence, naquit le droit, *jus*, appelé *ious* par les Latins, et par les
anciens Grecs Διzιέν, *céleste*, du mot Διέ; les Latins dirent également
sub dio, et *sub Jove* pour exprimer *sous le ciel*. Puis, si l'on en
croit Platon dans son Cratyle, on substitua par euphonie Δίzαιον. Ainsi
toutes les nations païennes ont contemplé le ciel, qu'elles considéraient
comme Jupiter, pour en recevoir par les auspices des lois, des avis divins;
ce qui prouve que le principe commun des sociétés a été *la croyance
à une Providence divine*. Et pour en commencer l'énumération, *Jupiter
fut le ciel* chez les Chaldéens, en ce sens qu'ils croyaient recevoir de lui
la connaissance de l'avenir par l'observation des aspects divers et des
mouvemens des étoiles, et on nomma *astronomie* et *astrologie* la science
des lois qu'observent les astres, et celle de leur langage; la dernière fut
prise dans le sens d'astrologie judiciaire, et dans les lois romaines *Chaldéen*
veut dire astrologue. — Chez les Perses, *Jupiter* fut le *ciel*, qui faisait
connaître aux hommes les choses cachées; ceux qui possédaient cette
science s'appelaient Mages, et tenaient dans leurs rites une verge qui répond au bâton augural des Romains. Ils s'en servaient pour tracer des
cercles astronomiques, comme depuis les magiciens dans leurs enchantemens. Le ciel était pour les Perses le temple de Jupiter, et leurs lois,
imbus de cette opinion, détruisaient les temples construits par les Grecs.
— Les Égyptiens confondaient aussi *Jupiter* et le *ciel*, sous le rapport de
l'influence qu'il avait sur les choses sublunaires et des moyens qu'il donnait de connaître l'avenir; de nos jours encore ils conservent une divination
vulgaire. — Même opinion chez les Grecs qui tiraient du ciel des θεωρήματα
et des μαθήματα, en les contemplant des yeux du corps, et en les
observant, c'est-à-dire, en leur obéissant comme aux lois de Jupiter.
C'est du mot μαθήματα, que les astrologues sont appelés *mathémati-*

commencèrent à se livrer à la *curiosité, fille de l'ignorance et mère de la science* [qu'elle produit, lorsque l'admiration a ouvert l'esprit de l'homme]. Ce caractère est toujours le même dans le vulgaire; voient-ils une comète, une parélie, ou tout autre

ciens dans les lois romaines. — Quant à la croyance des Romains, on connaît le vers d'Ennius,

Aspice hoc sublime cadens, quem omnes invocant jovem ;

le pronom *hoc* est pris dans le sens de *cœlum*. Les Romains disaient aussi *templa cœli*, pour exprimer la région du ciel désigné par les augures pour prendre les auspices ; et par dérivation, *templum* signifia tout lieu découvert où la vue ne rencontre point d'obstacle (*neptunia templa*, la mer dans Virgile). — Les anciens Germains, selon Tacite, adoraient leurs Dieux dans des lieux sacrés qu'il appelle *lucos et nemora*, ce qui indique sans doute des clairières dans l'épaisseur des bois. L'église eut beaucoup de peine à leur faire abandonner cet usage (V. *Concilia Stanctense et Bracharense*, dans le recueil de Bouchard). On en trouve encore aujourd'hui des traces chez les Lapons et chez les Livoniens. — Les Perses disaient simplement le *Sublime* pour désigner *Dieu*. Leurs temples n'étaient que des collines découvertes où l'on montait de deux côtés par d'immenses escaliers ; c'est dans la hauteur de ces collines qu'ils fesaient consister leur magnificence. Tous les peuples placent la beauté des temples dans leur élévation prodigieuse. Le point le plus élevé s'appelait, selon Pausanias, ἀετὸς, l'aigle, l'oiseau des auspices, celui dont le vol est le plus élevé. Delà peut être *pinnæ templorum, pinnæ murorum*, et en dernier lieu, *aquilæ* pour les créneaux. Les Hébreux adoraient dans le tabernacle *le Très-Haut* qui est au-dessus des cieux ; et partout où le peuple de Dieu étendait ses conquêtes, Moïse ordonnait que l'on brûlât les bois sacrés, sanctuaires de l'idolâtrie. — Chez les chrétiens mêmes, plusieurs nations disent le ciel pour *Dieu*. Les Français et les Italiens disent *fasse le ciel, j'espère dans les secours du ciel* ; il en est de même en espagnol. Les français disent *bleu* pour *le ciel*, dans une espèce de serment *par bleu*, et dans ce blasphème impie *morbleu* (c'est-à-dire *meure le ciel*, en prenant ce mot dans le sens de *Dieu*). Nous venons de donner un essai du vocabulaire dont on a parlé dans les axiomes 13 et 22. (*Vico*.)

phénomène céleste, ils s'inquiètent et demandent *ce qu'il signifie* (axiome 39). Observent-ils les effets étonnans de l'aimant mis en contact avec le fer; ils ne manquent pas, même dans ce siècle de lumières, de décider que l'aimant a pour le fer une sympathie mystérieuse, et ils font ainsi de toute la nature un vaste corps animé, qui a ses sentimens et ses passions. Mais, à une époque si avancée de la civilisation, les esprits, même du vulgaire, sont trop détachés des sens, trop spiritualisés par les nombreuses abstractions de nos langues, par l'art de l'écriture, par l'habitude du calcul, pour que nous puissions nous former cette image prodigieuse de la *nature passionnée*; nous disons bien ce mot de la bouche, mais nous n'avons rien dans l'esprit. Comment pourrions-nous nous replacer dans la vaste imagination de ces premiers hommes dont l'esprit étranger à toute abstraction, à toute subtilité, était tout *émoussé* par les passions, *plongé* dans les sens, et comme *enseveli* dans la matière. Aussi, nous l'avons déjà dit, on *comprend* à peine aujourd'hui, mais on ne peut *imaginer* comment pensaient les premiers hommes qui fondèrent la civilisation païenne.

C'est ainsi que les premiers *poètes théologiens* inventèrent la première fable *divine*, la plus sublime de toutes celles qu'on imagina; c'est ce Jupiter *roi et père des hommes et des dieux*, dont la main lance la foudre; image si populaire, si capable d'émouvoir les esprits, et d'exercer sur eux une influence morale, que les inventeurs eux-mêmes crurent à sa réalité, la redoutèrent et l'honorèrent avec des rites affreux. Par un effet de ce caractère de l'esprit humain que nous avons remarqué d'après Tacite (*mobiles ad superstitionem perculsæ semel mentes*, axiome 23), dans tout ce qu'ils apercevaient, imaginaient, ou faisaient eux-mêmes, ils ne virent que Jupiter, animant ainsi l'univers dans toute l'étendue qu'ils pouvaient concevoir. C'est ainsi qu'il faut entendre dans l'histoire de la civilisation le *Jovis omnia plena;* c'est ce Jupiter que Platon prit pour l'éther, qui pénètre et remplit toutes choses; mais les premiers hommes ne plaçaient pas leur Jupiter plus haut que la cime des montagnes, comme nous le verrons bientôt.

Comme ils parlaient par signes, ils crurent d'après leur propre nature que le tonnerre et la foudre étaient les signes de Jupiter. C'est de *nuere*, faire signe, que la volonté divine fut plus tard appelée *numen;* Jupiter commandait par signes, idée sublime, digne expression de la majesté divine. Ces signes étaient, si je l'ose dire, des *paroles réelles*, et la nature entière était la langue de Jupiter. Toutes les nations païennes crurent posséder cette langue dans la divination, laquelle fut appelée par les Grecs *théologie*, c'est-à-dire, *science du langage des dieux*. Ainsi Jupiter acquit ce *regnum fulminis*, par lequel il est *le roi des hommes et des dieux.* Il reçut alors deux titres, *optimus* dans le sens de très fort (de même que chez les anciens latins, *fortis* eut le même sens que *bonus* dans des temps plus modernes); et *maximus*, d'après l'étendue de son corps, aussi vaste que le ciel.

De là tant de Jupiters dont le nombre étonne les philologues; chaque nation païenne eut le sien.

Originairement Jupiter fut en poésie un *caractère divin*, un *genre créé par l'imagination* plutôt que par l'intelligence (*univérsale fantastico*), auquel tous les peuples païens rapportaient les choses relatives aux auspices. Ces peuples durent être tous poètes, puisque la *sagesse poétique* commença par cette *métaphysique poétique* qui contemple Dieu dans l'attribut de sa Providence, et les premiers hommes s'appelèrent *poètes théologiens*, c'est-à-dire *sages qui entendent le langage des dieux*, exprimé par les auspices de Jupiter. Ils furent surnommés *divins*, dans le sens du mot *devins*, qui vient de *divinari*, deviner, prédire. Cette science fut appelée *muse*, expression qu'Homère nous définit par *la science du bien et du mal*, qui n'est autre que la *divination*[*]. C'est encore d'après cette *théologie mystique* que les poètes furent appelés par les Grecs, μύσται, [qu'Horace traduit fort bien par *les interprètes des dieux*], lesquels expliquaient les divins mystères des auspices et des oracles. Toute nation païenne eut une sybille qui possédait cette science; on en a compté jusqu'à douze. Les sybilles

---

[*] La défense de la divination faite par Dieu à son peuple fut le fondement de la véritable religion. (*Vico.*)

et les oracles sont les choses les plus anciennes dont nous parle le paganisme.

Tout ce qui vient d'être dit s'accorde donc avec le mot célèbre,

> .... La crainte seule a fait les premiers dieux ;

mais les hommes ne s'inspirèrent pas cette crainte les uns aux autres; ils la durent à leur propre imagination (ce qui répond à l'axiome : *les fausses religions sont nées de la crédulité et non de l'imposture*). Cette origine de l'*idolâtrie* étant démontrée, celle de la *divination* l'est aussi; ces deux sœurs naquirent en même temps. Les *sacrifices* en furent une conséquence immédiate, puisqu'on les faisait pour *procurare* (c'est-à-dire pour bien entendre) les auspices.

Ce qui nous prouve que la poésie a dû naître ainsi, c'est ce caractère éternel et singulier qui lui est propre : *le sujet propre à la poésie c'est l'impossible, et pourtant le croyable (impossibile credibile).* Il est impossible que la matière soit esprit, et pourtant l'on a cru que le ciel, d'où semblait partir la foudre, était Jupiter. Voilà encore pourquoi les poètes aiment tant à chanter les prodiges opérés par les magiciennes dans leurs enchantemens; cette disposition d'esprit peut être rapportée au sentiment instinctif de la toute-puissance de Dieu, qu'ont en eux les hommes de toutes les nations.

Les vérités que nous venons d'établir renversent tout ce qui a été dit sur *l'origine de la poésie*, depuis Aristote et Platon jusqu'aux Scaliger et aux Castelvetro. Nous l'avons montré, c'est par un effet de la *faiblesse du raisonnement* de l'homme, que la poésie s'est trouvée si sublime à sa naissance, et qu'avec tous les secours de la philosophie, de la poétique et de la critique, qui sont venues plus tard, on n'a jamais pu, je ne dirai point surpasser, mais égaler son premier essor*. Cette découverte de l'origine de la poésie détruit le préjugé commun sur la profondeur de la sagesse antique, à laquelle les modernes devraient désespérer d'atteindre, et dont tous les philosophes depuis Platon jusqu'à Bacon ont tant souhaité de pénétrer le secret. Elle n'a été autre chose qu'une *sagesse vulgaire de législateurs* qui fondaient l'ordre social, et non point une *sagesse mystérieuse sortie du génie de philosophes profonds*. Aussi, comme on le voit déjà par l'exemple tiré de Jupiter, tous les *sens mystiques d'une haute philosophie* attribués par les savans aux fables grecques et aux hiéroglyphes égyptiens, paraîtront aussi choquans que le *sens historique* se trouvera facile et naturel.

---

* Voilà pourquoi Homère se trouve le premier de tous les poètes du genre *héroïque*, le plus sublime de tous, dans l'ordre du mérite comme dans celui du temps. (*Vico*.)

§. II. COROLLAIRES

Relatifs aux principaux aspects de la science nouvelle.

1. On peut conclure de tout ce qui précède que, conformément au premier principe de la Science nouvelle, développé dans le chapitre *de la Méthode* (*l'homme n'espérant plus aucun secours de la nature, appelle de ses desirs quelque chose de surnaturel qui puisse le sauver*), la Providence permit que les premiers hommes tombassent dans l'erreur de craindre une fausse divinité, un Jupiter auquel ils attribuaient le pouvoir de les foudroyer. Au milieu des nuées de ces premiers orages, à la lueur de ces éclairs, ils aperçurent cette grande vérité, *que la Providence veille à la conservation du genre humain*. Aussi, sous un de ses principaux aspects, la Science nouvelle est d'abord une *théologie civile*, une explication raisonnée de la marche suivie par la Providence; et cette théologie commença par la sagesse *vulgaire* des législateurs qui fondèrent les sociétés, en prenant pour base la croyance d'un Dieu doué de providence; elle s'acheva par la sagesse plus élevée (*riposta*) des philosophes qui démontrent la même vérité par des raisonnemens, dans leur théologie naturelle.

2. Un autre aspect principal de la science nouvelle, c'est une *philosophie de la propriété* (ou *autorité*

dans le sens primitif où les douze tables prennent ce mot*). La première propriété fut *divine* : Dieu s'appropria les premiers hommes peu nombreux, qu'il tira de la vie sauvage pour commencer la vie sociale.—La seconde propriété fut *humaine*, et dans le sens le plus exact ; elle consista pour l'homme dans la possession de ce qu'on ne peut lui ôter sans l'anéantir, dans le libre *usage de sa volonté*. Pour l'intelligence, ce n'est qu'une puissance passive sujette à la vérité. Les hommes commencèrent, dès ce moment, à exercer leur liberté en réprimant les impulsions passionnées du corps, de manière à les étouffer ou à les mieux diriger, effort qui caractérise les agens libres. Le premier acte libre des hommes fut d'abandonner la vie vagabonde qu'ils menaient dans la vaste forêt qui couvrait la terre, et de s'accoutumer à une vie sédentaire, si opposée à leurs habitudes. — Le troisième genre de propriété fut celle *de droit naturel*. Les premiers hommes qui abandonnaient la vie vagabonde occupèrent des terres et y restèrent long-temps ; ils en devinrent seigneurs par droit d'occupation et de longue possession. C'est l'origine de tous les *domaines*.

Cette *philosophie de la propriété* suit naturellement la *théologie civile* dont nous parlions. Eclairée par les preuves que lui fournit la théologie civile, elle éclaire elle-même avec celles qui lui sont propres, les preuves que la philologie tire de l'histoire

---

* On continua à appeler dans le droit, *nos auteurs*, ceux dont nous tenons un droit à une propriété. (*Vico*.)

et des langues; trois sortes de preuves qui ont été énumérées dans le chapitre de la méthode. Introduisant la certitude dans le domaine de la liberté humaine, dont l'étude est si incertaine de sa nature, elle éclaire les ténèbres de l'antiquité, et *donne forme de science à la philologie.*

3. Le troisième aspect est une *histoire des idées humaines.* De même que la *métaphysique poétique* s'est divisée en plusieurs sciences subalternes, *poétiques* comme leur mère, cette histoire des idées nous donnera l'origine informe des sciences pratiques cultivées par les nations, et des sciences spéculatives étudiées de nos jours par les savans.

4. Le quatrième aspect est une *critique philosophique* qui naît de l'histoire des idées mentionnée ci-dessus. Cette critique cherche ce que l'on doit croire sur les fondateurs, ou auteurs des nations, lesquels doivent précéder de plus de mille ans les auteurs de livres, qui sont l'objet de la critique philologique.

5. Le cinquième aspect est une *histoire idéale éternelle* dans laquelle tournent les histoires réelles de toutes les nations. De quelque état de barbarie et de férocité que partent les hommes pour se civiliser par l'influence des religions, les sociétés commencent, se développent et finissent d'après des lois que nous examinerons dans ce second livre, et que nous retrouverons au livre IV où nous suivons *la marche des sociétés*, et au livre V où nous observons le *retour des choses humaines.*

6. Le sixième aspect est un système du *droit naturel des gens*. C'était avec le commencement des peuples, que Grotius, Selden et Puffendorf devaient commencer leurs systèmes (axiome 106 : *les sciences doivent prendre pour point de départ l'époque où commence le sujet dont elles traitent*). Ils se sont égarés tous trois, parce qu'ils ne sont partis que du milieu de la route. Je veux dire qu'ils supposent d'abord un état de civilisation où les hommes seraient déjà éclairés par une *raison développée*, état dans lequel les nations ont produit les philosophes qui se sont élevés jusqu'à l'idéal de la justice. En premier lieu, Grotius procède indépendamment du principe d'une Providence, et prétend que son système donne un degré nouveau de précision à toute connaissance de Dieu. Aussi toutes ses attaques contre les jurisconsultes romains portent à faux, puisqu'ils ont pris pour principe la Providence divine, et qu'ils ont voulu traiter du *droit naturel des gens*, et non point du droit naturel des philosophes, et des théologiens moralistes. — Ensuite vient Selden, dont le système suppose la Providence. Il prétend que le droit des enfans de Dieu s'étendit à toutes les nations, sans faire attention au caractère inhospitalier des premiers peuples, ni à la division établie entre les Hébreux et les Gentils; sans observer que les Hébreux ayant perdu de vue leur droit naturel dans la servitude d'Égypte, il fallut que Dieu lui-même le leur rappelât en leur donnant sa loi sur le mont Sinaï. Il oublie que Dieu,

dans sa loi, défend jusqu'aux pensées injustes, chose dont ne s'embarrassèrent jamais les législateurs mortels. Comment peut-il prouver que les Hébreux ont transmis aux Gentils leur droit naturel, contre l'aveu magnanime de Josephe, contre la réflexion de Lactance cité plus haut ? Ne connaît-on pas enfin la haine des Hébreux contre les Gentils, haine qu'ils conservent encore aujourd'hui dans leur dispersion ? — Quant à Puffendorf, il commence son système par *jeter l'homme dans le monde, sans soin ni secours de Dieu*. En vain il essaie d'excuser dans une dissertation particulière cette hypothèse épicurienne. Il ne peut pas dire le premier mot en fait de droit, sans prendre la Providence pour principe*. — Pour nous, persuadés que l'idée

---

* *Nous rapprocherons de ce passage celui qui y correspond dans la première édition* : Grotius prétend que son système peut se passer de l'idée de la Providence. Cependant sans religion les hommes ne seraient pas réunis en nations.... Point de physique sans mathématique ; point de morale ni de politique sans métaphysique, c'est-à-dire sans démonstration de Dieu. — Il suppose le premier homme b●●, parce qu'il n'était *pas mauvais*. Il compose le genre humain à sa naissance d'hommes *simples et débonnaires*, qui auraient été poussés par l'intérêt à la vie sociale ; c'est dans le fait l'hypothèse d'Epicure.

Puis vient Selden, qui appuie son système sur le petit nombre de lois que Dieu dicta aux enfans de Noé. Mais Sem fut le seul qui persévéra dans la religion du Dieu d'Adam. Loin de fonder un droit commun à ses descendans et à ceux de Cham et de Japhet, on pourrait dire plutôt qu'il fonda un droit exclusif, qui fit plus tard distinguer les Juifs des Gentils...

Puffendorf, en jetant l'homme dans le monde *sans secours de la Providence*, hasarde une hypothèse digne d'Epicure, ou plutôt de Hobbes....

Ecartant ainsi la Providence, ils ne pouvaient découvrir les sources du droit et l'idée d'une *Providence* naquirent en même temps, nous commençons à parler du *droit* en parlant de ce moment où les premiers auteurs des nations conçurent l'idée de Jupiter. Ce droit fut d'abord *divin*, dans ce sens qu'il était interprété par la *divination*, science des auspices de Jupiter; les auspices furent les *choses divines*, au moyen desquelles les nations païennes réglaient toutes les *choses humaines*, et la réunion des unes et des autres forme le sujet de la jurisprudence.

7. Considérée sous le dernier de ses principaux aspects, la Science nouvelle nous donnera les *principes et les origines de l'histoire universelle*, en partant de l'âge appelé par les Égyptiens *âge des Dieux*,

---

de tout ce qui a rapport à l'économie du droit naturel des gens, ni celles des religions, des langues et des lois, ni celles de la paix et de la guerre, des traités, etc. Delà deux erreurs capitales.

1. D'abord ils croient que leur droit naturel, fondé sur les théories des philosophes, des théologiens, et sur quelques-unes de celles des jurisconsultes, et qui est éternel dans son idée abstraite, a dû être aussi éternel dans l'usage et dans la pratique des nations. Les jurisconsultes romains raisonnent mieux en considérant ce droit naturel comme ordonné par la Providence, et comme éternel en ce sens, que sorti des mêmes origines que les religions, il passe comme elles par différens âges, jusqu'à ce que les philosophes viennent le perfectionner et le compléter par des théories fondées sur l'idée de la justice éternelle.

2. Leurs systèmes n'embrassent pas la moitié du droit naturel des gens. Ils parlent de celui qui regarde la conservation du genre humain, et ils ne disent rien de celui qui a rapport à la conservation des peuples en particulier. Cependant c'est le droit naturel établi séparément dans chaque cité qui a préparé les peuples à reconnaître, dès leurs premières communications, le sens commun qui les unit, de sorte qu'ils donnassent et reçussent des lois conformes à toute la nature humaine, et les respectassent comme dictées par la Providence. (*Vico*.)

par les Grecs, *âge d'or*. Faute de connaître la *chronologie raisonnée de l'histoire poétique*, on n'a pu saisir jusqu'ici l'enchaînement de toute l'*histoire du monde païen.*

CHAPITRE III.

DE LA LOGIQUE POÉTIQUE.

§. I.

La *métaphysique*, ainsi nommée lorsqu'elle contemple les choses dans tous les genres de l'être, devient *logique* lorsqu'elle les considère dans tous les genres d'expressions par lesquelles on les désigne; de même la poésie a été considérée par nous comme une *métaphysique poétique*, dans laquelle les poètes théologiens prirent la plupart des choses matérielles pour des êtres divins ; la même poésie, occupée maintenant d'exprimer l'idée de ces divinités, sera considérée comme une *logique poétique*.

Logique vient de λόγος. Ce mot, dans son premier sens, dans son sens propre, signifie *fable* (qui a passé dans l'italien *favella*, langage, discours); la fable, chez les Grecs, se dit aussi μῦθος, d'où les Latins tirèrent le mot *mutus* ; en effet, dans les *temps muets*, le discours fut *mental*; aussi λόγος signifie *idée* et *parole*. Une telle langue convenait à des âges religieux (*les religions veulent être révérées en silence, et non pas raisonnées*). Elle dut commencer par des signes, des gestes, des indications matérielles dans un rapport naturel avec les idées : aussi λόγος, *parole*, eut en outre chez les Hébreux le sens d'*action*, chez les Grecs celui de *chose*. Μῦθος a été aussi défini un *récit véritable*, un *langage véritable*[*]. Par *véritable*, il ne faut pas entendre ici *conforme à la nature des choses*, comme dut l'être la *langue sainte*, enseignée à Adam par Dieu même.

La première langue que les hommes se firent eux-mêmes fut toute d'imagination, et eut pour signes les substances même qu'elle animait, et que le plus souvent elle divinisait. Ainsi Jupiter, Cybèle, Neptune, étaient simplement le ciel, la terre, la mer, que les premiers hommes, muets encore, exprimaient en les montrant du doigt, et qu'ils imaginaient comme des êtres animés, comme des dieux; avec les noms de ces trois divinités, ils exprimaient toutes les choses relatives au ciel, à la terre, à la mer. Il en était de même des autres dieux : ils rapportaient toutes les fleurs à Flore, tous les fruits à Pomone.

Nous suivons encore une marche analogue à celle de ces premiers hommes, mais c'est à l'égard

---

[*] *C'est cette langue naturelle que les hommes ont parlée autrefois, selon Platon et Jamblique. Platon a deviné plutôt que découvert cette vérité. Delà l'inutilité de ses recherches dans le Cratyle, delà les attaques d'Aristote et de Gallen.* (*Pico.*)

des choses intellectuelles, telles que les facultés de l'âme, les passions, les vertus, les vices, les sciences, les arts; nous nous en formons ordinairement l'idée comme d'autant de *femmes* (la justice, la poésie, etc.), et nous ramenons à ces êtres fantastiques toutes les causes, toutes les propriétés, tous les effets des choses qu'ils désignent. C'est que nous ne pouvons exposer au-dehors les choses intellectuelles contenues dans notre entendement, sans être secondés par l'imagination, qui nous aide à les expliquer et à les peindre sous une image humaine. Les premiers hommes (les *poètes théologiens*), encore incapables d'abstraire, firent une chose toute contraire, mais plus sublime : ils donnèrent des sentimens et des passions aux êtres matériels, et même aux plus étendus de ces êtres, au ciel, à la terre, à la mer. Plus tard, la puissance d'abstraire se fortifiant, ces vastes imaginations se resserrèrent, et les mêmes objets furent désignés par les signes les plus petits; Jupiter, Neptune et Cybèle devinrent si petits, si légers, que le premier vola sur les ailes d'un aigle, le second courut sur la mer porté dans un mince coquillage, et la troisième fut assise sur un lion.

Les formes mythologiques (*mitologie*) doivent donc être, comme le mot l'indique, le *langage propre des fables*; les fables étant autant de genres dans la langue de l'imagination (*generi fantastici*), les formes mythologiques sont des *allégories* qui y répondent. Chacune comprend sous elle plusieurs espèces ou plusieurs individus. Achille est l'idée de la valeur, commune à tous les vaillans; Ulysse, l'idée de la prudence commune à tous les sages.

§. II. COROLLAIRES

Relatifs aux tropes, aux métamorphoses poétiques et aux monstres des poètes.

1. Tous les premiers tropes sont autant de corollaires de cette logique poétique. Le plus brillant, et pour cela même le plus fréquent et le plus nécessaire, c'est la métaphore. Jamais elle n'est plus approuvée que lorsqu'elle prête du sentiment et de la passion aux choses insensibles, en vertu de cette métaphysique par laquelle les premiers poètes animèrent les corps sans vie, et les douèrent de tout ce qu'ils avaient eux-mêmes, de sentiment et de passion; si les premières fables furent ainsi créées, toute métaphore est l'abrégé d'une fable. — Ceci nous donne un moyen de juger du temps où les métaphores furent introduites dans les langues. Toutes les métaphores tirées par analogie des objets corporels pour signifier des abstractions, doivent dater de l'époque où le jour de la philosophie a commencé à luire; ce qui le prouve, c'est qu'en toute langue les mots nécessaires aux arts de la civilisation, aux sciences les plus sublimes, ont des origines agrestes. Il est digne d'observation que, dans toutes les langues, la plus grande partie des expressions relatives

aux choses inanimées sont tirées par métaphore, du corps humain et de ses parties, ou des sentimens et passions humaines. Ainsi *tête*, pour cime, ou commencement, *bouche* pour toute ouverture, *dents* d'une charrue, d'un rateau, d'une scie, d'un peigne, *langue* de terre, *gorge* d'une montagne, une *poignée* pour un petit nombre, *bras* d'un fleuve, *cœur* pour le milieu, *veine* d'une mine, *entrailles* de la terre, *côte* de la mer, *chair* d'un fruit; le vent *siffle*, l'onde *murmure*, un corps *gémit* sous un grand poids. Les Latins disaient *sitire agros, laborare fructus, luxuriari segetes;* et les Italiens disent *andar in amore le piente, andar in pazzia le viti, lagrimare gli orni,* et *fronte, spalle, occhi, barbe, collo, gamba, piede, pianta,* appliqués à des choses inanimées. On pourrait tirer d'innombrables exemples de toutes les langues. Nous avons dit dans les axiomes, que *l'homme ignorant se prenait lui-même pour règle de l'univers;* dans les exemples cités ci-dessus, il se fait de lui-même un univers entier. De même que la métaphysique de la raison nous enseigne que *par l'intelligence l'homme devient tous les objets (homo intelligendo fit omnia)*, la métaphysique de l'imagination nous démontre ici que l'*homme devient tous les objets faute d'intelligence (homo non intelligendo fit omnia);* et peut-être le second axiome est-il plus vrai que le premier, puisque l'homme, dans l'exercice de l'intelligence, étend son esprit pour saisir les objets, et que, dans la privation de l'intelligence, il fait tous les objets de lui-même, et par cette transformation devient à lui seul toute la nature.

2. Dans une telle logique, résultant elle-même d'une telle métaphysique, les premiers poètes devaient tirer les noms des choses d'*idées sensibles et plus particulières;* voilà les deux sources de la *métonymie* et de la *synecdoque*. En effet, l étonymie *du nom de l'auteur pris pour celui de l'ouvrage*, vint de ce que l'auteur était plus souvent nommé que l'ouvrage; celle *du sujet pris pour sa forme et ses accidens* vint de l'incapacité d'abstraire du sujet les accidens et la forme. Celles de *la cause pour l'effet* sont autant de petites fables; les hommes s'imaginèrent les causes comme des *femmes* qu'ils revêtaient de leurs effets : ainsi l'*affreuse pauvreté*, la *triste vieillesse*, la *pâle mort*.

3. La *synecdoque* fut employée ensuite, à mesure que l'on s'éleva des particularités aux généralités, ou que l'on réunit les parties pour composer leurs entiers. Le nom de *mortel* fut d'abord réservé aux *hommes*, seuls êtres dont la condition mortelle dût se faire remarquer. Le mot *tête* fut pris pour l'*homme*, dont elle est la partie la plus capable de frapper l'attention. *Homme* est une abstraction qui comprend génériquement le corps et toutes ses parties, l'intelligence et toutes les facultés intellectuelles, le cœur et toutes les habitudes morales. Il était naturel que dans l'origine *tignum* et *culmen* signifiassent au propre une *poutre* et de la *paille;* plus tard, lorsque les cités s'embellirent, ces mots signifièrent tout l'édifice. De même le *toit* pour la maison entière,

parce qu'aux premiers temps on se contentait d'un abri pour toute habitation. Ainsi *puppis*, la poupe, pour le vaisseau, parce que cette partie la plus élevée du vaisseau est la première qu'on voit du rivage; et chez les modernes on a dit une *voile*, pour un *vaisseau*. *Mucro*, la *pointe*, pour l'*épée*; ce dernier mot est abstrait et comprend génériquement la pomme, la garde, le tranchant et la pointe; ce que les hommes remarquèrent d'abord, ce fut la pointe qui les effrayait. On prit encore la matière pour l'ensemble de la matière et de la forme : par exemple, le *fer* pour l'*épée*; c'est qu'on ne savait pas encore abstraire la forme de la matière. Cette figure mêlée de métonymie et de synecdoque, *tertia messis erat*, c'était la troisième moisson, fut, sans aucun doute, employée d'abord naturellement et par nécessité; il fallait plus de mille ans pour que le terme astronomique *année* pût être inventé. Dans le pays de Florence, on dit toujours, pour désigner un espace de dix ans, *nous avons moissonné dix fois*. — Ce vers, où se trouvent réunies une métonymie et deux synecdoques,

Post aliquot mea regna videns mirabor aristas,

n'accuse que trop l'impuissance d'expression qui caractérisa les premiers âges. Pour dire *tant d'années*, on disait *tant d'épis*, ce qui est encore plus particulier que *moissons*. L'expression n'indiquait que l'indigence des langues, et les grammairiens y ont cru voir l'effort de l'art.

4. L'*ironie* ne peut certainement prendre naissance que dans les temps où l'on réfléchit. En effet, elle consiste dans un mensonge *réfléchi* qui prend le masque de la vérité. Ici nous apparaît un grand principe qui confirme notre découverte de l'*origine de la poésie*; c'est que les premiers hommes des nations païennes ayant eu la simplicité, l'ingénuité de l'enfance, *les premières fables ne purent contenir rien de faux*, et furent nécessairement, comme elles ont été définies, des *récits véritables*.

5. Par toutes ces raisons, il reste démontré que *les tropes*, qui se réduisent tous aux quatre espèces que nous avons nommées, ne sont point, comme on l'avait cru jusqu'ici, l'ingénieuse invention des écrivains, mais *des formes nécessaires dont toutes les nations se sont servies dans leur âge poétique pour exprimer leurs pensées*, et que ces expressions, à leur origine, ont été employées dans leur sens propre et naturel. Mais, à mesure que l'esprit humain se développa, à mesure que l'on trouva les paroles qui signifient des formes abstraites, ou des genres comprenant leurs espèces, ou unissant les parties en leurs entiers, les expressions des premiers hommes devinrent des figures. Ainsi, nous commençons à ébranler ces deux erreurs communes des grammairiens, qui regardent *le langage des prosateurs comme propre, celui des poètes comme impropre;* et qui croient *que l'on parla d'abord en prose, et ensuite en vers.*

6. Les *monstres*, les *métamorphoses poétiques*,

furent le résultat nécessaire de cette incapacité d'abstraire la forme et les propriétés d'un sujet, caractère essentiel aux premiers hommes, comme nous l'avons prouvé dans les axiomes. Guidés par leur logique grossière, ils devaient *mettre ensemble des sujets*, lorsqu'ils voulaient *mettre ensemble des formes*, ou bien *détruire un sujet pour séparer sa forme première de la forme opposée qui s'y trouvait jointe.*

7. La *distinction des idées* fit les *métamorphoses.* Entre autres phrases héroïques qui nous ont été conservées dans la jurisprudence antique, les Romains nous ont laissé celle de *fundum fieri*, pour *auctorem fieri*; de même que le fonds de terre soutient et la couche superficielle qui le couvre, et ce qui s'y trouve semé, ou planté, ou bâti, de même l'approbateur soutient l'acte qui tomberait sans son approbation; l'approbateur quitte le caractère d'un être qui se meut à sa volonté, pour prendre le caractère opposé d'une chose stable.

§. III. COROLLAIRES

Relatifs aux caractères poétiques employés comme signes du langage par les premières nations.

Le langage poétique fut encore employé longtemps dans l'âge historique, à-peu-près comme les fleuves larges et rapides qui s'étendent bien loin dans la mer, et préservent, par leur impétuosité, la douceur naturelle de leurs eaux. Si on se rappelle deux axiomes (48, *Il est naturel aux enfans de transporter l'idée et le nom des premières personnes, des premières choses qu'ils ont vues, à toutes les personnes, à toutes les choses qui ont avec elles quelque ressemblance, quelque rapport.* — 49. *Les Égyptiens attribuaient à Hermès Trismégiste toutes les découvertes utiles ou nécessaires à la vie humaine*), on sentira que la langue poétique peut nous fournir, relativement à ces *caractères* qu'elle employait, la matière de grandes et importantes découvertes dans les choses de l'antiquité.

1. Solon fut un *sage*, mais de *sagesse vulgaire* et non de *sagesse savante* (*riposta*). On peut conjecturer qu'il fut chef du parti du peuple, lorsque Athènes était gouvernée par l'aristocratie, et que ce conseil fameux qu'il donnait à ses concitoyens (*connaissez-vous vous-mêmes*), avait un sens politique plutôt que moral, et était destiné à leur rappeler l'égalité de leurs droits. Peut-être même *Solon n'est-il que le peuple d'Athènes, considéré comme reconnaissant ses droits, comme fondant la démocratie.* Les Égyptiens avaient rapporté à Hermès toutes les découvertes utiles; les Athéniens rapportèrent à Solon toutes les institutions démocratiques. — De même, Dracon n'est que l'emblème de la sévérité du gouvernement aristocratique qui avait précédé.*

---

* La plupart des lois dont les Athéniens et les Lacédémoniens font honneur à Solon et à Lycurgue, leur ont été attribuées à tort, puisqu'elles

2. Ainsi durent être attribuées à Romulus toutes les lois relatives à la division des ordres; à Numa tous les réglemens qui concernaient les choses saintes et les cérémonies sacrées; à Tullus-Hostilius toutes les lois et ordonnances militaires; à Servius-Tullius le cens, base de toute démocratie*, et beaucoup d'autres lois favorables à la liberté populaire; à Tarquin-l'Ancien, tous les signes et emblèmes, qui, aux temps les plus brillans de Rome, contribuèrent à la majesté de l'empire.

3. Ainsi durent être attribuées aux décemvirs, et ajoutées aux Douze-Tables un grand nombre de lois que nous prouverons n'avoir été faites qu'à une époque postérieure. Je n'en veux pour exemple que la défense d'imiter le luxe des Grecs dans les funérailles. Défendre l'abus avant qu'il se fût introduit, c'eût été le faire connaître, et comme l'enseigner. Or, il ne put s'introduire à Rome qu'après les

---

sont entièrement contraires au principe de leur conduite. Ainsi Solon institue l'aréopage, qui existait dès le temps de la guerre de Troie, et dans lequel Oreste avait été absous du meurtre de sa mère par la voix de Minerve (c'est-à-dire par le partage égal des voix). Cet aréopage, institué par Solon, le fondateur de la démocratie à Athènes, maintient de toute sa sévérité le gouvernement aristocratique jusqu'au temps de Périclès. Au contraire on attribue à Lycurgue, au fondateur de la république aristocratique de Sparte, une loi agraire analogue à celle que les Gracques proposèrent à Rome. Mais nous voyons que, lorsque Agis voulut réellement introduire à Sparte un partage égal des terres conforme aux principes de la démocratie, il fut étranglé par ordre des Ephores. *Édition de* 1730, *pag.* 209.

* L'opinion de Montesquieu et de Vico sur le caractère des institutions de Servius-Tullius a été suivie par M. Niebuhr. *(N. du T.)*

guerres contre Tarente et Pyrrhus, dans lesquelles les Romains commencèrent à se mêler aux Grecs. Cicéron observe que la loi est exprimée en latin, dans les mêmes termes où elle fut conçue à Athènes.

4. Cette découverte des caractères poétiques nous prouve qu'Ésope doit être placé dans l'ordre chronologique bien avant les sept sages de la Grèce. Les sept sages furent admirés pour avoir commencé à donner des préceptes de morale et de politique *en forme de maximes*, comme le fameux *Connaissez-vous vous-même*; mais, auparavant, Ésope avait donné de tels préceptes *en forme de comparaisons et d'exemples*, exemples dont les poètes avaient emprunté le langage à une époque plus reculée encore. En effet, dans l'ordre des idées humaines, on observe les *choses semblables* pour les employer d'abord comme *signes*, ensuite comme *preuves*. On prouve d'abord par l'*exemple*, auquel une chose semblable suffit, et finalement par l'*induction*, pour laquelle il en faut plusieurs. Socrate, père de toutes les sectes philosophiques, introduisit la dialectique par l'*induction*, et Aristote la compléta avec le *syllogisme*, qui ne peut prouver qu'au moyen d'une idée générale. Mais pour les esprits peu étendus encore, il suffit de leur présenter une *ressemblance* pour les persuader : Ménénius Agrippa n'eut besoin, pour ramener le peuple romain à l'obéissance, que de lui conter une fable dans le genre de celles d'Ésope.

Le petit peuple des cités héroïques se nourrissait

de ces préceptes politiques dictés par la raison naturelle : *Ésope est le caractère poétique des plébéiens considérés sous cet aspect.* On lui attribua ensuite beaucoup de fables morales, et il devint le *premier moraliste*, de la même manière que Solon était devenu *le législateur* de la république d'Athènes. Comme Ésope avait donné ses préceptes *en forme de fables*, on le plaça avant Solon, qui avait donné les siens *en forme de maximes*. De telles fables durent être écrites d'abord *en vers héroïques*, comme plus tard, selon la tradition, elles le furent *en vers iambiques*, et enfin *en prose*, dernière forme sous laquelle elles nous sont parvenues. En effet, les vers iambiques furent pour les Grecs un langage intermédiaire entre celui des vers héroïques et celui de la prose.

5. De cette manière, on rapporta aux auteurs de la *sagesse vulgaire* les découvertes de la *sagesse* philosophique. Les Zoroastre en Orient, les Trismégiste en Égypte, les Orphée en Grèce, en Italie les Pythagore, devinrent, dans l'opinion, des *philosophes*, de *législateurs* qu'ils avaient été. En Chine, Confucius a subi la même métamorphose.

§. IV. COROLLAIRES

Relatifs à l'origine des langues et des lettres, laquelle doit nous donner celle des hiéroglyphes, des lois, des noms, des armoiries, des médailles, des monnaies.

Après avoir examiné la théologie des poètes ou *métaphysique poétique*, nous avons traversé la *logique poétique* qui en résulte, et nous arrivons à la *recherche de l'origine des langues et des lettres.* Il y a autant d'opinions sur ce sujet difficile, qu'on peut compter de savans qui en ont traité. La difficulté vient d'une erreur dans laquelle ils sont tous tombés : ils ont regardé comme choses distinctes, l'origine des langues et celle des lettres, que la nature a unies. Pour être frappé de cette union, il suffisait de remarquer l'étymologie commune de γράμματικη, *grammaire*, et de γράμματα, *lettres, caractères* (γράφω, *écrire*); de sorte que la *grammaire*, qu'on définit *l'art de parler*, devrait être définie *l'art d'écrire*, comme l'appelle Aristote. — D'un autre côté, *caractères* signifie *idées*, *formes*, *modèles*; et certainement les *caractères poétiques* précédèrent *ceux des sons articulés.* Josephe soutient contre Appion, qu'au temps d'Homère les lettres vulgaires n'étaient pas encore inventées. — Enfin, si les lettres avaient été dans l'origine des *figures de* *sons articulés* et non des signes arbitraires*, elles devraient être uniformes chez toutes les nations, comme les sons articulés. Ceux qui désespéraient de trouver cette origine, devaient toujours ignorer que les premières nations *ont pensé au moyen des symboles ou caractères poétiques, ont parlé en employant pour signes les fables, ont écrit en hiéroglyphes*, principes certains qui doivent guider la philosophie dans l'étude des *idées humaines*, comme la philologie dans l'étude des *paroles humaines*.

Avant de rechercher l'origine des langues et des lettres, les philosophes et les philologues devaient se représenter les premiers hommes du paganisme comme concevant les objets par l'idée que leur imagination en personnifiait, et comme s'exprimant, faute d'un autre langage, par des gestes ou par des *signes matériels* qui avaient des rapports naturels avec les idées. **

En tête de ce que nous avons à dire sur ce sujet, nous plaçons la tradition égyptienne selon laquelle *trois langues* se sont parlées, correspondant, pour l'ordre comme pour le nombre, aux *trois âges* écoulés depuis le commencement du monde, *âges des*

---

* Vico semble adopter une opinion très différente quelques pages plus loin. (*N. du T.*)

** Par exemple, *trois épis*, ou l'action de couper trois fois des épis, pour signifier *trois années*. — Platon et Jamblique ont dit que cette langue, dont les expressions portaient avec elles leur sens naturel, s'était parlée autrefois. Ce fut sans doute cette langue *atlantique* qui, selon les savans, exprimait les idées par la nature même des choses, c'est-à-dire, par leurs propriétés naturelles (*Vico*).

dieux, des héros et des hommes. La première langue avait été la *langue hiéroglyphique*, ou *sacrée*, ou *divine*; la seconde *symbolique*, c'est-à-dire employant pour caractères les *signes* ou *emblèmes héroïques*; la troisième *épistolaire*, propre à faire communiquer entre elles les personnes éloignées, pour les besoins présens de la vie. — On trouve dans l'Iliade deux passages précieux qui nous prouvent que les Grecs partagèrent cette opinion des Égyptiens. *Nestor*, dit Homère, *vécut trois âges d'hommes parlant diverses langues*. Nestor a dû être un *symbole de la chronologie*, déterminée par les trois langues qui correspondaient aux trois âges des Égyptiens. Cette phrase proverbiale, *vivre les années de Nestor*, signifiait, vivre autant que le monde. Dans l'autre passage, Énée raconte à Achille que *des hommes parlant diverses langues commencèrent à habiter Ilion depuis le temps où Troie fut rapprochée des rivages de la mer, et où Pergame en devint la citadelle*. — Plaçons à côté de ces deux passages la tradition égyptienne d'après laquelle *Thot* ou *Hermès aurait trouvé les lois et les lettres*.

A l'appui de ces vérités nous présenterons les suivantes : chez les Grecs, le mot *nom* signifia la même chose que *caractère**, et par analogie, les

---

* Le besoin d'assurer les terres à leurs possesseurs fut un des motifs qui déterminèrent le plus puissamment l'invention des *caractères* ou *noms* (dans le sens originaire de *nomina*, maisons divisées en plusieurs familles ou *gentes*). Ainsi Mercure Trismégiste, symbole poétique des premiers fondateurs de la civilisation égyptienne, inventa les *lois* et les *lettres*; et

pères de l'Église traitent indifféremment *de divinis caracteribus* et *de divinis nominibus*. *Nomen* et *definitio* signifient la même chose, puisqu'en termes de rhétorique, on dit *quæstio nominis* pour celle qui cherche la *définition* du fait, et qu'en médecine la partie qu'on appelle *nomenclature* est celle qui *définit* la nature des maladies. — Chez les Romains, *nomina* désigna d'abord et dans son sens propre les *maisons partagées en plusieurs familles*. Les Grecs prirent d'abord ce mot dans le même sens, comme le prouvent les noms patronymiques, les noms des pères, dont les poètes, et surtout Homère, font un usage si fréquent. De même, les patriciens de Rome sont définis dans Tite-Live de la manière suivante, *qui possunt nomine ciere patrem*. Ces noms patronymiques se perdirent ensuite dans la Grèce, lorsqu'elle eut partout des gouvernemens démocratiques; mais à Sparte, république aristocratique, ils furent conservés par les Héraclides. — Dans la langue de la jurisprudence romaine, *nomen* signifie *droit*; et en grec, νόμος, qui en est à-peu-près l'homonyme, a le sens de *loi*. De νόμος, vient νόμισμα, *monnaie*, comme le remarque Aristote; et les étymologistes veulent que les Latins aient aussi

---

c'est du nom de Mercure, regardé aussi comme le Dieu des marchands, *mercatorum*, que les Italiens disent *mercare* pour marquer de *lettres* ou de signes quelconques les bestiaux et les autres objets de commerce (*robe da mercantare*) pour la distinction et la sûreté des propriétés. Qui ne s'étonnerait de voir subsister jusqu'à nos jours une telle conformité de pensée et de langage entre les nations? (*Vico.*)

tiré de νόμος, leur *nummus*. Chez les Français, du mot *loi* vient *aloi*, titre de la monnaie. Enfin au moyen âge, la loi ecclésiastique fut appelée *canon*, terme par lequel on désignait aussi la redevance emphytéotique payée par l'emphytéote.... Les Latins furent peut-être conduits par une idée analogue, à désigner par un même mot *jus*, le *droit* et l'*offrande* ordinaire que l'on faisait à Jupiter (les parties grasses des victimes). De l'ancien nom de ce dieu *Jous*, dérivèrent les génitifs *Jovis* et *juris*. — Les Latins appelaient les terres *prædia*, parce que, ainsi que nous le ferons voir, les premières terres cultivées furent les premières *prædæ* du monde. C'est à ces terres que le mot *domare*, dompter, fut appliqué d'abord. Dans l'ancien droit romain, on les disait *manucaptæ*, d'où est resté *manceps*, celui qui est obligé sur immeuble envers le trésor. On continua de dire dans les lois romaines, *jura prædiorum*, pour désigner les servitudes qu'on appelle *réelles*, et qui sont attachées à des immeubles. Ces terres *manucaptæ* furent sans doute appelées d'abord *mancipia*, et c'est certainement dans ce sens qu'on doit entendre l'article de la loi des douze tables, *qui nexum faciet mancipiumque*. Les Italiens considérèrent la chose sous le même aspect que les anciens Latins, lorsqu'ils appelèrent les terres *poderi*, de *podere*, puissance; c'est qu'elles étaient acquises par la force; ce qui est encore prouvé par l'expression du moyen âge, *presus terrarum*, pour dire les *champs avec leurs limites*. Les Espagnols appellent *prendas* les entreprises courageuses; les Italiens disent *imprese* pour *armoiries*, et *termini* pour *paroles*, expression qui est restée dans la scholastique. Ils appellent encore les armoiries *insegne*, d'où leur vient le verbe *insegnare*. De même Homère, au temps duquel on ne connaissait pas encore les lettres alphabétiques, nous apprend que la lettre de Pretus contre Bellérophon fut écrite en *signes*, σήματα.

Pour compléter tout ceci, nous ajouterons trois vérités incontestables : 1° dès qu'il est démontré que les premières nations païennes furent *muettes* dans leurs commencemens, on doit admettre qu'elles s'expliquèrent par des *gestes* ou des *signes matériels*, qui avaient un rapport naturel avec les idées; 2° elles durent assurer par des *signes* les *limites de leurs champs*, et conserver des *monumens durables de leurs droits;* 3° toutes employèrent la *monnaie*. — Toutes les vérités que nous venons d'énoncer nous donnent l'*origine des langues et des lettres*, dans laquelle se trouve comprise celle des *hiéroglyphes*, des *lois*, des *noms*, des *armoiries*, des *médailles*, des *monnaies*, et en général, de la *langue* que parla, de l'*écriture* qu'employa, dans son origine, le *droit naturel des gens.**

Pour établir ces principes sur une base plus so-

---

* Telle est l'origine des *armoiries*, et par suite des *médailles*. Les familles, puis les nations, les employèrent d'abord par nécessité. Elles devinrent plus tard un objet d'amusement et d'érudition. On a donné à ces *emblèmes* le nom d'*héroïques*, sans en bien sentir le motif. Les

lide encore, nous devons attaquer l'opinion selon laquelle les hiéroglyphes auraient été inventés par les philosophes, pour y cacher les mystères d'une

modernes ont besoin d'y inscrire des devises qui leur donnent un sens; il n'en était pas de même des emblèmes employés naturellement dans les temps héroïques ; leur silence parlait assez. Ils portaient avec eux leur signification ; ainsi *trois épis*, ou le *geste de couper trois fois des épis*, signifiait naturellement *trois années* ; d'où il vint que *caractère* et *nom* s'employèrent indifféremment l'un pour l'autre, et que les mots *nom* et *nature* eurent la même signification, comme nous l'avons dit plus haut.

Ces *armoiries*, ces *armes* et *emblèmes des familles*, furent employés au moyen âge, lorsque les nations, redevenues muettes, perdirent l'usage du langage vulgaire. Il ne nous reste aucune connaissance des langues que parlaient alors les Italiens, les Français, les Espagnols et les autres nations de ce temps. Les prêtres seuls savaient le latin et le grec. En français *clerc* voulait dire souvent *lettré* ; au contraire, chez les italiens, *laico* se disait pour *illettré*, comme on le voit dans un beau passage de Dante. Parmi les prêtres mêmes, il y avait tant d'ignorance, qu'on trouve des actes souscrits par des évêques, où ils ont mis simplement la marque d'une croix, faute de savoir écrire leur nom. Parmi les prélats instruits, il y en avait même peu qui sussent écrire. Le père Mabillon, dans son ouvrage *de re diplomaticâ*, a pris le soin de reproduire par la gravure les signatures apposées par des évêques et des archevêques aux actes des Conciles de ces temps barbares ; l'écriture en est plus informe que celle des hommes les plus ignorans d'aujourd'hui ; et pourtant ces prélats étaient les chanceliers des royaumes chrétiens, comme aujourd'hui encore les trois archevêques archichanceliers de l'Empire pour les langues allemande, française et italienne. Une loi anglaise accorde la vie au coupable digne de mort qui pourra prouver qu'il sait lire. C'est peut-être pour cette cause que plus tard le mot *lettré* a fini par avoir à-peu-près le même sens que celui de savant. — Il est encore résulté de cette ignorance de l'écriture, que dans les anciennes maisons il n'y a guères de mur où l'on n'ait gravé quelque figure, quelqu'emblème.

Concluons de tout ceci que ces *signes* divers, employés nécessairement par les nations *muettes* encore, pour assurer la distinction des propriétés, furent ensuite appliqués aux usages publics, soit à ceux de la paix (d'où proviennent les médailles), soit à ceux de la guerre. Dans ce dernier cas, ils ont sagesse profonde, comme on l'a cru des Égyptiens. Ce fut pour toutes les premières nations une nécessité naturelle de s'exprimer en hiéroglyphes. A ceux des Égyptiens et des Éthiopiens nous croyons pouvoir joindre les caractères magiques des Chaldéens; les cinq présens, les *cinq paroles matérielles* que le roi des Scythes envoya à Darius fils d'Hystaspe; les pavots que Tarquin-le-Superbe abattit avec sa baguette devant le messager de son fils; les rébus de Picardie employés, au moyen âge, dans le nord de la France. Enfin les anciens Écossais (selon Boëce), les Mexicains et autres peuples indigènes de l'Amérique écrivaient en hiéroglyphes, comme les Chinois le font encore aujourd'hui.

1. Après avoir détruit cette grave erreur, nous reviendrons aux trois langues distinguées par les Égyptiens; et pour parler d'abord de la première, nous remarquerons qu'Homère, dans cinq passages, fait mention d'une langue plus ancienne que la sienne, qui est l'*héroïque*; il l'appelle *langue des dieux*. D'abord dans l'Iliade : *Les dieux*, dit-il, *appellent ce géant Briarée, les hommes Égéon;* plus loin, en parlant d'un oiseau, *son nom est Chalcis chez les dieux, Cymindis chez les hommes;* et au sujet du fleuve de Troie, *les dieux l'appellent Xanthe, et les hommes Scamandre*. Dans l'Odyssée, il y a deux passages analogues : *ce que les hommes ap-*

l'usage primitif des hiéroglyphes, puisqu'ordinairement les guerres ont lieu entre des nations qui parlent des langues différentes et qui par conséquent sont *muettes* l'une par rapport à l'autre.

pellent Charybde et Scylla, les dieux l'appellent les Rochers errans; l'herbe qui doit prémunir Ulysse contre les enchantemens de Circé *est inconnue aux hommes, les dieux l'appellent moly.*

Chez les Latins, Varron s'occupa de la langue divine; et les trente mille dieux dont il rassembla les noms, devaient former un riche vocabulaire*, au moyen duquel les nations du Latium pouvaient exprimer les besoins de la vie humaine, sans doute peu nombreux dans ces temps de simplicité, où l'on ne connaissait que le nécessaire. Les Grecs comptaient aussi trente mille dieux, et divinisaient les pierres, les fontaines, les ruisseaux, les plantes, les rochers, de même que les sauvages de l'Amérique déifient tout ce qui s'élève au-dessus de leur faible capacité. Les *fables divines* des Latins et des Grecs durent être pour eux les premiers hiéroglyphes, les caractères sacrés de cette langue divine dont parlent les Égyptiens.

2. La *seconde langue*, qui répond à l'*âge des héros*, se parla par symboles; au rapport des Égyptiens. A ces symboles peuvent être rapportés les *signes héroïques* avec lesquels écrivaient les héros, et qu'Homère appelle σήματα. Conséquemment, ces symboles durent être des métaphores, des images, des similitudes ou comparaisons qui, ayant passé

* La plupart des langues ont à-peu-près trente mille mots. Si l'on peut ajouter foi aux calculs de Héron dans son ouvrage sur la Langue Anglaise, l'Espagnol en aurait trente mille, le Français trente-deux mille, l'Italien trente-cinq mille, l'Anglais trente-sept mille. (*N. du T.*)

depuis dans la *langue articulée*, font toute la richesse du style poétique.

Homère est indubitablement *le premier auteur de la langue grecque;* et puisque nous tenons des Grecs tout ce que nous connaissons de l'antiquité païenne, il se trouve aussi le premier auteur que puisse citer le paganisme. Si nous passons aux Latins, les premiers monumens de leur langue sont les fragmens des *vers saliens*. Le premier écrivain latin dont on fasse mention est le *poète* Livius Andronicus. Lorsque l'Europe fut retombée dans la barbarie, et qu'il se forma deux nouvelles langues, la première, que parlèrent les Espagnols, fut la langue *romane, (di romanzo)* langue de la poésie *héroïque*, puisque les *romanciers* furent les *poètes héroïques* du moyen âge. En France, le premier qui écrivit en langue vulgaire fut Arnauld Daniel Pacca, le plus ancien de tous les poètes provençaux; il florissait au onzième siècle. Enfin l'Italie eut ses premiers écrivains dans les *rimeurs* de Florence et de la Sicile.

3. Le *langage épistolaire* [ou alphabétique], que l'on est convenu d'employer comme moyen de communication entre les personnes éloignées, dut être parlé originairement chez les Égyptiens, par les classes inférieures d'un peuple qui dominait en Égypte, probablement celui de Thèbes, dont le roi, Ramsès, étendit son empire sur toute cette grande nation. En effet, chez les Égyptiens, cette langue correspondait à l'âge des *hommes;* et ce nom d'*hommes* désigne les classes inférieures chez les peuples hé-

roïques (particulièrement au moyen âge, où *homme* devient synonyme de *vassal*), par opposition aux *héros*. Elle dut être adoptée *par une convention libre*; car c'est une règle éternelle que le langage et l'écriture vulgaire sont un droit des peuples. L'empereur Claude ne put faire recevoir par les Romains trois lettres qu'il avait inventées, et qui manquaient à leur alphabet. Les lettres inventées par le Trissin n'ont pas été reçues dans la langue italienne, quelque nécessaires qu'elles fussent.

La *langue épistolaire* ou *vulgaire* des Égyptiens dut s'écrire avec des lettres également *vulgaires*. Celles de l'Égypte ressemblaient à l'alphabet vulgaire des Phéniciens, qui, dans leurs voyages de commerce, l'avaient sans doute porté en Égypte. Ces caractères n'étaient autre chose que les *caractères mathématiques* et les *figures géométriques*, que les Phéniciens avaient eux-mêmes reçus des Chaldéens, les premiers mathématiciens du monde. Les Phéniciens les transmirent ensuite aux Grecs, et ceux-ci, avec la supériorité de génie qu'ils ont eue sur toutes les nations, employèrent ces formes géométriques comme formes des sons articulés, et en tirèrent leur alphabet vulgaire, adopté ensuite par les Latins[*]. On ne peut croire que les Grecs aient

---

[*] Nous avons déjà rapporté le passage où Tacite nous apprend *que les lettres des Latins ressemblaient à l'ancien alphabet des Grecs*. Ce qui le prouve, c'est que les Grecs employèrent pendant long-temps les lettres majuscules pour figurer les nombres, et que les Latins conservèrent toujours le même usage. (*Vico.*)

tiré des Hébreux ou des Égyptiens la *connaissance des lettres vulgaires.*

Les philologues ont adopté sur parole l'opinion que la signification des *langues vulgaires* est arbitraire. Leurs *origines ayant été naturelles, leur signification dut être fondée en nature.* On peut l'observer dans la *langue vulgaire* des Latins, qui a conservé plus de traces que la grecque, de son origine *héroïque*, et qui lui est aussi supérieure pour la force, qu'inférieure pour la délicatesse. Presque tous les mots y sont des *métaphores* tirées des objets naturels, d'après leurs propriétés ou leurs effets sensibles. En général, la *métaphore* fait le fond des langues. Mais les grammairiens, s'épuisant en paroles qui ne donnent que des idées confuses, ignorant les origines des mots qui, dans le principe ne purent être que claires et distinctes, ont rassuré leur ignorance en décidant d'une manière générale et absolue *que les voix humaines articulées avaient une signification arbitraire.* Ils ont placé dans leurs rangs Aristote, Gallen et d'autres philosophes, et les ont armés contre Platon et Jamblique.

Il reste cependant une difficulté. *Pourquoi y a-t-il autant de langues vulgaires qu'il existe de peuples ?* Pour résoudre ce problème, établissons d'abord une grande vérité : par un effet de la *diversité des climats*, les peuples ont *diverses natures.*

Cette variété de natures leur a fait voir sous *différens aspects* les choses utiles ou nécessaires à la vie humaine, et a produit la *diversité des usages*, dont celle *des langues* est résultée. C'est ce que les proverbes prouvent jusqu'à l'évidence. Ce sont des maximes pour l'usage de la vie, dont le *sens* est le même, mais dont l'*expression* varie sous autant de rapports divers qu'il y a eu et qu'il y a encore de nations.*

D'après ces considérations, nous avons médité un *vocabulaire mental*, dont le but serait d'*expliquer toutes les langues*, en ramenant la *multiplicité de leurs expressions* à certaines *unités d'idées*, dont les peuples ont conservé le fond en leur donnant des formes variées, et les modifiant diversement. Nous faisons dans cet ouvrage un usage continuel de ce vocabulaire. C'est, avec une méthode différente, le même sujet qu'a traité Thomas Hayme

* Les locutions *héroïques* conservées et abrégées dans la précision des langues plus récentes, ont bien étonné les commentateurs de la Bible, qui voient les noms des mêmes rois exprimés d'une manière dans l'Histoire Sacrée, et d'une autre dans l'Histoire profane. C'est que le même homme est envisagé dans l'une, je suppose, sous le rapport de la figure, de la puissance, etc.; dans l'autre, sous le rapport de son caractère, des choses qu'il a entreprises. Nous observons de même qu'en Hongrie la même ville a un nom chez les Hongrois, un autre chez les Grecs, un troisième chez les Allemands, un quatrième chez les Turcs. L'allemand, qui est une langue *héroïque*, quoique vivante, reçoit tous les mots étrangers en leur faisant subir une transformation. On doit conjecturer que les Latins et les Grecs en font autant, lorsqu'ils expriment tant de choses particulières aux barbares, avec des mots qui sonnent si bien en latin et en grec. Voilà pourquoi on trouve tant d'obscurité dans la géographie et dans l'histoire naturelle des anciens. (*Vico.*)

dans ses dissertations *de linguarum cognatione*, et *de linguis in genere, et variarum linguarum harmoniâ*.

De tout ce qui précède, nous tirerons le corollaire suivant : plus les langues sont *riches en locutions héroïques, abrégées par les locutions vulgaires*, plus elles sont belles; et elles tirent cette beauté de la *clarté avec laquelle elles laissent voir leur origine*: ce qui constitue, si je puis le dire, leur véracité, leur fidélité. Au contraire, plus elles présentent un grand nombre de mots dont l'origine est cachée, moins elles sont agréables, à cause de leur obscurité, de leur confusion, et des erreurs auxquelles elle peut donner lieu. C'est ce qui doit arriver dans les langues *formées d'un mélange de plusieurs idiomes barbares*, qui n'ont point laissé de traces de leurs origines, ni des changemens que les mots ont subis dans leur signification.

Maintenant, pour comprendre la formation de ces trois sortes de langues et d'alphabets, nous établirons le principe suivant : *les dieux, les héros et les hommes commencèrent dans le même temps.* Ceux qui imaginèrent les *dieux* étaient des *hommes*, et croyaient leur nature *héroïque* mêlée de la *divine* et de l'*humaine*. Les trois espèces de langues et d'écritures furent aussi contemporaines dans leur origine, mais avec trois différences capitales : la langue *divine* fut très peu articulée, et presque entièrement *muette*; la langue des *héros*, *muette et articulée* par un mélange égal, et composée par conséquent de paroles vulgaires et de caractères héroïques, avec lesquels écrivaient les héros (σήματα, dans Homère); la langue des *hommes* n'eut presque rien de muet, et fut à-peu-près entièrement *articulée*. Point de langue vulgaire qui ait autant d'expressions que de choses à exprimer. — Une conséquence nécessaire de tout ceci, c'est que, dans l'origine, la langue *héroïque* fut extrêmement confuse, cause essentielle de l'obscurité des fables.

La langue articulée commença par l'*onomatopée*, au moyen de laquelle nous voyons toujours les enfans se faire très bien entendre. Les premières paroles humaines furent ensuite les *interjections*, ces mots qui échappent dans le premier mouvement des passions violentes, et qui dans toutes les langues sont monosyllabiques. Puis vinrent les *pronoms*. L'interjection soulage la passion de celui à qui elle échappe, et elle échappe lors même qu'on est seul; mais les pronoms nous servent à communiquer aux autres nos idées sur les choses dont les noms propres sont inconnus ou à nous, ou à ceux qui nous écoutent. La plupart des pronoms sont des monosyllabes dans presque toutes les langues. On inventa alors les *particules*, dont les *prépositions*, également monosyllabiques, sont une espèce nombreuse. Peu-à-peu se formèrent les *noms*, presque tous monosyllabiques dans l'origine. On le voit dans l'allemand, qui est une langue mère, parce que l'Allemagne n'a jamais été occupée par des conquérans étrangers.

Dans cette langue, toutes les racines sont des monosyllabes.

Le nom dut précéder le *verbe*, car le discours n'a point de sens s'il n'est régi par un nom, exprimé ou sous-entendu. En dernier lieu se formèrent les verbes. Nous pouvons observer en effet que les enfans disent des noms, des particules, mais point de verbes : c'est que les noms éveillent des idées qui laissent des traces durables; il en est de même des particules qui signifient des modifications. Mais les verbes signifient des mouvemens accompagnés des idées d'antériorité et de postériorité, et ces idées ne s'apprécient que par le point indivisible du présent, si difficile à comprendre, même pour les philosophes. J'appuierai ceci d'une observation physique. Il existe ici un homme qui, à la suite d'une violente attaque d'apoplexie, se souvenait bien des noms, mais avait entièrement oublié les verbes.—Les verbes qui sont des genres à l'égard de tous les autres, tels que : *sum*, qui indique l'existence, verbe auquel se rapportent toutes les essences, c'est-à-dire tous les objets de la métaphysique; *sto, eo*, qui expriment le repos et le mouvement, auxquels se rapportent toutes les choses physiques; *do, dico, facio*, auxquels se rapportent toutes les choses d'action, relatives soit à la morale, soit aux intérêts de la famille ou de la société, ces verbes, dis-je, sont tous des monosyllabes à l'impératif, *es, sta, i, da, dic, fac*; et c'est par l'impératif qu'ils ont dû commencer.

Cette *génération du langage* est conforme aux lois

de la nature en général, d'après lesquelles les élémens, dont toutes les choses se composent et où elles vont se résoudre, sont indivisibles; elle est conforme aux lois de la nature humaine en particulier, en vertu de cet axiome: *Les enfans, qui, dès leur naissance, se trouvent environnés de tant de moyens d'apprendre les langues, et dont les organes sont si flexibles, commencent par prononcer des monosyllabes*. A plus forte raison doit-on croire qu'il en a été ainsi chez ces premiers hommes, dont les organes étaient très durs, et qui n'avaient encore entendu aucune voix humaine. — Elle nous donne en outre *l'ordre dans lequel furent trouvées les parties du discours*, et conséquemment *les causes naturelles de la syntaxe*. Ce système semble plus raisonnable que celui qu'ont suivi Jules Scaliger et François Sanctius relativement à la langue latine : ils raisonnent d'après les principes d'Aristote, comme si les peuples qui trouvèrent les langues avaient dû préalablement aller aux écoles des philosophes.

§. V. COROLLAIRES

Relatifs à l'origine de l'élocution poétique, des épisodes, du tour, du nombre, du chant et du vers.

Ainsi se forma la *langue poétique*, composée d'abord de *symboles ou caractères divins* et *héroïques*, qui furent ensuite exprimés en *locutions vulgaires*, et finalement écrits en *caractères vulgaires*. Elle naquit de l'*indigence du langage*, et de la nécessité de s'exprimer; ce qui se démontre par les ornemens même dont se pare la poésie, je veux dire les images, les hypotyposes, les comparaisons, les métaphores, les périphrases, les tours qui expriment les choses par leurs propriétés naturelles, les descriptions qui les peignent par les détails ou par les effets les plus frappans, ou enfin par des accessoires emphatiques et même oiseux.

Les *épisodes* sont nés dans les premiers âges de la *grossièreté des esprits*, incapables de distinguer et d'écarter les choses qui ne vont pas au but. La même cause fait qu'on observe toujours les mêmes effets dans les idiots, et surtout dans les femmes.

Les *tours* naquirent de la *difficulté de compléter la phrase par son verbe*. Nous avons vu que le verbe fut trouvé plus tard que les autres parties du discours. Aussi les Grecs, nation ingénieuse, employèrent moins de tours que les Latins, les Latins moins que les Allemands.

Le *nombre* ne fut introduit que tard dans la prose. Les premiers qui l'employèrent furent, chez les Grecs, Gorgias de Léontium, et chez les Latins, Cicéron. Avant eux, c'est Cicéron lui-même qui le rapporte, on ne savait rendre le discours nombreux qu'en y mêlant certaines *mesures poétiques*. Il nous sera très utile d'avoir établi ceci, lorsque nous traiterons de l'*origine du chant et du vers*.

Tout ce que nous venons de dire semble prouver

que, par une loi nécessaire de notre nature, le *langage poétique* a précédé celui de la *prose*. Par suite de la même loi, les fables, *universaux de l'imagination*, durent naître avant ceux du raisonnement et de la philosophie. Ces derniers ne purent être créés qu'au moyen de la prose. En effet, les poètes ayant d'abord formé le langage poétique par l'*association des idées particulières*, comme on l'a démontré, les peuples formèrent ensuite la langue de la prose, en ramenant à un seul mot, comme les espèces au genre, les parties qu'avait mises ensemble le langage poétique. Ainsi cette phrase poétique usitée chez toutes les nations, *le sang me bout dans le cœur*, fut exprimée par un seul mot, στόμαχος, *ira*, colère. Les hiéroglyphes, et les lettres alphabétiques furent aussi comme autant de genres auxquels on ramena la variété infinie des sons articulés. Cette méthode abrégée, appliquée aux mots et aux lettres, donna plus d'activité aux esprits, et les rendit capables d'abstraire; ensuite purent venir les philosophes, qui, préparés par cette classification vulgaire des mots et des lettres, travaillaient à celle des idées, et formèrent les *genres intelligibles*. Ne conviendra-t-on pas maintenant que pour trouver l'origine des *lettres*, il fallait chercher en même temps celle des *langues*?

Quant au *chant* et au *vers*, nous avons dit dans nos axiomes, que, supposé que les hommes aient été d'abord muets, ils commencèrent par prononcer les voyelles en chantant, comme font les muets; puis ils durent, comme les bègues, articuler aussi les consonnes en chantant*. Ces premiers hommes ne devaient s'essayer à parler que lorsqu'ils éprouvaient des passions très violentes. Or, de telles passions s'expriment par un ton de voix très élevé, qui multiplie les diphthongues, et devient une sorte de chant. Ce premier chant vint naturellement de la difficulté de prononcer, laquelle se démontre par la cause et par l'effet. *Par la cause*, les premiers hommes avaient une grande dureté dans l'organe de la voix, et d'ailleurs bien peu de mots pour l'exercer**. *Par l'effet*: il y a dans la poésie italienne un grand nombre de retranchemens; dans les origines de la langue latine, on trouve aussi beaucoup de mots qui durent être syncopés, puis étendus avec le temps. Le contraire arriva pour les répétitions de syllabes. Lorsque les bègues tombent sur une syllabe qui leur est facile à prononcer, ils s'y arrêtent avec une sorte de chant, comme pour compenser celles qu'ils prononcent difficilement. J'ai connu un excellent musicien qui avait ce défaut

---

* Ce qui le prouve, ce sont les diphthongues qui restèrent dans les langues, et qui durent être bien plus nombreuses dans l'origine. Ainsi les Grecs et les Français qui ont passé d'une manière prématurée de la barbarie à la civilisation ont conservé beaucoup de diphthongues. Voyez la note de l'axiome 21. (*Vico*).

** Maintenant encore, au milieu de tant de moyens d'apprendre à parler, ne voyons-nous pas les enfans, malgré la flexibilité de leurs organes, prononcer les consonnes avec la plus grande peine. Les Chinois, qui avec un très petit nombre de signes diversement modifiés, expriment en langue vulgaire leurs cent vingt mille hiéroglyphes, parlent aussi en chantant. (*Vico*).

de prononciation; lorsqu'il se trouvait arrêté, il se mettait à chanter d'une manière fort agréable, et parvenait ainsi à articuler. Les Arabes commencent presque tous les mots par *al*, et l'on dit que les Huns furent ainsi appelés parce qu'ils commençaient tous les mots par *hun*. Ce qui prouve encore que les langues furent d'abord un *chant*, c'est ce que nous avons dit, qu'avant Gorgias et Cicéron, les prosateurs grecs et latins employaient des nombres poétiques; au moyen âge, les pères de l'Église latine en firent autant, et leur prose semble faite pour être chantée.

Le premier genre de *vers* dut être approprié à la langue, à l'âge des *héros* : tel fut le vers *héroïque*, le plus noble de tous. C'était l'expression des émotions les plus vives de la terreur ou de la joie. La poésie *héroïque* ne peint que les passions les plus violentes. Si le vers *héroïque* fut d'abord spondaïque, on ne peut l'attribuer, comme le fait la tradition vulgaire, à l'effroi inspiré par le serpent Python; l'effroi précipite les idées et les paroles plutôt qu'il ne les ralentit. En latin, *sollicitus* et *festinans* expriment la frayeur. La lenteur des esprits, la difficulté du langage, voilà ce qui dut le rendre spondaïque; et il a conservé quelque chose de ce caractère, en exigeant invariablement un spondée à son dernier pied. Plus tard, les esprits et les langues ayant plus de facilité, le dactyle entra dans la poésie; un nouveau progrès détermina l'emploi de l'iambe, *pes citus*, comme dit Horace. Enfin l'intelligence et la prononciation ayant acquis une grande rapidité, on commença de parler en prose, ce qui était une sorte de généralisation. Le vers iambique se rapproche tellement de la prose, qu'il échappait souvent aux prosateurs. Ainsi le chant uni aux vers devint de plus en plus rapide, en suivant exactement le progrès du langage et des idées. — Ces vérités philosophiques sont appuyées par la tradition suivante : l'histoire ne nous présente rien de plus ancien que les *oracles* et les *sybilles;* l'antiquité de ces dernières a passé en proverbe. Nous trouvons partout des Sybilles chez les plus anciennes nations : or, on assure qu'elles chantaient leurs réponses en vers héroïques, et partout les oracles répondaient en vers de cette mesure. Ce vers fut appelé par les Grecs *pythien*, de leur fameux oracle d'Apollon Pythien. Les Latins l'appelèrent vers *saturnien*, comme l'atteste Festus. Ce vers dut être inventé en Italie dans l'*âge de Saturne*, qui répond à l'*âge d'or* des Grecs. Ennius, cité par le même Festus, nous apprend que les *faunes* de l'Italie rendaient en cette forme de vers leurs oracles, *fata*. Puis le nom de vers *saturnien* passa aux vers iambiques de six pieds, peut-être parce que ces derniers vers furent employés naturellement dans le langage, comme auparavant les vers *saturniens-héroïques*. — Les savans modernes sont aujourd'hui divisés sur la question de savoir si la poésie hébraïque a une mesure, ou simplement une sorte de rhythme ; mais Josephe, Philon, Origène et Eusèbe, tiennent pour la première opinion; et ce qui la favorise principalement, c'est que, selon saint Jérôme, le livre de Job, plus ancien que ceux de Moïse, serait écrit en vers héroïques depuis la fin du second chapitre jusqu'au commencement du quarante-deuxième. — Si nous en croyons l'auteur anonyme de l'*Incertitude des sciences*, les Arabes, qui ne connaissaient point l'écriture, conservèrent leur ancienne langue, en retenant leurs poèmes nationaux jusqu'au temps où ils inondèrent les provinces orientales de l'empire grec.

Les Égyptiens écrivaient leurs épitaphes en *vers*, et sur des colonnes appelées *siringi*, de *sir*, chant ou chanson. Du même mot vient sans doute le nom des *Sirènes*, êtres mythologiques célèbres par leur chant. Ce qui est plus certain, c'est que les fondateurs de la civilisation grecque furent les *poètes théologiens*, lesquels furent aussi *héros* et chantèrent en *vers héroïques*. Nous avons vu que les premiers auteurs de la langue latine furent les poètes sacrés appelés *saliens*; il nous reste des fragmens de leurs vers, qui ont quelque chose du *vers héroïque*, et qui sont les plus anciens monumens de la langue latine. A Rome, les triomphateurs laissèrent des inscriptions qui ont une apparence de vers *héroïques*, telles que celles de Lucius Emilius Regillus,

Duello magno dirimendo, regibus subjugandis;

et celle d'Acilius Glabrion,

Fudit, fugat, prosternit maximas legiones.

Si on examine bien les fragmens de la loi des douze

tables, on trouvera que la plupart des articles se terminent par un vers adonique, c'est-à-dire par une fin de vers *héroïque;* c'est ce que Cicéron imita dans ses *Lois,* qui commencent ainsi :

> *Deos caste adeunto.*
> *Pietatem adhibento.*

De là vint, chez les Romains, l'usage mentionné par le même Cicéron ; les enfans chantaient la loi des douze tables, *tanquam necessarium carmen.* Ceux des Crétois chantaient de même la loi de leur pays, au rapport d'Élien.—A ces observations joignez plusieurs traditions vulgaires. Les lois des Égyptiens furent les *poèmes* de la déesse Isis (Platon). Lycurgue et Dracon donnèrent leurs lois en *vers* aux Spartiates et aux Athéniens (Plutarque et Suidas). Enfin Jupiter dicta en *vers* les lois de Minos (Maxime de Tyr).

Maintenant revenons des lois à l'histoire. Tacite rapporte dans les Mœurs des Germains, que ce peuple conservait en *vers* les souvenirs des premiers âges; et dans sa note sur ce passage, Juste-Lipse dit la même chose des Américains. L'exemple de ces deux nations, dont la première ne fut connue que très tard par les Romains, et dont la seconde a été découverte par les Européens il y a seulement deux siècles, nous donne lieu de conjecturer qu'il en a été de même de toutes les nations barbares, anciennes et modernes. La chose est hors de doute pour les anciens Perses et pour les Chinois. Au rapport de Festus, les guerres puniques furent écrites par Nævius en *vers héroïques*, avant de l'être par Ennius ; et Livius Andronicus, le premier écrivain latin, avait écrit dans un *poème héroïque* appelé *la Romanide*, les annales des anciens Romains. Au moyen âge, les historiens latins furent des *poètes héroïques*, comme Gunterus, Guillaume de Pouille, et autres. Nous avons vu que les premiers écrivains dans les nouvelles langues de l'Europe, avaient été des *versificateurs*. Dans la Silésie, province où il n'y a guère que des paysans, ils apportent en naissant le don de la *poésie*. En général, l'allemand conserve ses origines *héroïques*, et voilà pourquoi on traduit si heureusement en allemand les mots composés du grec, surtout ceux du langage poétique. Adam Rochemberg l'a remarqué, mais sans en comprendre la cause. Bernegger a fait de toutes ces expressions un catalogue, enrichi ensuite par Georges Christophe Peischer, dans son *Index de græcæ et germanicæ linguæ analogiâ*. La langue latine a aussi laissé des exemples nombreux de ces compositions formées de mots entiers ; et les poètes, en continuant à se servir de ces mots composés, n'ont fait qu'user de leur droit. Cette facilité de composition dut être une propriété commune à toutes les langues primitives. Elles se créèrent d'abord des noms, ensuite des verbes, et lorsque les verbes leur manquèrent, elles unirent les noms eux-mêmes. Voilà les principes de tout ce qu'a écrit Morhof dans ses recherches sur la langue et la poésie allemande.*

* Nous trouvons ici une preuve de ce que nous avons avancé dans les

Nous croyons avoir victorieusement réfuté l'erreur commune des grammairiens qui prétendent que *la prose précéda les vers*, et avoir montré dans l'*origine de la poésie*, telle que nous l'avons découverte, l'*origine des langues* et celle *des lettres*.

§. VI. COROLLAIRES

Relatifs à la logique des esprits cultivés.

1. D'après tout ce que nous venons d'établir en vertu de cette *logique poétique* relativement à l'origine des langues, nous reconnaissons que c'est avec raison que les premiers auteurs du langage furent réputés *sages* dans tous les âges suivans, puisqu'ils donnèrent aux choses *des noms conformes à leur nature*, et remarquables par la *propriété*. Aussi nous avons vu que chez les Grecs et les Latins, *nom* et *nature* signifièrent souvent la même chose.

2. La *topique* commença avec la *critique*. La topique est l'art qui conduit l'esprit dans sa première opération, qui lui enseigne les aspects divers (*les lieux*, τόποι) que nous devons épuiser, en les observant successivement, pour connaître dans son entier l'objet que nous examinons. Les fondateurs

---

axiomes: *Si les savans s'appliquent à trouver les origines de la langue allemande en suivant nos principes, ils y feront d'étonnantes découvertes.* (*Vico*).

de la civilisation humaine se livrèrent à une *topique sensible*, dans laquelle ils unissaient les propriétés, les qualités ou rapports des individus ou des espèces, et les employaient tout concrets à former leurs *genres poétiques*; de sorte qu'on peut dire avec vérité que le *premier âge* du monde s'occupa de la première opération de l'esprit.

Ce fut dans l'intérêt du genre humain que la Providence fit naître la *topique* avant la *critique*. Il est naturel de *connaître* d'abord les choses, et ensuite de les *juger*. La topique rend les esprits *inventifs*, comme la *critique* les rend *exacts*. Or, dans les premiers temps, les hommes avaient à trouver, à *inventer* toutes les choses nécessaires à la vie. En effet, quiconque y réfléchira, trouvera que les choses utiles ou nécessaires à la vie, et même celles qui ne sont que de commodité, d'agrément ou de luxe, avaient déjà été trouvées par les Grecs, avant qu'il y eût parmi eux des philosophes. Nous l'avons dit dans un axiome : *Les enfans sont grands imitateurs; la poésie n'est qu'imitation; les arts ne sont que des imitations de la nature, qu'une poésie réelle.* Ainsi, les premiers peuples qui nous représentent l'*enfance* du genre humain, fondèrent d'abord le monde des arts; les philosophes, qui vinrent long-temps après, et qui nous en représentent la *vieillesse*, fondèrent le monde des sciences, qui compléta le système de la civilisation humaine.

3. Cette *histoire des idées humaines* est confirmée d'une manière singulière par *l'histoire de la*

philosophie elle-même. La première méthode d'une philosophie grossière encore fut l'αὐτοψία, ou *évidence des sens;* nous avons vu, dans l'origine de la poésie, quelle vivacité avaient les sensations dans les âges poétiques. Ensuite vint Ésope, symbole des moralistes que nous appellerons vulgaires; Esope, antérieur aux sept sages de la Grèce, employa des *exemples* pour raisonnemens ; et comme l'âge poétique durait encore, il tirait ces exemples de quelque fiction analogue, moyen plus puissant sur l'esprit du vulgaire, que les meilleurs raisonnemens abstraits *. Après Ésope vint Socrate : il commença la dialectique par *l'induction*, qui conclut de plusieurs choses certaines à la chose douteuse qui est en question. Avant Socrate, la médecine, fécondant l'observation par l'induction, avait produit Hippocrate, le premier de tous les médecins pour le mérite comme pour l'époque, Hippocrate, auquel fut si bien dû cet éloge immortel, *nec fallit quemquam, nec falsus ab ullo est.* Au temps de Platon, les mathématiques avaient, par la méthode de composition dite *synthèse*, fait d'immenses progrès dans l'école de Pythagore, comme on peut le voir par le Timée. Grâce à cette méthode, Athènes florissait alors par la culture de tous les arts qui font la gloire du génie humain, par la poésie, l'éloquence et l'histoire, par la musique et les arts du dessin. Ensuite vinrent

---

* Comme le prouve le succès avec lequel Ménénius Agrippa ramena à l'obéissance le peuple romain. (*Vico*)

Aristote et Zénon ; le premier enseigna le *syllogisme*, forme de raisonnement qui n'unit point les idées particulières pour former des idées générales, mais qui décompose les idées générales dans les idées particulières qu'elles renferment ; quant au second, sa méthode favorite, celle du *sorite*, analogue à celle de nos modernes philosophes, n'aiguise l'esprit qu'en le rendant trop subtil. Dès-lors la philosophie ne produisit aucun fruit remarquable pour l'avantage du genre humain. C'est donc avec raison que Bacon, aussi grand philosophe que profond politique, recommande l'*induction* dans son *Organum*. Les Anglais, qui suivent ce précepte, tirent de l'*induction* les plus grands avantages dans la philosophie expérimentale.

4. Cette *histoire des idées humaines* montre jusqu'à l'évidence l'erreur de ceux qui attribuant, selon le préjugé vulgaire, une haute sagesse aux anciens, ont cru que Minos, Thésée, Lycurgue, Romulus et les autres rois de Rome, donnèrent à leurs peuples des lois *universelles*. Telle est la forme des lois les plus anciennes, qu'elles semblent s'adresser à un seul homme ; d'un premier cas, elles s'étendaient à tous les autres, car *les premiers peuples étaient incapables d'idées générales ;* ils ne pouvaient les concevoir avant que les faits qui les appelaient se fussent présentés. Dans le procès du jeune Horace, la loi de Tullus Hostilius n'est autre chose que la sentence portée contre l'*illustre accusé* par les duumvirs qui avaient été créés par le roi pour ce

jugement *. Cette loi de Tullus est un *exemple*, dans le sens où l'on dit *châtimens exemplaires*. S'il est vrai, comme le dit Aristote, que *les républiques héroïques n'avaient pas de lois pénales*, il fallait que les *exemples* fussent d'abord réels ; ensuite vinrent les exemples *abstraits*. Mais lorsque l'on eut acquis des idées générales, on reconnut que la propriété essentielle de la loi devait être l'*universalité*; et l'on établit cette maxime de jurisprudence : *legibus, non exemplis est judicandum*.

* Selon Tite-Live, Tullus ne voulut point juger lui-même Horace, parce qu'il craignait de prendre sur lui l'odieux d'un tel jugement ; explication tout-à-fait ridicule. Tite-Live n'a pas compris que dans un sénat *héroïque*, c'est-à-dire, aristocratique, un roi n'avait d'autre puissance que celle de créer des duumvirs ou commissaires pour juger les accusés ; le peuple des cités héroïques ne se composait que de nobles auxquels l'accusé déjà condamné pouvait toujours en appeler. (*Vico*).

CHAPITRE IV.

DE LA MORALE POÉTIQUE, ET DE L'ORIGINE DES VERTUS VULGAIRES QUI RÉSULTÈRENT DE L'INSTITUTION DE LA RELIGION ET DES MARIAGES.

La *métaphysique des philosophes* commence par éclairer l'âme humaine, en y plaçant l'idée d'un Dieu, afin qu'ensuite la logique, la trouvant préparée à mieux distinguer ses idées, lui enseigne les méthodes de raisonnement, par le secours desquelles la morale purifie le cœur de l'homme. De même la *métaphysique poétique* des premiers humains les frappa d'abord par la crainte de Jupiter, dans lequel ils reconnurent le pouvoir de lancer la foudre, et terrassa leurs âmes aussi bien que leurs corps, par cette fiction effrayante. Incapables d'atteindre encore une telle idée par le raisonnement, ils la conçurent par un sentiment faux dans la *matière*, mais vrai dans la *forme*. De cette *logique* conforme à leur nature sortit la *morale poétique*, qui d'abord les rendit *pieux*.

La *piété* était la base sur laquelle la Providence voulait fonder les sociétés. En effet, chez toutes les nations, la piété a été généralement la mère des vertus domestiques et civiles ; la religion seule nous apprend à les observer, tandis que la philosophie nous met plutôt en état d'en discourir.

La vertu commença par l'effort. Les géans enchaînés sous les monts par la terreur religieuse que la foudre leur inspirait, *s'abstinrent* désormais d'errer à la manière des bêtes farouches dans la vaste forêt qui couvrait la terre, et prirent l'habitude de mener une vie sédentaire dans leurs retraites cachées, en sorte qu'ils devinrent plus tard les fondateurs des sociétés. Voilà l'un de *ces grands bienfaits que dut au ciel le genre humain*, selon la tradition vulgaire, *quand il régna sur la terre* par la religion des auspices. Par suite de ce premier *effort*, la vertu commença à poindre dans les âmes. Ils continrent leurs passions brutales, ils évitèrent de les satisfaire à la face du ciel qui leur causait un tel effroi, et chacun d'eux s'efforça d'entraîner dans sa caverne une seule femme dont il se proposait de faire sa compagne pour la vie. Ainsi la *Vénus humaine* succédant à la *Vénus brutale*, ils commencèrent à connaître la pudeur, qui, après la religion, est le principal lien des sociétés. Ainsi s'établit le *mariage*, c'est-à-dire *l'union charnelle faite selon la pudeur, et avec la crainte d'un Dieu.* C'est le second principe de la Science nouvelle, lequel dérive du premier (la croyance à une Providence).

Le *mariage* fut accompagné de trois solennités. — La première est celle des auspices de Jupiter, auspices tirés de la foudre qui avait décidé les géans à les observer. De cette divination, *sortes*, les Latins définirent le mariage, *omnis vitæ consortium*, et appelèrent le mari et la femme, *consortes*. En italien, on dit vulgairement que la fille qui se marie *prende sorte*. Aussi est-ce un principe du droit des gens, que *la femme suive la religion publique de son mari*. — La seconde solennité consiste dans le voile dont la jeune épouse se couvre, en mémoire de ce premier mouvement de pudeur qui détermina l'institution des mariages. — La troisième, toujours observée par les Romains, fut d'enlever l'épouse avec une feinte violence, pour rappeler la violence véritable avec laquelle les géans entraînèrent les premières femmes dans leurs cavernes.

Les hommes se créèrent, sous le nom de *Junon*, un symbole de ces *mariages solennels*. C'est le premier de tous les symboles divins, après celui de Jupiter....

Considérons le genre de vertu que la religion donna à ces premiers hommes : ils furent *prudens*, de cette sorte de prudence que pouvaient donner les auspices de Jupiter; *justes*, envers Jupiter, en le redoutant (Jupiter, *jus* et *pater*), et envers les hommes, en ne se mêlant point des affaires d'autrui; c'est l'état des géans, tels que Polyphème les représente à Ulysse, isolés dans les cavernes de la Sicile : cette justice n'était au fond que l'isolement de l'état sauvage. Ils pratiquaient la *continence*, en ce qu'ils se contentaient d'une seule femme pour la vie. Ils avaient le *courage*, l'*industrie*, la *magnanimité*, les vertus de l'âge d'or, pourvu que nous n'entendions point par *âge d'or*, ce qu'ont entendu dans la suite les poètes efféminés. Les vertus du premier âge, à-la-fois *religieuses* et *barbares*, furent analogues à celles qu'on a tant louées dans les Scythes, qui enfonçaient un couteau en terre, l'adoraient comme un dieu, et justifiaient leurs meurtres par cette religion sanguinaire.

Cette morale des nations superstitieuses et farouches du paganisme produisit chez elles l'usage de *sacrifier aux dieux des victimes humaines*. Lorsque les Phéniciens étaient menacés par quelque grande calamité, leurs rois immolaient à Saturne leurs propres enfans (Philon, Quinte-Curce). Carthage, colonie de Tyr, conserva cette coutume. Les Grecs la pratiquèrent aussi, comme on le voit par le sacrifice d'Iphigénie[*]. Les sacrifices humains étaient en usage

---

[*] On s'étonnera peu de ce dernier évènement si l'on songe à l'étendue illimitée de la *puissance paternelle* des premiers hommes du paganisme, de ces Cyclopes de la fable. Cette puissance fut sans borne chez les nations les plus éclairées, telles que la grecque, chez les plus sages, telles que la romaine ; jusqu'aux temps de la plus haute civilisation, les pères y avaient le droit de faire périr leurs enfans nouveau-nés. C'est ce qui doit diminuer l'horreur que nous inspire, dans la douceur de nos temps modernes, la sévérité de Brutus, condamnant ses fils, et de Manlius faisant périr le sien pour avoir combattu et vaincu au mépris de ses ordres. (*Vico*).

chez les Gaulois (César) et chez les Bretons (Tacite). Ce culte sacrilège fut défendu par Auguste aux Romains qui habitaient les Gaules, et par Claude aux Gaulois eux-mêmes (Suétone).

Les Orientalistes veulent que ce soient les Phéniciens qui aient répandu dans tout le monde les sacrifices de leur Moloch. Mais Tacite nous assure que les sacrifices humains étaient en usage dans la Germanie, contrée toujours fermée aux étrangers; et les Espagnols les retrouvèrent dans l'Amérique, inconnue jusque-là au reste du monde.

Telle était la barbarie des nations à l'époque même où les *anciens Germains voyaient les dieux sur la terre*, où les *anciens Scythes*, où les *Américains*, brillaient de ces *vertus de l'âge d'or* exaltées par tant d'écrivains. Les victimes humaines sont appelées dans Plaute, *victimes de Saturne*, et c'est sous Saturne que les auteurs placent l'âge d'or du Latium; tant il est vrai que cet âge fut celui de la douceur, de la bénignité et de la justice! Rien n'est plus vain, nous devons le conclure de tout ce qui précède, que les fables débitées par les savans sur l'*innocence de l'âge d'or* chez les païens. Cette innocence n'était autre chose qu'une superstition fanatique qui, frappant les premiers hommes de la crainte des dieux que leur imagination avait créés, leur faisait observer quelque devoir malgré leur brutalité et leur orgueil farouche. Plutarque, choqué de cette superstition, met en problème s'il n'eût pas mieux valu ne croire aucune divinité, que de rendre aux dieux ce culte impie. Mais il a tort d'opposer l'athéisme à cette religion, quelque barbare qu'elle pût être. Sous l'influence de cette religion se sont formées les plus illustres sociétés du monde; l'athéisme n'a rien fondé.

Nous venons de traiter de la morale du premier âge, ou *morale divine;* nous traiterons plus tard de la *morale héroïque.*

CHAPITRE V.

DU GOUVERNEMENT DE LA FAMILLE, OU ÉCONOMIE, DANS LES AGES POÉTIQUES.

§. I. *De la famille composée des parens et des enfans, sans esclaves ni serviteurs.*

Les héros *sentirent*, par l'instinct de la nature humaine, les deux vérités qui constituent toute la science économique, et que les Latins conservèrent dans les mots *educere*, *educare*, relatifs, l'un à l'éducation de l'âme, l'autre à celle du corps. Nous parlerons d'abord de *la première de ces deux éducations*.

Les premiers *pères* furent à-la-fois les *sages*, les *prêtres* et les *rois* ou *législateurs* de leurs familles[a]. Ils durent être dans la famille des *rois absolus*, supérieurs à tous les autres membres, et soumis seu-

---

[a] C'est cette tradition vulgaire sur la sagesse des anciens qui a trompé Platon, et lui a fait regretter *les temps où les philosophes régnaient, où les rois étaient philosophes*. (*Vico*).

lement à Dieu. Leur pouvoir fut armé des terreurs d'une religion effroyable, et sanctionné par les peines les plus cruelles; c'est dans le caractère de Polyphème que Platon reconnaît les premiers pères de famille *.—Remarquons seulement ici que les hommes, sortis de leur liberté native, et domptés par la sévérité du *gouvernement de la famille*, se trouvèrent préparés à obéir aux lois du *gouvernement civil* qui devait lui succéder. Il en est resté cette loi éternelle, que les républiques seront plus heureuses que celle qu'imagina Platon, toutes les fois que les pères de famille n'enseigneront à leurs enfans que la religion, et qu'ils seront admirés des fils comme leurs *sages*, révérés comme leurs *prêtres*, et redoutés comme leurs *rois*.

Quant à la *seconde partie de la science économique*, l'éducation des corps, on peut conjecturer que, par l'effet des terreurs religieuses, de la dureté du gouvernement des pères de famille, et des ablutions sacrées, les fils perdirent peu-à-peu la taille

* Cette tradition mal interprétée a jeté tous les politiques dans l'erreur de croire que la *première forme des gouvernemens civils aurait été la monarchie*. Partant de cette erreur, ils ont établi pour principe de leur fausse science que *la royauté tirait son origine de la violence, ou de la fraude qui aurait bientôt éclaté en violence*. Mais à cette époque où les hommes avaient encore tout l'orgueil farouche de la liberté *bestiale*, cette simplicité grossière où ils se contentaient des productions spontanées de la nature pour alimens, de l'eau des fontaines pour boisson, et des cavernes pour abri pendant leur sommeil; dans cette égalité naturelle où tous les pères étaient souverains de leur famille, on ne peut comprendre comment la fraude ou la force eussent assujéti tous les hommes à un seul. (*Vico.*)

des géans, et prirent la stature convenable à des hommes. Admirons la Providence d'avoir permis qu'avant cette époque les hommes fussent des géans : il leur fallait, dans leur vie vagabonde, une complexion robuste pour supporter l'inclémence de l'air et l'intempérie des saisons; il leur fallait des forces extraordinaires pour pénétrer la grande forêt qui couvrait la terre, et qui devait être si épaisse dans les temps voisins du déluge....

La grande idée de la *science économique* fut réalisée dès l'origine, savoir : qu'il faut que les pères, par leur travail et leur industrie, laissent à leurs fils un patrimoine où ils trouvent une subsistance facile, commode et sûre, quand même ils n'auraient plus aucun rapport avec les étrangers, quand même toutes les ressources de l'état social viendraient à leur manquer, quand même il n'y aurait plus de cités; de sorte qu'en supposant les dernières calamités les *familles subsistent,* comme *origine de nouvelles nations.* Ils doivent laisser ce patrimoine dans des lieux qui jouissent d'un *air sain,* qui possèdent des *sources* d'eaux vives, et dont la *situation* naturellement *forte* leur assure un asile dans le cas où les cités périraient; il faut enfin que ce patrimoine comprenne de *vastes campagnes* assez riches pour nourrir les malheureux qui, dans la ruine des cités voisines, viendraient s'y *réfugier,* les cultiveraient, et en reconnaîtraient le propriétaire pour *seigneur.* Ainsi la Providence ordonna l'état de famille, employant non *la tyrannie des lois, mais la douce autorité des coutumes* (*voy.* axiome 104 le passage cité de Dion-Cassius). Les *forts*, les puissans des premiers âges, établirent leurs habitations au sommet des montagnes. Le latin *arces*, l'italien *rocce*, ont, outre leur premier sens, celui de *forteresses*.

Tel fut l'ordre établi par la *Providence* pour commencer la société païenne. Platon en fait honneur à la *prévoyance* des premiers fondateurs des cités. Cependant, lorsque la barbarie antique reparaissant au moyen âge détruisait partout les cités, le même ordre assura le salut des *familles*, d'où sortirent les nouvelles nations de l'Europe. Les Italiens ont continué à dire *castella*, pour *seigneuries*. En effet, on observe généralement que les cités les plus anciennes, et presque toutes les capitales, ont été bâties au sommet des montagnes, tandis que les villages sont répandus dans les plaines. De là vinrent sans doute ces phrases latines, *summo loco*, *illustri loco nati*, pour dire les nobles; *imo, obscuro loco nati*, pour désigner les plébéiens : les premiers habitaient les cités, les seconds les campagnes.

C'est par rapport aux *sources vives* dont nous avons parlé, que les politiques regardent la *communauté des eaux* comme l'occasion de l'*union des familles*. De là les premières *associations* furent dites par les Grecs φρατρίαι, (peut-être de φρέαρ, puits), comme les premiers *villages* furent appelés *pagi* par les Latins, du mot πηγή, fontaine. Les Romains célébraient les *mariages* par l'emploi solennel de l'*eau* et du *feu*: parce que les premiers mariages furent contractés naturellement par des hommes et des femmes qui avaient *l'eau et le feu en commun*, comme membres de la même famille, et dans l'origine comme frères et sœurs. Le dieu du foyer de chaque maison était appelé *lar;* d'où *focus laris.* C'était là que le père de famille sacrifiait aux dieux de la maison, *deivei parentum* (loi des douze tables, *de parricidio*); comme parle l'Histoire sainte, *le Dieu de nos pères, le Dieu d'Abraham, d'Isaac, de Jacob.* De là encore la loi que propose Cicéron, *sacra familiaria perpetua manento;* et les expressions si fréquentes dans les lois romaines, *filius familias in sacris paternis, sacra patria* pour la *puissance paternelle.* Ce respect du foyer domestique était commun aux barbares du moyen âge, puisque même au temps de Boccace, qui nous l'atteste dans sa *Généalogie des dieux,* c'était l'usage à Florence, qu'au commencement de chaque année, le père de famille assis à son foyer près d'un tronc d'arbre auquel il mettait le feu, jetait de l'encens et versait du vin dans la flamme ; usage encore observé, par le bas peuple de Naples, le soir de la vigile de Noël. On dit aussi *tant de feux,* pour tant de familles.

L'institution des *sépultures,* qui vint après celle des *mariages,* résulta de la nécessité de cacher des objets qui choquaient les sens. Ainsi commença la croyance universelle de l'*immortalité des âmes hu-*

maines, appelées *dii manes*, et dans la loi des douze tables, *deivei parentum...*

Les *philologues* et les *philosophes* ont pensé communément que dans ce qu'on appelle l'*état de nature*, les familles n'étaient composées que de *fils*; elles le furent aussi de *serviteurs* ou *famuli*, d'où elles tirèrent principalement ce nom. Sur cette *économie* incomplète ils ont fondé une fausse *politique*, comme la suite doit le démontrer. Pour nous, nous commencerons à traiter de la *politique* des premiers âges, en prenant pour point de départ ces *serviteurs* ou *famuli*, qui appartiennent proprement à l'étude de l'*économie*.

§. II. *Des familles composées de serviteurs, antérieures à l'existence des cités, et sans lesquelles cette existence était impossible.*

Au bout d'un laps de temps considérable, plusieurs des géans impies qui étaient restés dans la *communauté des femmes et des biens*, et dans les querelles qu'elle produisait, *les hommes simples et débonnaires*, dans le langage de Grotius, les *abandonnés de Dieu* dans celui de Puffendorf, furent contraints, pour échapper aux *violens* de Hobbes, de se réfugier aux autels des *forts*. Ainsi un froid très vif contraint les bêtes sauvages à venir chercher un asile dans les lieux habités. Les chefs de famille, plus courageux parce qu'ils avaient déjà formé une première société, recevaient sous leur protection ces malheureux réfugiés, et tuaient ceux qui osaient faire des courses sur leurs terres. Déjà *héros par leur naissance*, puisqu'ils étaient nés de Jupiter, c'est-à-dire nés sous ses auspices, ils devinrent *héros par la vertu*. Dans ce dernier genre d'héroïsme, les Romains se montrèrent supérieurs à tous les peuples de la terre, puisqu'ils surent également

Parcere subjectis, et debellare superbos.

Les premiers hommes qui fondèrent la civilisation avaient été conduits à la société par la *religion* et par l'*instinct naturel de propager la race humaine*, causes honorables qui produisirent le mariage, *la première et la plus noble amitié du monde*. Les seconds qui entrèrent dans la société y furent contraints par *la nécessité de sauver leur vie*. Cette société dont l'*utilité* était le but, fut d'une *nature servile*. Aussi les réfugiés ne furent protégés par les héros qu'à une condition juste et raisonnable, celle *de gagner eux-mêmes leur vie en travaillant pour les héros, comme leurs serviteurs*. Cette condition analogue à l'esclavage fut le modèle de celle où l'on réduisit les prisonniers faits à la guerre après la formation des cités.

Ces premiers serviteurs se nommaient chez les Latins *vernæ*, tandis que les fils des héros, pour se distinguer, s'appelaient *liberi*. Du reste, ces derniers n'avaient aucune autre distinction : *dominum ac servum nullis educationis deliciis dignoscas*. Ce que Tacite dit des Germains peut s'entendre de tous les premiers peuples barbares; et nous savons que chez les anciens Romains le père de famille avait droit de vie et de mort sur ses fils, et la propriété absolue de tout ce qu'ils pouvaient acquérir, au point que jusqu'aux Empereurs les fils et les esclaves ne différaient en rien sous le rapport du *pécule*. Ce mot *liberi* signifia aussi d'abord *nobles* : les arts *libéraux* sont les arts nobles; *liberalis* répond à l'italien *gentile*. Chez les Latins les maisons nobles s'appelaient *gentes*; ces premières *gentes* se composaient des seuls *nobles*, et les seuls *nobles* furent libres dans les premières cités.

Les serviteurs furent aussi appelés *clientes*, et ces *clientèles* furent la première image des fiefs, comme nous le verrons plus au long.

Sous le *nom* seul du *père de famille* étaient compris tous ses *fils*, tous ses *esclaves* et *serviteurs*. Ainsi, dans les temps héroïques on put dire avec vérité, comme Homère le dit d'Ajax, *le rempart des Grecs* (πύργος Ἀχαιῶν), que seul il combattait contre l'armée entière des Troiens : on put dire qu'Horace soutint seul sur un pont le choc d'une armée d'Étrusques; par quoi l'on doit entendre *Ajax*, *Horace*, *avec leurs compagnons ou serviteurs*. Il en fut précisément de même dans la *seconde barbarie* [dans celle du moyen âge]; quarante héros normands, qui revenaient de la terre sainte, mirent en fuite une armée de Sarrasins qui tenaient Salerne assiégée.

C'est à cette *protection* accordée par les héros à ceux qui se *réfugièrent* sur leurs terres, qu'on doit rapporter l'origine des *fiefs*. Les premiers furent d'abord des *fiefs roturiers personnels*, pour lesquels les *vassaux* étaient *vades*, c'est-à-dire obligés personnellement à suivre les héros partout où ils les menaient pour cultiver leurs terres, et plus tard, de les suivre dans les jugemens (*rei;* et *actores*). Du *vas* des Latins, du ἕας des Grecs, dérivèrent le *was* et le *wassus* employés par les feudistes barbares pour signifier *vassal*. Ensuite durent venir les *fiefs roturiers réels*, pour lesquels les vassaux durent être les premiers *prædes* ou *mancipes* obligés sur biens immeubles; le nom de *mancipes* resta propre à ceux qui étaient ainsi obligés envers le trésor public.

Nous venons de donner la première origine des *asiles*. C'est en ouvrant un asile que Cadmus fonde Thèbes, la plus ancienne cité de la Grèce. Thésée fonde Athènes en élevant l'*autel des malheureux*, nom bien convenable à ceux qui erraient auparavant, dénués de tous les biens divins et humains que la société avait procurés aux hommes pieux. Romulus fonde Rome en ouvrant un asile dans un bois, *vetus urbes condentium consilium*, dit Tite-Live. De là Jupiter reçut le titre d'*hospitalier*. Etranger se dit en latin *hospes*.

§. III. COROLLAIRES

Relatifs aux contrats qui se font par le simple consentement des parties.

Les nations héroïques, ne s'occupant que des choses nécessaires à la vie, ne recueillant d'autres fruits que les productions spontanées de la nature, ignorant l'usage de la monnaie, et étant pour ainsi dire *tout corps*, toute matière, ne pouvaient certainement connaître les contrats qui, selon l'expression moderne, se font *par le seul consentement*. L'ignorance et la grossièreté sont naturellement soupçonneuses; aussi les hommes ne pouvaient connaître les engagemens *de bonne foi*. Ils assuraient toutes les *obligations*, en employant la *main*, soit en réalité, soit par fiction en ajoutant à l'acte la garantie des *stipulations solennelles*; de là ce titre célèbre dans la loi des douze tables : *Si quis nexum faciet mancipiumque, uti linguâ nuncupassit, ita jus esto*. Un tel état civil étant supposé, nous pouvons en inférer ce qui suit.

I. On dit que dans les temps les plus anciens, les *achats* et les *ventes* se faisaient par *échange*, lors même qu'il s'agissait d'immeubles. Ces échanges ne furent autre chose que les cessions de terres faites au moyen âge, à charge de cens seigneurial (*livelli*). Leur utilité consistait en ce que l'une des parties avait trop de terres riches en fruits dont l'autre partie manquait.

II. Les *locations de maisons* ne pouvaient avoir lieu lorsque les *cités* étaient petites, et les habitations étroites. On doit croire plutôt que les propriétaires fonciers donnaient du terrain pour qu'on y bâtit; toute location se réduisait donc à un *cens* territorial.

III. Les *locations de terres* durent être emphytéotiques. Les grammairiens ont dit, sans en comprendre le sens, que *clientes* était *quasi colentes*. Ces locations de terres répondent aux *clientèles* des Latins.

IV. Telle fut sans doute la raison pour laquelle on ne trouve dans les anciennes archives du moyen âge, d'autres contrats que des *contrats de cens seigneurial* pour des maisons ou pour des terres, soit perpétuel, soit à temps.

V. Cette dernière observation explique peut-être pourquoi l'emphytéose est un *contrat de droit civil*, c'est-à-dire *du droit héroïque des Romains*. A ce droit héroïque Ulpien oppose le *droit naturel des peuples civilisés (gentium humanarum)*; il les appelle *civilisés* ou *humains*, par opposition aux barbares des premiers temps; et il ne peut entendre parler des *barbares* qui de son temps se trouvaient hors de l'Empire, et dont par conséquent le droit n'importait point aux jurisconsultes romains.

VI. Les *contrats de société* étaient inconnus, par un effet de l'isolement naturel des premiers hommes. Chaque père de famille s'occupait uniquement de ses affaires, sans se mêler de celles des autres, comme Polyphème le dit à Ulysse dans l'Odyssée.

VII. Pour la même raison, il n'y avait point de *mandataires*. De là cette maxime qui est restée dans le droit civil : *nous ne pouvons acquérir par une personne qui n'est point sous notre puissance*, per extraneam personam acquiri nemini.

VIII. Le droit des nations *civilisées*, *humanarum*, comme dit Ulpien, ayant succédé au droit des nations *héroïques*, il se fit une telle révolution, que le *contrat de vente*, qui anciennement ne produisait point d'action de garantie, si on n'avait point stipulé en cas d'éviction la cause pénale appelée *stipulatio duplæ*, est aujourd'hui le plus favorable de tous les contrats appelés *de bonne foi*, parce que naturellement elle doit y être observée sans qu'elle ait été promise.

CHAPITRE VI.

DE LA POLITIQUE POÉTIQUE.

§. I. *Origine des premières républiques, dans la forme la plus rigoureusement aristocratique.*

Les *familles* se formèrent donc de ces serviteurs (*famuli*) reçus sous la protection des héros. Nous avons déjà vu en eux les premiers membres d'une société politique (*socii*). Leur vie dépendait de leurs seigneurs, et par suite tout ce qu'ils pouvaient acquérir; droit terrible que les héros exerçaient aussi sur leurs enfans*. Mais les *fils de famille* se trouvaient,

* Aristote définit les fils, *des instrumens animés de leurs pères*; et jusqu'au temps où la constitution de Rome devint entièrement démocratique, les pères de famille conservèrent dans son intégrité cette monarchie domestique. Dans les premiers siècles, ils pouvaient vendre leurs fils jusqu'à trois fois. Plus tard lorsque la civilisation eut adouci les esprits, l'émancipation se fit par trois ventes fictives. Mais les Gaulois et les Celtes conservèrent toujours le même pouvoir sur leurs enfans et leurs esclaves. On a retrouvé les mêmes mœurs dans les Indes occidentales : les pères y vendaient réellement leurs enfans; et en Europe les Moscovites et les Tartares peuvent

à la mort de leurs pères, affranchis de ce despotisme domestique, et l'exerçaient à leur tour sur leurs enfans. Dans le droit romain, tout citoyen affranchi de la *puissance paternelle*, est lui-même appelé *père de famille*. Les *serviteurs*, au contraire, étaient obligés de passer leur vie dans le même état de dépendance. Après bien des années, ils durent naturellement se lasser de leur condition, et se révolter contre les *héros*. Nous avons déjà indiqué dans les axiomes, d'une manière générale, que *les serviteurs avaient fait violence aux héros dans l'état de famille, et que cette révolution avait occasioné la naissance des républiques.* Dans une telle nécessité, les héros devaient être portés à s'unir en *corps politique*, pour résister à la multitude de leurs serviteurs révoltés, en mettant à leur tête l'un d'entre eux distingué par son courage et par sa présence d'esprit; de tels chefs furent appelés *rois*, du mot *regere*, diriger. De cette manière, on peut dire avec Pomponius, *rebus ipsis dictantibus regna condita*;

---

exercer quatre fois le même droit. Tout ceci prouve combien les modernes se sont mépris sur le sens du mot célèbre; *les barbares n'ont point sur leurs enfans le même pouvoir que les citoyens romains*. Cette maxime des jurisconsultes anciens se rapporte aux nations vaincues par le peuple romain. La victoire leur ôtant tout droit *civil*, ainsi que nous le démontrerons, les vaincus conservaient seulement la puissance paternelle, donnée par la *nature*, les liens naturels du sang, *cognationes*, et d'un autre côté le *domaine naturel* ou *bonitaire*; en tout cela leurs obligations étaient simplement *naturelles*, *de jure naturali gentium*, en ajoutant, avec Ulpien, *humanarum*. Mais pour les peuples indépendans de l'Empire, ces droits furent *civils*, et précisément les mêmes que ceux des citoyens romains. (*Vico*.)

pensée profonde, qui s'accorde bien avec le principe établi par la jurisprudence romaine : *le droit naturel des gens a été fondé par la Providence divine* (*jus naturale gentium divinâ Providentiâ constitutum*). Les pères étant *rois et souverains* de leurs familles, il était impossible, dans la fière égalité de ces âges barbares, qu'aucun d'entre eux cédât à un autre; ils formèrent donc des *sénats régnans*, c'est-à-dire *composés d'autant de rois des familles*, et, sans être conduits par aucune sagesse humaine, ils se trouvèrent avoir uni leurs intérêts privés dans un intérêt commun, que l'on appela *patria*, sous-entendu *res*, c'est-à-dire *intérêt des pères*. Les nobles, seuls citoyens des premières *patries*, se nommèrent *patriciens*. Dans ce sens, on peut regarder comme vraie la tradition selon laquelle *on ne consultait que la nature dans l'élection des rois des premiers âges*. Deux passages précieux de Tacite, qu'on lit dans les Mœurs des Germains, appuient cette tradition et nous donnent lieu de conjecturer que l'usage dont il parle était celui de tous les premiers peuples : *Non casus, non fortuita conglobatio turmam aut cuneum facit, sed familiæ et propinquitates; duces exemplo potius quàm imperio, si prompti, si conspicui, si ante aciem agant, admiratione præsunt.* Tels furent les premiers *rois*. Ce qui le prouve, c'est que les poètes n'imaginèrent pas autrement Jupiter, *le roi des hommes et des dieux*. On le voit dans Homère s'excuser auprès de Thétis de n'avoir pu contrevenir à ce que les dieux avaient une fois déterminé dans le grand conseil de l'Olympe. N'est-ce pas là le langage qui convient au roi d'une aristocratie? En vain les stoïciens voudraient nous présenter ici *Jupiter* comme *soumis à leur destin*; Jupiter et tous les dieux ont tenu conseil sur les choses humaines, et les ont par conséquent déterminées par l'effet d'une *volonté libre*. Ce passage nous en explique deux autres, où les politiques croient à tort qu'Homère désigne la *monarchie* : c'est lorsque Agamemnon veut abaisser la fierté d'Achille, et qu'Ulysse persuade aux Grecs, qui se soulèvent pour retourner dans leur patrie, de continuer le siège de Troie. Dans les deux passages, il est dit qu'*un seul est roi :* mais dans l'un et l'autre il s'agit de la *guerre*, dans laquelle il faut toujours un seul chef, selon la maxime de Tacite : *eam esse imperandi conditionem, ut non aliter ratio constet, quam si uni reddatur.* Du reste, partout où Homère fait mention des héros, il leur donne l'épithète de *rois;* ce qui se rapporte à merveille au passage de la Genèse où Moïse, énumérant les descendans d'Ésaü, les appelle tous rois, *duces* (c'est-à-dire capitaines) dans la Vulgate. Les ambassadeurs de Pyrrhus lui rapportèrent qu'ils avaient vu à Rome un *sénat de rois.*

Sans l'hypothèse d'une révolte de *serviteurs*, on ne peut comprendre comment les *pères* auraient consenti à assujétir leurs monarchies domestiques à la souveraineté de l'ordre dont ils faisaient partie. C'est la nature des hommes courageux (axiome 81) de sacrifier le moins qu'ils peuvent de ce qu'ils ont acquis par leur courage, et seulement autant qu'il est nécessaire pour conserver le reste. Aussi voyons-nous souvent dans l'histoire romaine combien les héros rougissaient *virtute parta per flagitium amittere*. Du moment qu'il est établi (nous l'avons démontré et nous le démontrerons mieux encore) que les gouvernemens ne sont point nés de la fraude, ni de la violence d'un seul, peut-on, en embrassant tous les cas humainement possibles, imaginer d'une autre manière comment le *pouvoir civil* se forma par la réunion du *pouvoir domestique* des pères de famille, et comment le *domaine éminent* des gouvernemens résulta de l'ensemble des *domaines naturels*, que nous avons déjà indiqués comme ayant été *ex jure optimo*, c'est-à-dire libres de toute charge publique ou particulière?

Les héros ainsi réunis en corps politique, et investis à-la-fois du pouvoir sacerdotal et militaire, nous apparaissent dans la Grèce sous le nom d'*Héraclides*, dans l'ancienne Italie, dans la Crète et dans l'Asie-Mineure, sous celui de *Curètes*. Leurs réunions furent les comices *curiata*, les plus anciens dont fasse mention l'histoire romaine. Sans doute on y assistait d'abord les armes à la main. Dans la suite, on n'y délibérait plus que sur les choses sacrées, dont les choses profanes avaient elles-mêmes emprunté le caractère dans les premiers temps. Tite-Live s'étonne de ce qu'au passage d'Annibal, de pareilles assemblées se tenaient dans les Gaules; mais nous voyons dans Tacite, que chez ce peuple les prêtres tenaient des assemblées analogues, *dans lesquelles ils ordonnaient les punitions, comme si les dieux eussent été présens.* Il était raisonnable que les héros se rendissent en armes à ces réunions, où l'on ordonnait le châtiment des coupables : la souveraineté des lois est une dépendance de la souveraineté des armes. Tacite dit aussi en général que les Germains traitaient tout armés des affaires publiques sous la présidence de leurs prêtres. On peut conjecturer qu'il en fut de même de tous les premiers peuples barbares.

D'après tout ce qu'on vient de dire, le droit des *Quirites* ou *Curètes* dut être le *droit naturel* des gens ou nations *héroïques* de l'Italie. Les Romains, pour distinguer leur droit de celui des autres peuples, l'appelèrent *jus Quiritium romanorum*. Si cette dénomination avait eu pour origine la convention des Sabins et des Romains, si les seconds eussent tiré leur nom de *Cure*, capitale des premiers, ce nom eût été *Cureti* et non *Quirites;* et si cette capitale des Sabins se fût appelée *Cere*, comme le veulent les grammairiens latins, le mot dérivé eût été *Cerites*, expression qui désignait les citoyens condamnés par les censeurs à porter les charges publiques sans participer aux honneurs.

Ainsi les premières cités n'eurent pour citoyens que des nobles qui les gouvernaient. Mais ils n'auraient eu personne à qui commander, si l'intérêt commun ne les eût décidés à satisfaire leurs cliens révoltés, et à leur accorder la *première loi agraire* qu'il y ait eu au monde. Afin de ne sacrifier que le moins possible de leurs privilèges, les héros ne leur accordèrent que le *domaine bonitaire* des champs qu'ils leur assignaient. C'est une loi du droit naturel des gens, que le *domaine* suit la *puissance.* Or les serviteurs ne jouissant d'abord de la vie que d'une manière précaire dans les asiles ouverts par les héros, il était conforme au droit et à la raison qu'ils eussent aussi un *domaine* précaire, et qu'ils en jouissent tant qu'il plairait aux héros de leur conserver la possession des champs qu'ils leur avaient assignés. Ainsi les serviteurs devinrent les premiers plébéiens (*plebs*) des cités héroïques, où ils n'avaient aucun privilège de citoyen. Lorsque Achille se voit enlever Briséis par Agamemnon, *c'est*, dit-il, *un outrage que l'on ne ferait pas à un journalier qui n'a aucun droit de citoyen.* Tels furent les *plébéiens* de Rome jusqu'à l'époque de la lutte dans laquelle ils arrachèrent aux patriciens le *droit des mariages.* La loi des douze tables avait été pour eux une seconde loi agraire par laquelle les nobles leur accordaient le *domaine quiritaire* des champs qu'ils cultivaient; mais, puisqu'en vertu du droit des gens, les étrangers étaient capables du *domaine civil*, les plébéiens qui avaient la même capacité n'étaient point encore citoyens, et à leur mort ils ne pouvaient laisser leurs champs à leurs familles, ni *ab intestat*, ni *par testament*, parce qu'ils n'avaient pas les droits de *suite*, d'*agnation*, de *gentilité*, qui dépendaient des *mariages solennels*; les champs assignés aux plébéiens retournaient à *leurs auteurs*, c'est-à-dire aux nobles. Aussi aspirèrent-ils à partager les privilèges des mariages solennels; non que, dans cet état de misère et d'esclavage, ils élevassent leur ambition jusqu'à s'allier aux familles des nobles, ce qui se serait appelé *connubia cum patribus*. Ils demandèrent seulement *connubia patrum*, c'est-à-dire la faculté de contracter les mariages solennels, tels que ceux des *pères*. La principale solennité de ces mariages était les auspices publics (*auspicia majora*, selon Messala et Varron), ces auspices que les *pères* revendiquaient comme leur privilège (*auspicia esse sua*). Demander le *droit des mariages*, c'était donc demander le *droit de cité*, dont ils étaient le principe naturel; cela est si vrai, que le jurisconsulte Modestinus définit le mariage de la manière suivante : *omnis divini et humani juris communicatio*. Comment définirait-on avec plus de précision le droit de cité lui-même?

§. II. *Les sociétés politiques sont nées toutes de certains principes éternels des fiefs.*

Conformément aux principes éternels des fiefs que nous avons placés dans nos axiomes (80, 81), il y eut dès la naissance des sociétés trois espèces de propriétés ou *domaines*, relatives à trois espèces de *fiefs*, que trois classes de *personnes* possédèrent sur trois sortes de *choses* : 1° *domaine bonitaire* des fiefs roturiers [ou *humains*, en prenant le mot d'*homme*, comme au moyen âge, dans le sens de *vassal*]; c'est la propriété des fruits que les *hommes*, ou *plébéiens*, ou *cliens*, ou *vassaux*, tiraient des terres des *héros*, *patriciens* ou *nobles*. 2° *Domaine quiritaire* des fiefs nobles, ou *héroïques*, ou militaires, que les héros se réservèrent sur leurs terres, comme droit de souveraineté. Dans la formation des républiques héroïques, ces fiefs souverains, ces souverainetés privées s'assujettirent naturellement à la *haute souveraineté des ordres héroïques régnans*. 3° *Domaine civil*, dans toute la propriété du mot. Les pères de famille avaient reçu les terres de la divine Providence, comme une sorte de fiefs *divins; souverains* dans l'état de famille, ils formèrent par leur réunion les *ordres régnans* dans l'état de cités. Ainsi prirent naissance les *souverainetés civiles*, soumises à Dieu seul. Toutes les puissances souveraines reconnaissent la Providence, et ajoutent à leurs titres de majesté, *par la grâce de Dieu;* elles doivent en effet avouer publiquement que c'est de lui qu'elles tiennent leur autorité, puisque, si elles défendaient de l'adorer, elles tomberaient infailliblement. Jamais il n'y eut au monde une nation d'*athées*, de *fatalistes*, ni d'*hommes qui rapportassent tous les évènemens au hasard*.

En vertu de ce droit de *domaine éminent* donné aux puissances civiles par la Providence, *elles sont maîtresses du peuple et de tout ce qu'il possède*. Elles peuvent disposer des personnes, des biens et du travail, elles peuvent imposer des taxes et des tributs, lorsqu'elles ont à exercer ce droit que j'appelle *domaine du fond public* (*dominio de' fundi*), et que les écrivains qui traitent du droit public appellent *domaine éminent*. Mais les souverains ne peuvent l'exercer que pour conserver l'état dans sa *substance*, comme dit l'École, parce qu'à sa conservation ou à sa ruine tiennent la ruine ou la conservation de tous les intérêts particuliers.

Les Romains ont connu, au moins par une sorte d'instinct, cette formation des républiques d'après les principes éternels des fiefs. Nous en avons la preuve dans la formule de la revendication : *aio hunc fundum meum esse ex jure Quiritium*. Ils attachaient cette action *civile* au *domaine du fond* qui dépend de la *cité* et dérive de la *force* pour ainsi dire *centrale* qui lui est propre. C'est par elle que tout citoyen romain est seigneur de sa terre par un *domaine indivis* (par une pure *distinction de raison*, comme dirait l'École). De là l'expression *ex jure Quiritium*; *Quirites*, ainsi qu'on l'a vu, signifiait d'abord les Romains armés de lances dans les réunions publiques qui constituaient la cité. Telle est la raison inconnue jusqu'ici pour laquelle les fonds et tous les biens vacans, *reviennent* au fisc, c'est que tout patrimoine particulier est patrimoine public par indivis; tout propriétaire particulier manquant, le patrimoine particulier n'est plus désigné comme *partie*, et se trouve confondu avec la masse du *tout*. D'après la loi *Papia Poppea* (Des deshérences), le patrimoine du célibataire sans parens *revenait* au fisc, non comme héritage, mais comme pécule, *ad populum*, dit Tacite, *tanquam omnium parentem.......*

Les premières cités se composèrent d'un *ordre* de nobles et d'une *foule* de peuples. De l'opposition de ces élémens résulta une loi éternelle, c'est que les plébéiens veulent toujours *changer l'état des choses*, les nobles *le maintenir*; aussi dans les mouvemens politiques donne-t-on le nom d'*optimates* à tous ceux qui veulent maintenir l'ancien état des choses, (d'*ops*, secours, puissance, entraînant une idée de stabilité).

Ici nous voyons naître une double division: 1. La première, des *sages* et du *vulgaire*. Les héros avaient fondé les états par la *sagesse des auspices*. C'est relativement à cette division, que le vulgaire conserva l'épithète de *profane*, les nobles ou héros étant les prêtres des cités héroïques. Chez les premiers peuples, on ôtait le droit de cité par une sorte d'excommunication (*aquâ et igne interdicebantur*). 2. La seconde division fut celle de *civis*, citoyen, et *hostis*, hôte, étranger, ennemi; les premières cités se composaient des héros et de ceux auxquels ils avaient donné asile. Les *héros*, selon Aristote, *juraient une éternelle inimitié* aux plébéiens, *hôtes* des cités héroïques.[*]

---

[*] L'hospitalité héroïque entraîna aussi dans d'autres occasions l'idée d'inimitié : Pâris fut hôte d'Hélène, Thésée d'Ariane, Jason de Médée, Enée de Didon ; ces enlèvemens, ces trahisons étaient des actions *héroïques*. (*Vico.*)

§. III. *De l'origine du cens et du trésor public (ærarium, chez les Romains).*

Dans les anciennes républiques, le *cens* consistait en une redevance que les plébéiens payaient aux nobles pour les terres qu'ils tenaient d'eux. Ainsi le cens des Romains, dont on rapporte l'établissement à Servius Tullius, fut dans le principe une institution aristocratique.

Les plébéiens avaient encore à supporter les usures intolérables des nobles, et les usurpations fréquentes qu'ils faisaient de leurs champs; au point que, si l'on en croit les plaintes de Philippe, tribun du peuple, deux mille nobles finirent par posséder toutes les terres qui auraient dû être divisées entre trois cent mille citoyens. Environ quarante ans après l'expulsion de Tarquin-le-Superbe, la noblesse, rassurée par sa mort, commença à faire sentir sa tyrannie au pauvre peuple, et le sénat paraît avoir ordonné alors que les plébéiens paieraient au trésor public le *cens* qu'auparavant ils payaient à chacun des nobles, afin que le trésor pût fournir à leurs dépenses dans la guerre. Depuis cette époque, nous voyons le *cens* reparaître dans l'histoire romaine. Tite-Live prétend que les nobles *dédaignaient de présider au cens;* il n'a pas compris qu'ils repoussaient cette institution. Ce n'était plus le cens institué par Servius Tullius, lequel avait été le fondement de l'aristocratie. Les nobles, par leur propre avarice, avaient déterminé l'institution du nouveau cens, qui devint, avec le temps, le principe de la démocratie.

L'inégalité des propriétés dut produire de grands mouvemens, des révoltes fréquentes de la part du petit peuple. Fabius mérita le surnom de Maximus, pour les avoir apaisés par sa sagesse, en ordonnant que tout le peuple romain fût divisé en trois classes (sénateurs, chevaliers, et plébéiens), dans lesquelles les citoyens se placeraient selon leurs facultés. Auparavant, l'ordre des sénateurs, composé entièrement de nobles, occupait seul les magistratures; les plébéiens riches purent entrer dans cet ordre. Ils oublièrent leurs maux en voyant que la route des honneurs leur était ouverte désormais. C'est ce changement, c'est la loi Publilia, qui établirent la démocratie dans Rome, et non la loi des douze tables, qu'on aurait apportée d'Athènes. Aussi Tite-Live, tout ignorant qu'il est de ce qui regarde la constitution ancienne de Rome, nous raconte que les nobles se plaignaient d'avoir plus perdu par la loi Publilia, que gagné par toutes les victoires qu'ils avaient remportées la même année. *

Dans la démocratie, où le peuple entier constitue la cité, il arriva que le *domaine civil* ne fut plus ainsi appelé dans le sens de *domaine public*, quoiqu'il eût été appelé *civil* du mot de *cité*. Il se divisa entre tous les *domaines privés* des citoyens

---

* *Bernardo Segni*, traduit ce qu'Aristote appelle une république démocratique, par *republica per censo*. (*Vico*.)

romains dont la réunion constituait la cité romaine. *Dominium optimum* signifia bien une pleine propriété, mais non plus *domaine par excellence* (domaine *éminent*). Le *domaine quiritaire* ne signifia plus un *domaine* dont le plébéien ne pouvait être expulsé sans que le noble dont il le tenait vînt pour le défendre et le maintenir en possession; il signifia un *domaine privé* avec faculté de *revendication*, à la différence du *domaine bonitaire*, qui se maintient par la seule possession.

Les mêmes changemens eurent lieu au moyen âge, en vertu des lois qui dérivent de la *nature éternelle des fiefs*. Prenons pour exemple le royaume de France, dont les provinces furent alors autant de souverainetés appartenant aux seigneurs qui relevaient du roi. Les biens des seigneurs durent originairement n'être sujets à aucune charge publique. Plus tard, par successions, par déshérences ou par confiscation pour rébellion, ils furent incorporés au royaume, et cessant d'être *ex jure optimo*, devinrent sujets aux charges publiques. D'un autre côté, les châteaux et les terres qui composaient le domaine particulier des rois, ayant passé, par mariage ou par concession, à leurs vassaux, se trouvent aujourd'hui assujettis à des taxes et à des tributs. Ainsi, dans les royaumes soumis à la même loi de succession, le domaine *ex jure optimo* se confondit peu-à-peu avec le *domaine privé*, sujet aux charges publiques, de même que le *fisc*, patrimoine des Empereurs, alla se confondre avec le trésor ou *ærarium*.

§ IV. *De l'origine des comices chez les Romains.*

Les deux sortes d'*assemblées héroïques* distinguées dans Homère, βουλὴ, ἀγορὰ, devaient répondre aux *comices par curies*, qui furent les premières assemblées des Romains, et à leurs comices *par tribus*. Les premiers furent dits *curiata* (*comitia*), de *quir*, *quiris*, lance*. Les *quirites*, *cureti*, hommes armés de lances, et investis du droit sacerdotal des augures, paraissaient seuls aux comices *curiata*.

Depuis que Fabius Maximus eut distribué les citoyens selon leurs biens, en trois classes, *sénateurs*, *chevaliers*, et *plébéiens*, les nobles ne formèrent plus un ordre dans la cité, et se partagèrent, selon leur fortune, entre les trois classes. Dès-lors on distingua le *patricien* du *sénateur* et du *chevalier*, le *plébéien* de l'homme sans naissance (*ignobilis*); *plébéien* ne fut plus opposé à *patricien*, mais à *sénateur* ou *chevalier*: ce mot désigna un citoyen *pauvre*, quelque *noble* qu'il pût être; *sénateur*, au contraire, ne fut plus synonyme de *patricien*, mais il désigna le citoyen *riche*, même *sans naissance*. Depuis cette époque, on appela *comices par centuries* les assemblées dans lesquelles tout le peuple romain se réunissait dans ses trois classes pour décider des affaires publiques, et particulièrement pour voter sur les *lois consulaires*. Dans les *comices par tribus*, le peu-

---

* De même que les Grecs, du mot χείρ, la main, qui par extension signifie aussi *puissance* chez toutes les nations, tirèrent celui de κυρία, dans un sens analogue à celui du latin *curia*. (*Vico*).

ple continua à voter sur les *lois tribunitiennes* ou *plébiscites* [ce qui pendant long-temps n'avait signifié que : lois communiquées au peuple, lois publiées devant les plébéiens, *plebi scita* ou *nota*, telle que la loi de l'éternelle expulsion des Tarquins, promulguée par Junius Brutus]. Pour la régularité des cérémonies religieuses, les comices par curies, où l'on traitait des choses sacrées, furent toujours les *assemblées des seuls chefs des curies* ; au temps des rois, où ces assemblées commencèrent, on y traitait de toutes les choses *profanes* en les considérant comme *sacrées*.

§. V. COROLLAIRE.

C'est la divine Providence qui règle les sociétés, et qui a fondé le droit naturel des gens.

En voyant les sociétés naître ainsi dans l'*âge divin*, avec le gouvernement *théocratique*, pour se développer sous le gouvernement *héroïque*, qui conserve l'esprit du premier, on éprouve une admiration profonde pour la sagesse avec laquelle la Providence conduisit l'homme à un but tout autre que celui qu'il se proposait, lui imprima la crainte de la Divinité, et *fonda la société sur la religion*. La religion arrêta d'abord les géans dans les terres qu'ils occupèrent les premiers, et cette prise de possession fut l'origine de tous les droits de propriété, de tous les *domaines*. Retirés au sommet des monts, ils y trouvèrent, pour fixer leur vie errante, des lieux salubres, forts de situation, et pourvus d'eau, trois circonstances indispensables pour élever des cités. C'est encore la religion qui les détermina à former une union régulière et aussi durable que la vie, celle du *mariage*, d'où nous avons vu dériver le pouvoir paternel, et par suite tous les pouvoirs. Par cette union ils se trouvèrent avoir fondé les *familles*, berceau des sociétés politiques. Enfin, en ouvrant les *asiles*, ils donnèrent lieu aux *clientèles*, qui, par suite de la *première loi agraire* dont nous avons parlé, devaient produire les *cités*. Composées d'un ordre de nobles qui commandaient, et d'un ordre de plébéiens nés pour obéir, les cités eurent d'abord un gouvernement *aristocratique*. Rien ne pouvait être plus conforme à la nature sauvage et solitaire de ces premiers hommes, puisque l'esprit de l'aristocratie est la conservation des limites qui séparent les différens ordres au-dedans, les différens peuples au-dehors. Grâce à cette forme de gouvernement, les nations nouvellement entrées dans la civilisation, devaient rester long-temps sans communication extérieure, et oublier ainsi l'état sauvage et bestial d'où elles étaient sorties. Les hommes n'ayant encore que des idées très particulières, et ne pouvant comprendre ce que c'est que le *bien commun*, la Providence sut, au moyen de cette forme de gouvernement, les conduire à s'unir à leur patrie, dans le but de conserver un objet d'intérêt privé, aussi important pour eux que leur *monarchie domestique*; de cette manière, sans aucun dessein, ils s'accordèrent dans cette généralité du bien social, qu'on appelle *république*.

Maintenant recourons à ces *preuves divines* dont on a parlé dans le chapitre de la Méthode; examinons combien sont naturels et simples les moyens par lesquels la Providence a dirigé la marche de l'humanité, rapprochons-en le nombre infini des phénomènes qui se rapportent aux quatre causes dans lesquelles nous verrons partout les élémens du monde social (les *religions*, les *mariages*, les *asiles* et la *première loi agraire*), et cherchons ensuite entre tous les cas humainement possibles, si des choses si nombreuses et si variées ont pu avoir des origines plus simples et plus naturelles. Au moment où les sociétés devaient naître, les *matériaux*, pour ainsi parler, n'attendaient plus que la *forme*. J'appelle *matériaux* les religions, les langues, les terres, les mariages, les noms propres et les armes ou emblèmes, enfin les magistratures et les lois. Toutes ces choses furent d'abord *propres* à l'individu, *libres* en cela même qu'elles étaient individuelles, et, parce qu'elles étaient libres, capables de constituer de véritables républiques. Ces religions, ces langues, etc., avaient été propres aux premiers hommes, monarques de leur famille. En formant par leur union des corps politiques, ils donnèrent naissance à la *puissance civile*, puissance *souveraine*, de même que dans l'état précédent celle des pères sur leurs familles n'avait relevé que de Dieu. Cette *souveraineté civile*, considérée comme une personne, eut son *âme* et son *corps* : l'*âme* fut une compagnie de sages, tels qu'on pouvait en trouver dans cet état de simplicité, de grossièreté. Les plébéiens représentèrent le *corps*. Aussi est-ce une loi éternelle dans les sociétés, que les uns y doivent tourner leur esprit vers les travaux de la politique, tandis que les autres appliquent leur corps à la culture des arts et des métiers. Mais c'est aussi une loi que l'*âme* doit toujours y commander, et le *corps* toujours servir.

Une chose doit augmenter encore notre admiration. La Providence, en faisant naître les familles, qui, sans connaître le Dieu véritable, avaient au moins quelque notion de la Divinité, en leur donnant une religion, une langue, etc., qui leur fussent propres, avait déterminé l'existence d'un *droit naturel des familles*, que les *pères* suivirent ensuite dans leurs rapports avec leurs *cliens*. En faisant naître les républiques sous une forme aristocratique, elle transforma le *droit naturel des familles*, qui s'était observé dans l'état de nature, en *droit naturel des gens*, ou des peuples. En effet, les pères de famille qui s'étaient réservé leur religion, leur langue, leur législation particulière à l'exclusion de leurs cliens, ne purent se séparer ainsi sans attribuer ces privilèges aux ordres souverains dans lesquels ils entrèrent; c'est en cela que consista la *forme si rigoureusement aristocratique des républiques héroïques*. De cette manière, le *droit des gens qui s'observe maintenant entre les nations*, fut, à l'origine des sociétés, une sorte de privilège pour les puissances souveraines. Aussi le peuple où l'on ne trouve point une puissance souveraine investie de tels droits, n'est point un peuple à proprement parler, et ne peut traiter avec les autres d'après les lois du droit des gens; une nation supérieure exercera ce droit pour lui.

§. VI. *Suite de la politique héroïque.*

Tous les historiens commencent l'*âge héroïque* avec les courses navales de Minos et l'expédition des Argonautes; ils en voient la continuation dans la guerre de Troie, la fin dans les courses errantes des héros, qu'ils terminent au retour d'Ulysse. C'est alors que dut naître Neptune, le dernier des douze grands dieux. La marine est, à cause de sa difficulté, l'un des derniers arts que trouvent les nations. Nous voyons dans l'Odyssée que, lorsque Ulysse aborde sur une nouvelle terre, il monte sur quelque colline pour voir s'il découvrira la fumée qui annonce les habitations des hommes. D'un autre côté, nous avons cité dans les axiomes ce que dit Platon sur *l'horreur que les premiers peuples éprouvèrent long-temps pour la mer.* Thucydide en explique la raison en nous apprenant que *la crainte des pirates empêcha long-temps les peuples grecs d'habiter sur les rivages.* Voilà pourquoi Homère arme la main de Neptune du *trident qui fait trembler la terre.* Ce trident n'était qu'un croc pour arrêter les barques; le poète l'appelle *dent* par une belle métaphore, en ajoutant une particule qui donne au mot le sens superlatif.

Dans ces vaisseaux de pirates nous reconnaissons le *taureau*, sous la forme duquel Jupiter enlève Europe; le *Minotaure*, ou taureau de Minos, avec lequel il enlevait les jeunes garçons et les jeunes filles des côtes de l'Attique. Les antennes s'appelaient *cornua navis*. Nous y voyons encore le *monstre* qui doit dévorer Andromède, et le *cheval ailé* sur lequel Persée vient la délivrer. Les *voiles* du vaisseau furent appelées ses *ailes, alarum remigium*. Le *fil d'Ariane* est l'art de la navigation, qui conduit Thésée à travers le *labyrinthe* des îles de la mer Égée.

Plutarque, dans sa Vie de Thésée, dit que les *héros* tenaient à grand honneur le nom de *brigand*, de même qu'au moyen âge, où reparut la barbarie antique, l'italien *corsale* était pris pour un *titre de seigneurie*. Solon, dans sa législation, permit, dit-on, les associations pour cause de *piraterie*. Mais ce qui étonne le plus, c'est que Platon et Aristote placent le *brigandage* parmi les espèces de *chasse*. En cela, les plus grands philosophes d'une nation si éclairée sont d'accord avec les barbares de l'ancienne Germanie, chez lesquels, au rapport de César, le *brigandage*, loin de paraître infâme, était regardé comme un *exercice de vertu*. Pour des peuples qui ne s'appliquaient à aucun art, c'était *fuir l'oisiveté*. Cette coutume barbare dura si long-temps chez les nations les plus policées, qu'au rapport de

Polybe, les Romains imposèrent aux Carthaginois, entre autres conditions de paix, celle de ne point passer le cap de Pélore pour cause de commerce ou de *piraterie*. Si l'on allègue qu'à cette époque les Carthaginois et les Romains n'étaient, de leur propre aveu, que des barbares*, nous citerons les Grecs eux-mêmes qui, aux temps de leur plus haute civilisation, pratiquaient, comme le montrent les sujets de leurs comédies, ces mêmes coutumes qui font aujourd'hui donner le nom de *barbarie* à la côte d'Afrique opposée à l'Europe.

Le principe de cet ancien droit de la guerre fut le caractère inhospitalier des *peuples héroïques* que nous avons observé plus haut. Les *étrangers* étaient à leurs yeux d'*éternels ennemis*, et ils faisaient consister l'honneur de leurs empires à les tenir le plus éloignés qu'il était possible de leurs frontières; c'est ce que Tacite nous rapporte des Suèves, le peuple le plus fameux de l'ancienne Germanie. Un passage précieux de Thucydide prouve que les *étrangers* étaient considérés comme des *brigands*. Jusqu'à son temps**, les voyageurs qui se rencontraient sur terre ou sur mer, se demandaient réciproquement s'ils n'étaient point des *brigands* ou des *pirates*, en pre-

* Plaute dit dans plusieurs endroits, qu'il a traduit, en *langue barbare*, les comédies grecques..., Marcus vortit barbarè. (*Vico*.)

** Οὐκ ἔχοντός πω αἰσχύνην τούτου τοῦ ἔργου (τοῦ ἁρπάζειν), φέροντος δέ τι καὶ δόξης μᾶλλον. Δηλοῦσι δὲ τῶν τε ἠπειρωτῶν τινὲς ἔτι καὶ νῦν, οἷς κόσμος καλῶς τοῦτο δρᾶν, καὶ οἱ παλαιοὶ τῶν ποιητῶν τὰς πύστεις τῶν καταπλεόντων πανταχοῦ ὁμοίως ἐρωτῶντες εἰ λῃσταί εἰσιν, ὡς οὔτε ὧν πυνθάνονται ἀπαξιούντων τὸ ἔργον, οἷς τε ἐπιμελὲς εἴη εἰδέναι, οὐκ ὀνειδιζόντων.

nant sans doute ce mot dans le sens d'*étrangers*. Nous retrouvons cette coutume chez toutes les nations barbares, au nombre desquels on est forcé de compter les Romains, lorsqu'on lit ces deux passages curieux de la loi des douze tables : *Adversus hostem æterna auctoritas esto. — Si status dies sit, cum hoste venito* *. Les peuples civilisés eux-mêmes n'admettent d'étrangers que ceux qui ont obtenu une permission expresse d'habiter parmi eux.

Les *cités*, selon Platon, *eurent en quelque sorte dans la guerre leur principe fondamental;* la *guerre* elle-même, πόλεμος, tira son nom de πόλις, *cité*... Cette éternelle inimitié des peuples jeta beaucoup de jour sur le récit qu'on lit dans Tite-Live, de la première guerre d'Albe et de Rome : *Les Romains,* dit-il, *avaient long-temps fait la guerre contre les Albains,* c'est-à-dire que les deux peuples avaient long-temps auparavant exercé réciproquement *ces brigandages* dont nous parlons. L'action d'*Horace* qui *tue sa sœur pour avoir pleuré Curiace*, devient plus vraisemblable si l'on suppose qu'il était non son *fiancé*, mais son *ravisseur***. Il est bien digne de remarque, que, par ce genre de convention, *la victoire de l'un des deux peuples devait être décidée par l'issue du combat*

---

* On prend ordinairement dans ce passage le mot *hostis* dans le sens de l'*adverse partie;* mais Cicéron observe précisément à ce sujet que *hostis* était pris par les anciens latins dans le sens de *peregrinus*. (*Vico*).

** Comment expliquer cette prétendue alliance, quand Romulus lui-même, sorti du sang des rois d'Albe, vengeur de Numitor auquel il avait rendu le trône, ne put trouver de femmes chez les Albains. (*Vico*) *des principaux intéressés*, tels que les trois Horaces et les trois Curiaces dans la guerre d'Albe, tels que Pâris et Ménélas dans la guerre de Troie. De même, quand la barbarie antique reparut au moyen âge, les princes décidaient eux-mêmes les querelles nationales par des combats singuliers, et les peuples se soumettaient à ces sortes de jugemens. Albe ainsi considérée fut la Troie latine, et l'Hélène romaine fut la sœur d'Horace.

Les *dix ans* du siège de Troie célébrés chez les Grecs, répondent, chez les Latins, *aux dix ans* du siège de Veies ; c'est un nombre fini pour le nombre infini des années antérieures, pendant lesquelles les cités avaient exercé entr'elles de continuelles hostilités.* **

Les guerres éternelles des cités anciennes, leur

---

* Le *nombre*, chose la plus abstraite de toutes, fut la dernière que comprirent les nations. Pour désigner un grand nombre, on se servit d'abord de celui de *douze*, de là les *douze* grands dieux, les *douze* travaux d'Hercule, les *douze* parties de l'as, les *douze* tables, etc. Les Latins ont conservé, d'une époque où l'on connaissait mieux les nombres, leur mot *sexcenti*, et les Italiens, *cento*, et ensuite *cento e mille*, pour dire un nombre innombrable. Les philosophes seuls peuvent arriver à comprendre l'idée d'*infini*. (*Vico*).

** Il est à croire qu'au temps de la guerre de Troie, le nom de ἀχαιοί, *achivi*, était restreint à une partie du peuple grec, qui fit cette guerre ; mais ce nom s'étant étendu à toute la nation, on dit au temps d'Homère que toute la Grèce s'était liguée contre Troie. Ainsi nous voyons dans Tacite que ce nom de *Germanie*, étendu depuis à une vaste contrée de l'Europe, n'avait désigné originairement qu'une tribu qui, passant le Rhin, chassa les Gaulois de ses bords ; la gloire de cette conquête fit adopter ce nom par toute la Germanie, comme la gloire du siège de Troie avait fait adopter celui d'*achivi* par tous les Grecs. (*Vico*).

éloignement pour former des ligues et des confédérations, nous expliquent pourquoi l'Espagne fut soumise par les Romains; l'Espagne, dont César avouait que partout ailleurs il avait combattu pour l'empire, là seulement pour la vie; l'Espagne, que Cicéron proclamait la mère des plus belliqueuses nations du monde. La résistance de Sagunte, arrêtant pendant huit mois la même armée qui, après tant de pertes et de fatigues, faillit triompher de Rome elle-même dans son Capitole; la résistance de Numance, qui fit trembler les vainqueurs de Carthage, et ne put être réduite que par la sagesse et l'héroïsme du triomphateur de l'Afrique, n'étaient-elles pas d'assez grandes leçons pour que cette nation généreuse unît toutes ses cités dans une même confédération, et fixât l'empire du monde sur les bords du Tage? Il n'en fut point ainsi : l'Espagne mérita le déplorable éloge de Florus : *sola omnium provinciarum vires suas, postquàm victa est, intellexit.* Tacite fait la même remarque sur les Bretons, que son Agricola trouva si belliqueux : *dum singuli pugnant, universi vincuntur.*

Les historiens frappés de l'éclat des *entreprises navales des temps héroïques*, n'ont point remarqué *les guerres de terre* qui se faisaient aux mêmes époques, encore moins la *politique héroïque* qui gouvernait alors la Grèce. Mais Thucydide, cet écrivain plein de sens et de sagacité, nous en donne une indication précieuse : *Les cités héroïques,* dit-il, *étaient toutes sans murailles,* comme Sparte dans la Grèce, comme Numance, la Sparte de l'Espagne; *telle était,* ajoute-t-il, *la fierté indomptable et la violence naturelle des héros, que tous les jours ils se chassaient les uns les autres de leurs établissemens.* Ainsi Amulius chassa Numitor, et fut chassé lui-même par Romulus, qui rendit Albe à son premier roi. Qu'on juge combien il est raisonnable de chercher un moyen de certitude pour la chronologie dans les généalogies héroïques de la Grèce, et dans cette suite non interrompue des quatorze rois latins! Dans les siècles les plus barbares du moyen âge, on ne trouve rien de plus inconstant, de plus variable, que la fortune des maisons royales. *Urbem Romam principio reges* HABUERE, dit Tacite à la première ligne des Annales. L'ingénieux écrivain s'est servi du plus faible des trois mots employés par les jurisconsultes pour désigner la possession, *habere, tenere, possidere.*

§. VII. COROLLAIRES

Relatifs aux antiquités romaines, et particulièrement à la prétendue monarchie de Rome, à la prétendue liberté populaire qu'aurait fondée Junius Brutus.

En considérant ces rapports innombrables de l'histoire politique des Grecs et des Romains, tout homme qui consulte la réflexion plutôt que la mémoire ou l'imagination, affirmera sans hésiter que, depuis les temps des rois jusqu'à l'époque où les plébéiens partagèrent avec les nobles le *droit des mariages solennels, le peuple de Mars se composa des seuls nobles....* On ne peut admettre que les plébéiens, que la tourbe des plus vils ouvriers, traités dès l'origine comme esclaves, eussent le droit d'élire les rois, tandis que les *Pères* auraient seulement sanctionné l'élection. C'est confondre ces premiers temps avec celui où les plébéiens étaient déjà une partie de la cité, et concouraient à élire les consuls, droit qui ne leur fut communiqué par les *Pères* qu'après celui des *mariages solennels*, c'est-à-dire au moins trois cents ans après la mort de Romulus.

Lorsque les philosophes ou les historiens parlent des *premiers temps*, ils prennent le mot *peuple* dans un sens *moderne*, parce qu'ils n'ont pu imaginer les *sévères aristocraties* des âges antiques ; de là deux erreurs dans l'acception des mots *rois* et *liberté*. Tous les auteurs ont cru que la *royauté romaine* était *monarchique*, que la *liberté* fondée par Junius Brutus était une *liberté populaire*. On peut voir à ce sujet l'inconséquence de Bodin.

Tout ceci nous est confirmé par Tite-Live, qui, en racontant l'institution du consulat par Junius Brutus, dit positivement qu'il n'y eut rien de changé dans la constitution de Rome (Brutus était trop sage pour faire autre chose que la ramener à la pureté de ses principes primitifs), et que l'existence de deux consuls annuels ne diminua rien de la puissance royale, *nihil quicquam de regiâ potestate deminutum*. Ces consuls étaient deux rois annuels d'une aristocratie, *reges annuos*, dit Cicéron dans le livre des lois, de même qu'il y avait à Sparte des rois à vie, quoique personne ne puisse contester le caractère aristocratique de la constitution lacédémonienne. Les consuls, pendant leur *règne*, étaient, comme on sait, sujets à l'appel, de même que les rois de Sparte étaient sujets à la surveillance des éphores : leur *règne annuel* étant fini, les consuls pouvaient être accusés, comme on vit les éphores condamner à mort des rois de Sparte. Ce passage de Tite-Live nous démontre donc à-la-fois, et que la *royauté romaine fut aristocratique*, et que la *liberté fondée par Brutus ne fut point populaire*, mais particulière aux nobles; elle n'affranchit pas le peuple des patriciens, ses maîtres, mais elle affranchit ces derniers de la tyrannie des Tarquins.

Si la variété de tant de causes et d'effets observés jusqu'ici dans l'histoire de la république romaine, si l'influence continue que ces causes exercèrent sur ces effets, ne suffisent pas pour établir que la royauté chez les Romains eut un caractère aristocratique, et que la liberté fondée par Brutus fut restreinte à l'ordre des nobles, il faudra croire que les Romains, peuple grossier et barbare, ont reçu de Dieu un privilège refusé à la nation la plus ingénieuse et la plus policée, à celle des Grecs ; qu'ils ont connu leurs antiquités, tandis que les Grecs, au rapport de Thucydide, ne surent rien des leurs jusqu'à la guerre du Péloponèse*. Mais quand on accorderait ce privilège aux Romains, il faudrait convenir que leurs traditions ne présentent que des souvenirs obscurs, que des tableaux confus, et qu'avec tout cela la raison ne peut s'empêcher d'admettre ce que nous avons établi sur les antiquités romaines.

§. VIII. COROLLAIRE

Relatif à l'héroïsme des premiers peuples.

D'après les principes de la *politique héroïque* établis ci-dessus, *l'héroïsme des premiers peuples*, dont nous sommes obligés de traiter ici, fut bien différent de celui qu'ont imaginé les philosophes, imbus de leurs préjugés sur la sagesse merveilleuse des anciens, et trompés par les philologues sur le sens de ces trois mots, *peuple*, *roi* et *liberté*. Ils ont entendu par le premier mot, *des peuples où les plébéiens seraient déjà citoyens*, par le second, des *monarques*, par le troisième, *une liberté populaire.* Ils ont fait entrer dans l'héroïsme des premiers âges, trois idées naturelles à des esprits éclairés et adoucis par la civilisation : l'idée d'une *justice rai-*

---

* Nous avons observé dans la table chronologique que cette époque est pour l'histoire grecque celle de la plus grande lumière, comme pour l'histoire romaine l'époque de la seconde guerre punique; c'est alors que Tite-Live déclare qu'il écrit l'histoire avec plus de certitude; et pourtant il n'hésite point d'avouer qu'il ignore les trois circonstances historiques les plus importantes. *Voyez la table chronologique.* (*Vico*).

sonnée, et conduite par les maximes d'une morale socratique ; l'idée de cette *gloire* qui récompense les bienfaiteurs du genre humain ; enfin, l'idée d'un noble *desir de l'immortalité*. Partant de ces trois erreurs, ils ont cru que les rois et autres grands personnages des temps anciens s'étaient consacrés, eux, leurs familles, et tout ce qui leur appartenait, à adoucir le sort des malheureux qui forment la majorité dans toutes les sociétés du monde.

Cependant cet Achille, le plus grand des héros grecs, Homère nous le représente sous trois aspects entièrement contraires aux idées que les philosophes ont conçues de l'héroïsme antique. Achille est-il *juste* quand Hector lui demande la sépulture en cas qu'il périsse, et que, sans réfléchir au sort commun de l'humanité, il répond durement : *Quel accord entre l'homme et le lion, entre le loup et l'agneau ? Quand je t'aurai tué, je te dépouillerai, pendant trois jours je te traînerai lié à mon char autour des murs de Troie, et tu serviras ensuite de pâture à mes chiens.* Aime-t-il la *gloire*, lorsque, pour une injure particulière, il accuse les dieux et les hommes, se plaint à Jupiter de son rang élevé, rappelle ses soldats de l'armée alliée, et que, ne rougissant point de se réjouir avec Patrocle de l'affreux carnage que fait Hector de ses compatriotes, il forme le souhait impie que tous les Troiens et tous les Grecs périssent dans cette guerre, et que Patrocle et lui survivent seuls à leur ruine ? Annonce-t-il le noble *amour de l'immortalité*, lorsqu'aux enfers, interrogé par Ulysse s'il est satisfait de ce séjour, il répond qu'il aimerait mieux vivre encore, et être le dernier des esclaves? Voilà le héros qu'Homère qualifie toujours du nom d'*irréprochable* (ἀμύμων,) et qu'il semble proposer aux Grecs pour modèle de la vertu héroïque? Si l'on veut qu'Homère instruise autant qu'il intéresse, ce qui est le devoir du poète, on ne doit entendre par ce héros *irréprochable*, que le plus orgueilleux, le plus irritable de tous les hommes; la vertu célébrée en lui, c'est la susceptibilité, la délicatesse du point d'honneur, dans laquelle les duellistes faisaient consister toute leur morale, lorsque la barbarie antique reparut au moyen âge, et que les romanciers exaltent dans leurs chevaliers errans.

Quant à l'histoire romaine, on appréciera les héros qu'elle vante, si l'on réfléchit à l'*éternelle inimitié* que, selon Aristote, les *nobles ou héros juraient aux plébéiens*. Qu'on parcoure l'âge de la *vertu romaine*, que Tite-Live fi au temps de la guerre contre Pyrrhus (*nulla ætas virtutum feracior*), et que, d'après Salluste (saint Augustin, Cité de Dieu), nous étendons depuis l'expulsion des rois jusqu'à la seconde guerre punique. Ce Brutus, qui immole à la liberté ses deux fils, espoir de sa famille; ce Scévola qui effraie Porsenna et détermine sa retraite en brûlant la main qui n'a pu l'assassiner; ce Manlius qui punit de mort la faute glorieuse d'un fils vainqueur; ces Décius qui se dévouent pour sauver leurs armées; ces Fabricius, ces Curius, qui repoussent l'or des Samnites, et les offres magnifiques du roi d'Épire; ce Régulus enfin, qui, par respect pour la sainteté du serment, va chercher à Carthage la mort la plus cruelle; que firent-ils pour l'avantage des infortunés plébéiens ? Tout l'héroïsme des maîtres du peuple ne servait qu'à l'épuiser par des guerres interminables, qu'à l'enfoncer dans un abîme d'usure, pour l'ensevelir ensuite dans les cachots particuliers des nobles, où les débiteurs étaient déchirés à coups de verges, comme les plus vils des esclaves. Si quelqu'un tentait de soulager les plébéiens par une loi agraire, l'ordre des nobles accusait et mettait à mort le bienfaiteur du peuple. Tel fut le sort (pour ne citer qu'un exemple) de ce Manlius qui avait sauvé le Capitole. Sparte, la ville *héroïque* de la Grèce, eut son Manlius dans le roi Agis; Rome, la ville *héroïque* du monde, eut son Agis dans la personne de Manlius : Agis entreprit de soulager le pauvre peuple de Lacédémone, et fut étranglé par les éphores; Manlius, soupçonné à Rome du même dessein, fut précipité de la roche Tarpéienne. Par cela seul que les nobles des premiers peuples se tenaient pour *héros*, c'est-à-dire pour des êtres d'une nature supérieure à celle des plébéiens, ils devaient maltraiter la multitude. En lisant l'histoire romaine, un lecteur raisonnable doit se demander avec étonnement que pouvait être cette *vertu* si vantée des Romains avec un orgueil si tyrannique? cette *modération* avec tant d'avarice? cette *douceur* avec un esprit si farouche?

cette *justice* au milieu d'une si grande inégalité?

Les principes qui peuvent faire cesser cet étonnement, et nous expliquer l'héroïsme des anciens peuples, sont nécessairement les suivans : I. En conséquence de l'éducation sauvage des géans dont nous avons parlé, *l'éducation des enfans* doit conserver chez les peuples héroïques cette sévérité, cette barbarie originaire; les Grecs et les Romains pouvaient tuer leurs enfans nouveau nés ; les Lacédémoniens battaient de verges leurs enfans dans le temple de Diane, et souvent jusqu'à la mort. Au contraire, c'est la sensibilité paternelle des modernes, qui leur donne en toute chose cette délicatesse étrangère à l'antiquité.— II. *Les épouses doivent s'acheter, chez de tels peuples, avec les dots héroïques,* usage que les prêtres romains conservèrent dans la solennité de leurs mariages, qu'ils contractaient coemption t farre. Tacite en dit autant des anciens Germa...s, auxquels cette coutume était probablement commune avec tous les peuples barbares. Chez eux, les femmes sont considérées par leurs maris comme nécessaires pour leur donner des enfans, mais du reste traitées comme esclaves. Telles sont les mœurs du nouveau monde et d'une grande partie de l'ancien. Au contraire, lorsque la femme apporte une dot, elle achète la liberté du mari, et obtient de lui un aveu public qu'il est incapable de supporter les charges du mariage. C'est peut-être l'origine des privilèges importans dont les Empereurs romains favorisent les dots. — III. *Les fils acquièrent, les femmes épargnent pour leurs pères et leurs maris;* c'est le contraire de ce qui se fait chez les modernes.—IV. *Les jeux et les plaisirs sont fatigans*, comme la lutte, la course. Homère dit toujours Achille *aux pieds légers.* Ils sont en outre *dangereux*: ce sont des joûtes, des chasses, exercices capables de fortifier l'âme et le corps, et d'habituer à mépriser, à prodiguer la vie.—V. *Ignorance complète du luxe, des commodités sociales, des doux loisirs.* —VI. *Les guerres sont toutes religieuses*, et par conséquent atroces.—VII. De telles guerres entraînent dans toute leur dureté *les servitudes héroïques;* les vaincus sont regardés comme des hommes sans dieux, et perdent non-seulement la liberté civile, mais la liberté naturelle. —D'après toutes ces considérations, les républiques doivent être alors *des aristocraties naturelles,* c'est-à-dire *composées d'hommes qui soient naturellement les plus courageux;* le gouvernement doit être de nature à réserver tous les honneurs civils à un petit nombre de nobles, de pères de famille, qui fassent consister le bien public dans la conservation de ce pouvoir absolu qu'ils avaient originairement sur leurs familles, et qu'ils ont maintenant dans l'état, de sorte qu'ils entendent le mot *patrie* dans le sens étymologique qu'on peut lui donner, *l'intérêt des pères (patria,* sous-entendu *res*).

Tel fut donc l'*héroïsme* des premiers peuples, telle la *nature morale* des héros, tels leurs *usages,* leurs *gouvernemens* et leurs *lois.* Cet *héroïsme* ne peut désormais se représenter, pour des causes toutes contraires à celles que nous avons énumérées, et qui ont produit deux sortes de gouvernemens *humains*, les *républiques populaires* et les *monarchies*. Le héros digne de ce nom, caractère bien différent de celui des temps *héroïques*, est appelé par les souhaits des peuples affligés; les philosophes en *raisonnent*, les poètes l'*imaginent*, mais la nature des sociétés ne permet pas d'espérer un tel bienfait du ciel.

Tout ce que nous avons dit jusqu'ici sur l'*héroïsme des premiers peuples*, reçoit un nouveau jour des axiomes relatifs à l'*héroïsme romain*, que l'on trouvera analogue à l'*héroïsme des Athéniens* encore gouvernés par le sénat aristocratique de l'aréopage, et à l'*héroïsme de Sparte*, république d'*héraclides*, c'est-à-dire de *héros*, ou *nobles*, comme on l'a démontré.

CHAPITRE VII.

DE LA PHYSIQUE POÉTIQUE.

Après avoir observé quelle fut la sagesse des premiers hommes dans la logique, la morale, l'économie et la politique, passons au second rameau de l'arbre métaphysique, c'est-à-dire à la physique, et de là à la cosmographie, par laquelle nous parvenons à l'astronomie, pour traiter ensuite de la chronologie et de la géographie, qui en dérivent.

§. I. *De la physiologie poétique.*

Les *poètes théologiens*, dans leur physique grossière, considérèrent dans l'homme deux idées métaphysiques, *être, subsister*. Sans doute ceux du Latium conçurent bien grossièrement l'*être*, puisqu'ils le confondirent avec l'action de *manger*. Tel fut probablement le premier sens du mot *sum*, qui depuis eut les deux significations. Aujourd'hui même nous entendons nos paysans dire d'un malade, *il mange encore*, pour *il vit encore*. Rien de plus abstrait que l'idée d'*existence*. Ils conçurent aussi l'idée de *sub-*

sister, c'est-à-dire *être debout, être sur ses pieds*. C'est dans ce sens que les destins d'Achille étaient attachés à ses talons.

Les premiers hommes réduisaient toute la machine du corps humain aux *solides* et aux *liquides*. Les SOLIDES eux-mêmes, ils les réduisaient aux chairs, *viscera* [*vesci* voulait dire *se nourrir*, parce que les alimens que l'on assimile font de la chair]; aux os et articulations, *artus* [observons que *artus* vient du mot *ars*, qui chez les anciens Latins signifiait la force du corps; d'où *artitus*, robuste; ensuite on donna ce nom d'*ars* à tout système de préceptes propres à former quelques facultés de l'âme]; aux nerfs, qu'ils prirent pour les *forces*, lorsque, usant encore du langage muet, ils parlaient avec des signes matériels [ce n'est pas sans raison qu'ils prirent *nerfs* dans ce sens, puisque les nerfs tendent les muscles, dont la tension fait la force de l'homme]; enfin à la moelle, c'est dans la moelle qu'ils placèrent non moins sagement l'essence de la vie [l'amant appelait sa maîtresse *medulla*, et *medullitus* voulait dire *de tout cœur*; lorsque l'on veut désigner l'excès de l'amour, on dit qu'il brûle la moelle des os, *urit medullas*]. Pour les LIQUIDES, ils les réduisaient à une seule espèce, à celle du sang; ils appelaient *sang* la liqueur spermatique, comme le prouve la périphrase *sanguine cretus*, pour *engendré*; et c'était encore une expression juste, puisque cette liqueur semble formée du plus pur de notre sang. Avec la même justesse, ils appelèrent le sang *le suc des fibres* dont se compose la chair. C'est de là que les Latins conservèrent *succi plenus*, pour dire *charnu*, plein d'un sang abondant et pur.

Quant à l'autre partie de l'homme, qui est *l'âme*, les *poètes théologiens* la placèrent dans *l'air*, chez les Latins *anima*; l'air fut pour eux le véhicule de la vie, d'où les Latins conservèrent la phrase *animâ vivimus*, et en poésie, *ferri ad vitales auras*, pour naître; *ducere vitales auras*, pour vivre; *vitam referre in auras*, pour mourir; et en prose *animam ducere*, vivre; *animam trahere*, être à l'agonie; *animam efflare, emittere*, expirer; ensuite les physiciens placèrent aussi dans l'air l'âme du monde. C'est encore une expression juste que *animus* pour la partie douée du sentiment : les Latins disent *animo sentimus*. Ils considérèrent *animus* comme mâle, *anima* comme femelle, parce que *animus* agit sur *anima*; le premier est l'*igneus vigor* dont parle Virgile; de sorte qu'*animus* aurait son sujet dans les nerfs, *anima* dans le sang et dans les veines. L'*æther* serait le véhicule d'*animus*, l'air celui d'*anima*; le premier circulant avec toute la rapidité des esprits animaux, la seconde plus lentement avec les esprits vitaux. *Anima* serait l'agent du mouvement; *animus* l'agent et le principe des actes de la volonté. Les *poètes théologiens* ont senti, par une sorte d'instinct, cette dernière vérité; et dans les poèmes d'Homère ils ont appelé l'âme (*animus*), une *force sacrée*, une *puissance mystérieuse*, un *dieu inconnu*. En général, lorsque les Grecs et les Latins rapportaient quelqu'une de leurs paroles, de leurs actions à un principe supérieur, ils disaient *un dieu l'a voulu ainsi*. Ce principe fut appelé par les Latins *mens animi*. Ainsi, dans leur grossièreté, ils pénétrèrent cette vérité sublime que la théologie naturelle a établie par des raisonnemens invincibles contre la doctrine d'Épicure, *les idées nous viennent de Dieu*.

Ils ramenaient toutes les fonctions de l'âme à trois parties du corps, *la tête*, *la poitrine*, *le cœur*. A la *tête*, ils rapportaient toutes les connaissances, et comme elles étaient chez eux toutes d'imagination, ils placèrent dans la tête la *mémoire*, dont les Latins employaient le nom pour désigner l'*imagination*. Dans le retour de la barbarie au moyen âge, on disait *imagination* pour *génie*, *esprit*. [Le biographe contemporain de Rienzi l'appelle *uomo fantastico* pour *uomo d'ingegno*.] En effet, l'imagination n'est que le résultat des souvenirs; le *génie* ne fait autre chose que travailler sur les matériaux que lui offre la *mémoire*. Dans ces premiers temps où l'esprit humain n'avait point tiré de l'art d'écrire, de celui de raisonner et de compter, la subtilité qu'il a aujourd'hui, où la multitude de mots abstraits que nous voyons dans les langues modernes, ne lui avait pas encore donné ses habitudes d'abstraction continuelle, il occupait toutes ses forces dans l'exercice de ces trois belles facultés qu'il doit à son union avec le corps, et qui toutes trois sont relatives à la première opération de l'esprit, l'*invention*; il fallait trouver avant de juger, la *topique* devait précéder la *critique*, ainsi que nous l'avons dit page 163. Aussi les *poètes théologiens* dirent que la *mémoire* (qu'ils confondaient avec l'*imagination*) était la *mère des muses*, c'est-à-dire des arts.

En traitant de ce sujet, nous ne pouvons omettre une observation importante qui jette beaucoup de jour sur celle que nous avons faite dans la *Méthode* (*il nous est* aujourd'hui *difficile de* comprendre, impossible d'imaginer *la manière de penser des premiers hommes qui fondèrent l'humanité païenne* *). Leur esprit précisait, particularisait toujours, de

---

* Les premiers hommes étant presque aussi *incapables de généraliser* que les animaux, pour qui toute sensation nouvelle efface entièrement la sensation analogue qu'ils ont pu éprouver, ils ne pouvaient *combiner des idées et discourir*. Toutes les pensées (*sentenze*) devaient en conséquence être *particularisées* par celui qui les pensait, ou plutôt qui les sentait. Examinons le trait sublime que Longin admire dans l'ode de Sapho, traduite par Catulle : le poète exprime par une comparaison les transports qu'inspire la présence de l'objet aimé,

Ille mi par esse deo videtur,

Celui-là est pour moi égal en bonheur aux dieux même....

la pensée n'atteint pas ici le plus haut degré du sublime, parce que l'amant ne la *particularise* point en la restreignant à lui-même ; c'est au contraire ce que fait Térence, lorsqu'il dit :

Vitam deorum adepti sumus,

Nous avons atteint la félicité des dieux.

ce sentiment est propre à celui qui parle, le pluriel est pour le singulier ; cependant ce pluriel semble en faire un sentiment commun à plusieurs. Mais le même poète dans une autre comédie porte le sentiment au plus haut degré de sublimité en le singularisant et l'appropriant à celui qui l'éprouve,

Deus factus sum, je ne suis plus un homme, mais un Dieu.

Les *pensées abstraites* regardent les généralités sont du domaine des philosophes, et les *réflexions sur les passions* sont d'une *fausse et froide poésie*.

sorte qu'à chaque changement dans la physionomie ils croyaient voir un nouveau visage, à chaque nouvelle passion un autre cœur, une autre âme; de là ces expressions poétiques, commandées par une nécessité naturelle plus que par celle de la mesure, *ora, vultus, animi, pectora, corda*, employées pour leurs singuliers.

Ils plaçaient dans la *poitrine* le siège de toutes les passions, et au-dessous, les deux germes, les deux levains des passions : dans l'*estomac* la partie irascible, et la partie concupiscible surtout dans le *foie*, qui est défini *le laboratoire du sang* (*officina*). Les poètes appellent cette partie *præcordia;* ils attachent au foie de Titan chacun des animaux remarquables par quelque passion; c'était entendre d'une manière confuse, que *la concupiscence est la mère de toutes les passions*, et que *les passions sont dans nos humeurs.*

Ils rapportaient au *cœur* tous les conseils; les héros roulaient leurs pensées, leurs inquiétudes dans leur cœur; *agitabant, versabant, volutabant corde curas.* Ces hommes encore stupides ne pensaient aux choses qu'ils avaient à faire, que lorsqu'ils étaient agités par les passions. De là les Latins appelaient les sages *cordati*, les hommes de peu de sens, *vecordes*. Ils disaient *sententiæ*, pour *résolutions*, parce que leurs jugemens n'étaient que le résultat de leurs sentimens; aussi les jugemens des *héros* s'accordaient toujours avec la vérité dans leur *forme*, quoiqu'ils fussent souvent faux dans leur *matière.*

§. II. COROLLAIRE

Relatif aux descriptions héroïques.

Les premiers hommes ayant peu ou point de raison, et étant au contraire tout imagination, rapportaient *les fonctions externes de l'âme aux cinq sens du corps*, mais considérés dans toute la finesse, dans toute la force et la vivacité qu'ils avaient alors. Les mots par lesquels ils exprimèrent l'action des sens le prouvent assez : ils disaient pour entendre, *audire*, comme on dirait *haurire*, puiser, parce que les oreilles semblent boire l'air, renvoyé par les corps qu'il frappe. Ils disaient pour voir distinctement, *cernere oculis* (d'où l'italien *scernere*, *discerner*), mot à mot *séparer par les yeux*, parce que les yeux sont comme un crible dont les pupilles sont les trous; de même que du crible sortent les jets de poussière qui vont toucher la terre, ainsi des yeux semblent sortir par les pupilles les jets ou rayons de lumière qui vont frapper les objets que nous voyons distinctement; c'est le *rayon visuel*, deviné par les stoïciens, et démontré de nos jours par Descartes. Ils disaient, pour *voir en général*, *usurpare oculis*. *Tangere*, pour *toucher* et *dérober*, parce qu'en touchant les corps nous en enlevons, nous en dérobons toujours quelque partie. Pour *odorer*, ils disaient *olfacere*, comme si, en recueillant les odeurs, nous les faisions nous-mêmes; et en cela ils se sont rencontrés avec la doctrine des cartésiens. Enfin, pour goûter, pour juger des saveurs, ils disaient *sapere*, quoique ce mot s'appliquât proprement aux choses douées de saveur, et non au sens qui en juge; c'est qu'ils cherchaient dans les choses la saveur qui leur était propre : de là cette belle métaphore de *sapientia*, la sagesse, laquelle tire des choses leur usage naturel, et non celui que leur suppose l'opinion.

Admirons en tout ceci la Providence divine qui, nous ayant donné comme pour la garde de notre corps des *sens*, à la vérité bien inférieurs à ceux des brutes, voulut qu'à l'époque où l'homme était tombé dans un état de brutalité, il eût pour sa conservation les sens les plus actifs et les plus subtils, et qu'ensuite ces sens s'affaiblissent, lorsque viendrait l'âge de la *réflexion*, et que cette faculté prévoyante protégerait le corps à son tour.

On doit comprendre d'après ce qui précède, pourquoi les *descriptions héroïques*, telles que celles d'Homère, ont tant d'éclat, et sont si frappantes, que tous les poètes des âges suivans n'ont pu les imiter, bien loin de les égaler.

§. III. COROLLAIRE

Relatif aux mœurs héroïques.

De telles *natures héroïques*, animées de tels *sentimens héroïques*, durent créer et conserver des *mœurs* analogues à celles que nous allons esquisser.

Les *héros*, récemment sortis des *géans*, étaient au plus haut degré *grossiers* et *farouches*, d'un entendement très borné, d'une vaste imagination, agités des passions les plus violentes ; ils étaient nécessairement *barbares, orgueilleux, difficiles, obstinés* dans leurs résolutions, et en même temps très *mobiles*, selon les nouveaux objets qui se présentaient. Ceci n'est point contradictoire ; vous pouvez observer tous les jours l'opiniâtreté de nos paysans, qui cèdent à la première raison que vous leur dites, mais qui, par faiblesse de réflexion, oublient bien vite le motif qui les avait frappés, et reviennent à leur première idée.—Par suite du même *défaut de réflexion*, les *héros* étaient *ouverts*, incapables de dissimuler leurs impressions, *généreux* et *magnanimes*, tels qu'Homère représente Achille, le plus grand de tous les héros grecs. Aristote part de ces mœurs *héroïques*, lorsqu'il veut dans sa Poétique, que le héros de la tragédie ne soit ni parfaitement bon, ni entièrement méchant, mais qu'il offre un mélange de grands vices et de grandes vertus. En effet, l'*héroïsme d'une vertu parfaite* est une conception qui appartient à la philosophie et non pas à la poésie.

L'*héroïsme galant* des modernes a été imaginé par les poètes qui vinrent bien long-temps après Homère, soit que l'invention des fables nouvelles leur appartienne, soit que les mœurs devenant efféminées avec le temps, ils aient altéré, et enfin corrompu entièrement les premières fables graves et sévères, comme il convenait aux fondateurs des sociétés. Ce qui le prouve, c'est qu'Achille, qui fait tant de bruit pour l'enlèvement de Briséis, et dont la colère suffit pour remplir une Iliade, ne montre pas une fois dans tout ce poème, un sentiment d'amour; Ménélas, qui arme toute la Grèce contre Troie pour reconquérir Hélène, ne donne pas, dans tout le cours de cette longue guerre, le moindre signe d'*amoureux tourment* ou de jalousie.

Tout ce que nous avons dit sur les *pensées*, les *descriptions* et les *mœurs héroïques*, appartient à la DÉCOUVERTE DU VÉRITABLE HOMÈRE, que nous ferons dans le livre suivant.

CHAPITRE VIII.

DE LA COSMOGRAPHIE POÉTIQUE.

Les *poètes théologiens*, ayant pris pour principes de leur *physique* les êtres divinisés par leur imagination, se firent une *cosmographie* en harmonie avec cette *physique*. Ils composèrent le monde de dieux du ciel, de l'enfer (*dii superi, inferi*), et de dieux intermédiaires (qui furent probablement ceux que les anciens Latins appelaient *medioxumi*).

Dans le monde, ce fut le ciel qu'ils contemplèrent d'abord. Les choses du ciel durent être pour les Grecs les premiers μαθήματα, *connaissances par excellence*, les premiers θεωρήματα, *objets divins de contemplation*. Le mot *contemplation*, appliqué à ces choses, fut tiré par les Latins de ces espaces du ciel désignés par les augures pour y observer les présages, et appelés *templa cœli*. — Le *ciel* ne fut pas d'abord plus haut pour les poètes, que *le sommet des montagnes*; ainsi les enfans s'imaginent que les montagnes sont les *colonnes* qui soutiennent la voûte du ciel, et les Arabes admettent ce principe de cosmographie dans leur Coran; de ces *colonnes*, il resta *les deux colonnes d'Hercule*, qui remplacèrent Atlas fatigué de porter le ciel sur ses épaules. *Colonne* dut venir d'abord de *columen*; ce n'était que des *soutiens*, des *étais* arrondis dans la suite par l'architecture.

La fable des géans faisant la guerre aux dieux et entassant *Ossa sur Pélion*, *Olympe sur Ossa*, doit avoir été trouvée depuis Homère. Dans l'Iliade, les dieux se tiennent toujours *sur la cime du mont Olympe*. Il suffisait donc que l'Olympe s'écroulât pour en faire tomber les dieux. Cette fable, quoique rapportée dans l'Odyssée, y est peu convenable: dans ce poème, l'*enfer* n'est pas plus profond que le *fossé* où Ulysse voit les ombres des héros et converse avec elles. Si l'Homère de l'Odyssée avait cette idée bornée de l'*enfer*, il devait concevoir du *ciel* une idée analogue, une idée conforme à celle que s'en était faite l'Homère de l'Iliade.

CHAPITRE IX.

DE L'ASTRONOMIE POÉTIQUE.

Démonstration astronomique, fondée sur des preuves physico-philologiques, de l'uniformité des principes ci-dessus établis chez toutes les nations païennes.

La force indéfinie de l'esprit humain se développant de plus en plus, et la contemplation du ciel, nécessaire pour prendre les augures, obligeant les peuples à l'observer sans cesse, *le ciel s'éleva* dans l'opinion des hommes, *et avec lui s'élevèrent les dieux et les héros.*

Pour retrouver l'*astronomie poétique*, nous ferons usage de *trois vérités philologiques* : I. L'astronomie naquit chez les Chaldéens. II. Les Phéniciens apprirent des Chaldéens, et communiquèrent aux Égyptiens, l'usage du cadran, et la connaissance de l'élévation du pôle. III. Les Phéniciens, instruits par les mêmes Chaldéens, portèrent aux Grecs la connaissance des divinités qu'ils plaçaient dans les étoiles.—Avec ces trois vérités philologiques s'accordent *deux principes philosophiques* : le premier est tiré de la nature sociale des peuples; ils *admettent difficilement les dieux étrangers*, à moins qu'ils ne soient parvenus au dernier degré de liberté religieuse, ce qui n'arrive que dans une extrême décadence. Le second est *physique*; l'erreur de nos yeux nous fait paraître *les planètes plus grandes que les étoiles fixes*.

Ces principes établis, nous dirons que chez toutes les nations païennes, de l'Orient, de l'Égypte, de la Grèce et du Latium, l'astronomie naquit uniformément d'une croyance vulgaire; *les planètes paraissant beaucoup plus grandes que les étoiles fixes, les dieux montèrent dans les planètes, et les héros furent attachés aux constellations*. Aussi les Phéniciens trouvèrent les dieux et les héros de la Grèce et de l'Égypte déjà préparés à jouer ces deux rôles; et les Grecs, à leur tour, trouvèrent dans ceux du Latium la même facilité. Les *héros*, et les *hiéroglyphes* qui signifiaient leurs caractères ou leurs entreprises, furent donc placés dans le *ciel*, ainsi qu'un grand nombre des *dieux principaux*, et servirent *l'astronomie des savans*, en donnant des noms aux étoiles. Ainsi, en partant de cette *astronomie vulgaire*, les premiers peuples écrivirent au *ciel* l'histoire de leurs dieux et de leurs héros......

CHAPITRE X.

DE LA CHRONOLOGIE POÉTIQUE.

Les *poètes théologiens* donnèrent à la *chronologie* des commencemens conformes à une telle *astronomie*. Ce *Saturne*, qui chez les Latins tira son nom à *satis*, des semences, et qui fut appelé par les Grecs Κρόνος de Χρόνος *le temps*, doit nous faire comprendre que les premières nations, toutes composées d'agriculteurs, commencèrent à compter les années par les récoltes de froment. C'est en effet la seule, ou du moins la principale chose dont la production occupe les agriculteurs toute l'année. Usant d'abord du langage muet, ils montrèrent autant d'*épis* ou de *brins de paille*, ou bien encore firent autant de fois *le geste de moissonner*, qu'ils voulaient indiquer d'*années*....

Dans la chronologie ordinaire, on peut remarquer quatre espèces d'anachronismes. 1° Temps *vides* de faits, qui devraient en être remplis; tels que l'âge des dieux, dans lequel nous avons trouvé les origines de tout ce qui touche la société, et que pourtant le savant Varron place dans ce qu'il appelle le *temps obscur*. 2° Temps *remplis* de faits, et qui devaient en être vides, tels que l'âge des héros, où l'on place tous les évènemens de l'âge des dieux, dans la supposition que toutes les fables ont été l'invention des poètes héroïques, et surtout d'Homère. 3° Temps *unis*, qu'on devait diviser; pendant la vie du seul Orphée, par exemple, les Grecs, d'abord semblables aux bêtes sauvages, atteignent toute la civilisation qu'on trouve chez eux à l'époque de la guerre de Troie. 4° Temps *divisés* qui devaient être unis; ainsi on place ordinairement la fondation des colonies grecques dans la Sicile et dans l'Italie, plus de trois siècles après les courses errantes des héros qui durent en être l'occasion.

CANON CHRONOLOGIQUE

Pour déterminer les commencemens de l'histoire universelle, antérieurement au règne de Ninus d'où elle part ordinairement.

Nous voyons d'abord les hommes, en exceptant quelques-uns des enfans de Sem, dispersés à travers la vaste forêt qui couvrait la terre un siècle dans l'Asie orientale, et deux siècles dans le reste du monde. Le culte de Jupiter, que nous retrouvons partout chez les premières nations païennes, fixe les fondateurs des sociétés dans les lieux où les ont conduits leurs courses vagabondes, et alors commence l'âge des dieux qui dure neuf siècles. Déterminés dans le choix de leurs premières demeures par le besoin de trouver de l'eau et des alimens, ils ne peuvent se fixer d'abord sur le rivage de la mer, et les premières sociétés s'établissent dans l'intérieur des terres. Mais vers la fin du premier *âge*, les

LIVRE II, CHAPITRE X.   237

peuples descendent plus près de la mer. Ainsi chez les Latins, il s'écoule plus de neuf cents ans depuis le *siècle d'or* du Latium, depuis l'*âge de Saturne* jusqu'au temps où Ancus Martius vient sur les bords de la mer s'emparer d'Ostie. — L'âge héroïque qui vient ensuite, comprend deux cents années pendant lesquelles nous voyons d'abord les courses de Minos, l'expédition des Argonautes, la guerre de Troie et les longs voyages des héros qui ont détruit cette ville. C'est alors, plus de mille ans après le déluge, que Tyr, capitale de la Phénicie, descend de l'intérieur des terres sur le rivage, pour passer ensuite dans une île voisine. Déjà elle est célèbre par la navigation et par les colonies qu'elle a fondées sur les côtes de la Méditerranée et même au-delà du détroit, avant les temps héroïques de la Grèce.

Nous avons prouvé l'uniformité du développement des nations, en montrant comment elles s'accordèrent à *élever leurs dieux jusqu'aux étoiles*, usage que les Phéniciens portèrent de l'Orient en Grèce et en Egypte. D'après cela, les Chaldéens durent régner dans l'Orient autant de siècles qu'il s'en écoula depuis Zoroastre jusqu'à Ninus, qui fonda la monarchie assyrienne, la plus ancienne du monde; autant qu'on dut en compter depuis Hermès Trismégiste jusqu'à Sésostris, qui fonda aussi en Egypte une puissante monarchie. Les Assyriens et les Egyptiens, nations méditerranées, durent suivre dans les révolutions de leurs gouvernemens la marche générale que nous avons indiquée. Mais les Phéniciens, nation maritime, enrichie par le commerce, durent s'arrêter dans la démocratie, le premier des gouvernemens *humains*. (*Voyez* le 4ᵉ liv.)

Ainsi par le simple secours de l'intelligence, et sans avoir besoin de celui de la mémoire, qui devient inutile lorsque les faits manquent pour frapper nos sens, nous avons rempli la lacune que présentait l'histoire universelle dans ses origines, tant pour l'ancienne Egypte que pour l'Orient plus ancien encore.

De cette manière l'étude du *développement de la civilisation humaine*, prête une certitude nouvelle aux *calculs de la chronologie*. Conformément à l'axiome 106, *elle part du point même où commence le sujet qu'elle traite* : elle part de χρόνος, *le temps*, ou Saturne, ainsi appelé à *satis*, parce que l'on comptait les années par les récoltes; d'*Uranie*, la muse qui contemple le ciel pour prendre les augures; de Zoroastre, *contemplateur des astres*, qui rend des oracles d'après la direction des étoiles tombantes. Bientôt Saturne monte dans la septième sphère, Uranie contemple les planètes et les étoiles fixes, et les Chaldéens favorisés par l'immensité de leurs plaines deviennent astronomes et astrologues, en mesurant le cercle que ces astres décrivent, en leur supposant diverses influences sur les corps sublunaires, et même sur les libres volontés de l'homme; sous les noms d'*astronomie*, d'*astrologie* ou de *théologie*, cette science ne fut autre que la *divination*. Du ciel les mathématiques descendirent pour mesurer la terre, sans toutefois pouvoir le faire avec certitude à moins d'employer les mesures fournies par les cieux. Dans leur partie principale elles furent nommées avec propriété *géométrie*.

C'est à tort que les chronologistes ne prennent point leur science au point même où commence le sujet qui lui est propre. Ils commencent avec l'année astronomique, laquelle n'a pu être connue qu'au bout de dix siècles au moins. Cette méthode pouvait leur faire connaître les conjonctions et les oppositions qui avaient pu avoir lieu dans le ciel entre les planètes ou les constellations; mais ne pouvait leur rien apprendre de la succession des choses de la terre. Voilà ce qui a rendu impuissans les nobles efforts du cardinal Pierre d'Alliac. Voilà pourquoi l'histoire universelle a tiré si peu d'avantages pour éclairer son origine et sa suite du génie admirable et de l'étonnante érudition de Petau et de Joseph Scaliger.

CHAPITRE XI.

DE LA GÉOGRAPHIE POÉTIQUE.

La *géographie poétique*, l'autre œil de l'*histoire fabuleuse*, n'a pas moins besoin d'être éclaircie, que la *chronologie poétique*. En conséquence d'un de nos axiomes (*les hommes qui veulent expliquer aux autres des choses inconnues et lointaines dont ils n'ont pas la véritable idée, les décrivent en les assimilant à des choses connues et rapprochées*), la *géographie poétique*, prise dans ses parties et dans son ensemble, naquit dans l'enceinte de la Grèce, sous des proportions resserrées. Les Grecs sortant de leur pays pour se répandre dans le monde, la géographie alla s'étendant jusqu'à ce qu'elle atteignit les limites que nous lui voyons aujourd'hui. Les géographes anciens s'accordent à reconnaître une vérité dont ils n'ont point su faire usage : c'est que *les anciennes nations, émigrant dans des contrées étrangères et lointaines, donnèrent des noms tirés de leur ancienne patrie, aux cités, aux montagnes et aux fleuves, aux isthmes et aux détroits, aux îles et aux promontoires*.

C'est dans l'enceinte même de la Grèce que l'on plaça d'abord la partie *orientale* appelée *Asie* ou *Inde*, l'*occidentale* appelée *Europe* ou *Hespérie*, la *septentrionale*, nommée *Thrace* ou *Scythie*, enfin la *méridionale*, dite *Lybie* ou *Mauritanie*. Les parties du *monde* furent ainsi appelées du nom des parties du *petit monde de la Grèce*, selon la situation des premières relativement à celle des dernières. Ce qui le prouve, c'est que les *vents cardinaux* conservent dans leur géographie les noms qu'ils durent avoir originairement dans l'intérieur de la Grèce.

D'après ces principes, la grande péninsule située à l'orient de la Grèce conserva le nom d'*Asie Mineure*, après que le nom d'*Asie* eut passé à cette vaste partie *orientale* du monde, que nous appelons ainsi dans un sens absolu. Au contraire, la Grèce, qui était à l'*occident* par rapport à l'Asie, fut appelée *Europe*, et ensuite ce nom s'étendit au grand continent, que limite l'Océan occidental. — Ils appelèrent d'abord *Hespérie* la partie *occidentale* de la Grèce, sur laquelle se levait le soir l'étoile *Hesperus*. Ensuite, voyant l'Italie dans la même situation, ils la nommèrent *Grande Hespérie*. Enfin, étant parvenus jusqu'à l'Espagne, ils la désignèrent comme la *dernière Hespérie*. — Les Grecs d'Italie, au contraire, durent appeler *Ionie* la partie de la Grèce qui était *orientale* relativement à eux, et la mer qui sépare la grande Grèce de la Grèce proprement dite, en garde le nom d'Ionienne; ensuite l'analogie de situation entre la Grèce proprement dite et la Grèce Asiatique, fit appeler *Ionie*, par les habitans de la première, la partie de l'Asie-Mineure qui se trouvait à leur orient. [Il est probable que Pythagore vint en Italie de Samé, partie du royaume d'Ulysse, située dans la *première Ionie*, plutôt que de Samos, située dans la seconde.] — De la *Thrace Grecque* vinrent Mars et Orphée; ce dieu et ce poète théologien ont évidemment une origine grecque. De la *Scythie Grecque* vint Anacharsis avec ses oracles scythiques non moins faux que les vers d'Orphée. De la même partie de la Grèce sortirent les Hyperboréens, qui fondèrent les oracles de Delphes et de Dodone. C'est dans ce sens que Zamolxis fut *Gète*, et Bacchus *Indien*. — Le nom de *Morée*, que le Péloponèse conserve jusqu'à nos jours, nous prouve assez que Persée, héros d'une origine évidemment grecque, fit ses exploits célèbres dans la *Mauritanie Grecque*; le royaume de Pélops ou Péloponèse a l'Achaïe au nord, comme l'Europe est au nord de l'Afrique. Hérodote raconte qu'autrefois les *Maures furent blancs*, ce qu'on ne peut entendre que des *Maures de la Grèce*, dont le pays est appelé encore aujourd'hui la *Morée Blanche*. — Les Grecs avaient d'abord appelé *Océan* toute mer d'un aspect sans bornes, et Homère avait dit que l'île d'Éole était ceinte par l'*Océan*. Lorsqu'ils arrivèrent à l'*Océan* véritable, ils étendirent cette idée étroite, et désignèrent par le nom d'*Océan* la mer qui embrasse toute la terre comme une grande île.* **

---

* Ces *principes de géographie* peuvent justifier *Homère* d'circuis très graves qui lui sont imputées à tort. Par exemple les *Cimmériens* durent avoir, comme il le dit, des nuits plus longues que tous les peuples de la *Grèce*, parce qu'ils étaient placés dans sa partie la plus septentrionale; ensuite on a reculé l'habitation des *Cimmériens* jusqu'aux *Palus-Méotides*. On disait à cause de leurs longues nuits qu'ils habitaient près des enfers, et les habitans de *Cumes*, voisins de la grotte de la Sybille qui conduisait aux enfers, reçurent, à cause de cette prétendue analogie de situation, le nom de *Cimmériens*. Autrement il ne serait point croyable qu'Ulysse, voyageant sans le secours des enchantemens (contre lesquels Mercure lui avait donné un préservatif), fût allé en un jour voir l'enfer chez les *Cimmériens des Palus-Méotides*, et fût revenu le même jour à *Circéi*, maintenant le mont Circello, près de Cumes. — Les *Lotophages* et les *Lestrigons* durent aussi être voisins de la Grèce.

Les mêmes *principes de géographie poétique* peuvent résoudre de grandes difficultés dans l'*Histoire ancienne de l'Orient*, où l'on éloigne beaucoup vers le *nord* ou le *midi* des peuples qui durent être placés d'abord dans l'*orient* même.

Ce que nous disons de la *Géographie des Grecs* se représente dans celle des *Latins*. Le *Latium* dut être d'abord bien resserré, puisqu'en deux siècles et demi, Rome, sous ses rois, soumit à-peu-près *vingt peuples* sans étendre son empire à plus de *vingt milles*. L'*Italie* fut certainement circonscrite par la Gaule Cisalpine et par la Grande-Grèce; ensuite les conquêtes des Romains étendirent ce nom à toute la Péninsule. La *mer d'Étrurie* dut être bien limitée lorsqu'Horatius-Coclès arrêtait seul toute l'Etrurie sur un pont; ensuite ce nom s'est étendu par les victoires de Rome à toute cette mer qui baigne la côte inférieure de l'Italie. De même le *Pont* où Jason conduisit les Argonautes, dut être la terre la plus voisine de l'Europe, celle qui n'en est séparée que par l'étroit bassin appelé *Propontide* ; cette terre dut donner son nom à la mer du *Pont*, et ce nom s'étendit à tout le golfe que présente l'Asie, dans cette partie de ses rivages où fut depuis le royaume de Mithridates; le père de Médée, selon la même fable, était né à Chalcis, dans cette ville grecque de l'Eubée qui s'appelle maintenant *Négrepont*. — La première *Crète* dut être une île dans cet Archipel où les Cyclades forment une sorte de *labyrinthe* ; c'est de là probablement que Minos allait en course contre les Athéniens; dans la suite, la *Crète* sortit de la mer Egée pour se fixer dans celle où nous la plaçons.

Puisque des Latins nous sommes revenus aux Grecs, remarquons que cette nation vaine en se répandant dans le monde, y célébra partout *la guerre de Troie* et *les voyages des héros errans* après sa destruction, des héros grecs, tels que Ménélas, Diomède, Ulysse, et des héros troyens, tels que Anténor, Capys, Énée. Les Grecs ayant retrouvé dans toutes les contrées du monde un *caractère de fondateurs des sociétés* analogue à celui de leur *Hercule de Thèbes*, ils placèrent partout son nom et le firent voyager par toute la terre qu'il purgeait de monstres sans en rapporter dans sa patrie autre chose que de la gloire. Varron compte environ quarante *Hercules*, et il affirme que celui des Latins s'appelait *Dius Fidius*; les Égyptiens, aussi vains que les Grecs, disaient que leur *Jupiter Ammon* était le plus ancien des *Jupiter*, et que les *Hercules* des autres nations avaient pris leur nom de l'*Hercule Égyptien*. Les Grecs observèrent encore qu'il y avait eu partout un *caractère poétique de bergers parlant en vers*; chez eux c'était *Évandre l'arcadien*; Évandre ne manqua pas de passer de l'Arcadie dans le *Latium*, où il donna l'hospitalité à l'*Hercule grec*, son compatriote, et prit pour femme *Carmenta*, ainsi nommée de *carmina*, *vers*; elle trouva chez les Latins *les lettres*, c'est-à-dire, les *formes* des sons articulés qui sont la *matière* des vers. Enfin ce qui confirme tout ce que nous venons de dire, c'est que les Grecs observèrent ces *caractères poétiques* dans le Latium, en même temps qu'ils trouvèrent leurs *Curètes* répandus dans la *Saturnie*, c'est-à-dire dans l'ancienne Italie, dans la Crète et dans l'Asie.

Mais comme ces mots et ces idées passèrent des *Grecs* aux *Latins* dans un temps où les nations, encore très *sauvages*, étaient *fermées aux étrangers* *, nous avons demandé plus haut qu'on nous passât la conjecture suivante : *Il peut avoir existé sur le rivage du Latium une cité grecque, ensevelie depuis dans les ténèbres de l'antiquité, laquelle aurait donné aux Latins les lettres de l'alphabet*. Tacite nous apprend que les lettres latines furent d'abord semblables *aux plus anciennes* des Grecs, ce qui est une forte preuve que les Latins ont reçu l'alphabet grec de ces *Grecs du Latium*, et non de la grande Grèce, encore moins de la Grèce proprement dite ; car s'il en eût été ainsi, ils n'eussent connu ces lettres qu'au temps de la guerre de Tarente et de Pyrrhus, et alors ils se seraient servis *des plus modernes*, et non pas *des anciennes*.

Les noms d'*Hercule*, d'*Évandre* et d'*Énée* passèrent donc de la Grèce dans le Latium, par l'effet de quatre causes que nous trouverons *dans les mœurs et le caractère des nations* : 1° les peuples encore barbares sont attachés aux coutumes de leur pays, mais à mesure qu'ils commencent à se civiliser, ils prennent du goût pour *les façons de parler des étrangers*, comme pour leurs marchandises et leurs manières ; c'est ce qui ex-

---

* Tite-Live assure qu'à l'époque de Servius Tullius, le nom si célèbre de Pythagore n'aurait pu parvenir de Crotone à Rome à travers tant de nations séparées par la diversité de leurs langues et de leurs mœurs. (*Vico.*)

plique pourquoi les Latins changèrent leur *Dius Fidius* pour l'Hercule des Grecs, et leur jurement national *Medius Fidius* pour *Mehercule*, *Mecastor*, *Edepol*. 2° La vanité des nations, nous l'avons souvent répété, les porte à se donner *l'illustration d'une origine étrangère*, surtout lorsque les traditions de leurs âges barbares semblent favoriser cette croyance; ainsi, au moyen âge, Jean Villani nous raconte que Fiesole fut fondé par Atlas, et qu'un roi troyen du nom de Priam régna en Germanie; ainsi les Latins méconnurent sans peine leur véritable fondateur, pour lui substituer *Hercule*, fondateur de la société chez les Grecs, et changèrent le *caractère de leurs bergers-poètes* pour celui de l'*Arcadien Evandre*. 3° Lorsque les nations remarquent des *choses étrangères*, qu'elles ne peuvent bien expliquer avec des mots de leur langue, *elles ont nécessairement recours aux mots des langues étrangères*. 4° Enfin, les premiers peuples, incapables d'abstraire d'un sujet les qualités qui lui sont propres, *nomment les sujets pour désigner les qualités*, c'est ce que prouvent d'une manière certaine plusieurs expressions de la langue latine. Les Romains ne savaient ce que c'était que *luxe*; lorsqu'ils l'eurent observé dans les Tarentins, ils dirent *un Tarentin* pour *un homme parfumé*. Ils ne savaient ce que c'était que *stratagème militaire*; lorsqu'ils l'eurent observé dans les Carthaginois, ils appelèrent les stratagèmes *punicas artes*, les arts puniques ou carthaginois. Ils n'avaient point l'idée du *faste*; lorsqu'ils le remarquèrent dans les Capouans, ils dirent *supercilium campanicum*, pour *fastueux*, *superbe*. C'est de cette manière que Numa et Ancus furent *Sabins*; les Sabins étant remarquables par leur piété, les Romains dirent *Sabin*, faute de pouvoir exprimer *religieux*. Servius Tullius fut *Grec* dans le langage des Romains, parce qu'ils ne savaient pas dire *habile et rusé*.

Peut-être doit-on comprendre de cette manière les *Arcadiens d'Evandre*, et les *Phrygiens d'Enée*. Comment des *bergers*, qui ne savaient ce que c'est que la mer, seraient-ils sortis de l'Arcadie, contrée toute méditerranée de la Grèce, pour tenter une si longue navigation et pénétrer jusqu'au milieu du Latium? Cependant toute tradition vulgaire doit avoir originairement quelque cause publique, quelque fondement de vérité..... Ce sont les Grecs qui, chantant par tout le monde leur guerre de Troie et les aventures de leurs héros, *ont fait d'Enée le fondateur de la nation romaine*, tandis que, selon Bochart, il ne mit jamais le pied en Italie, que Strabon assure qu'il ne sortit jamais de Troie, et qu'Homère, dont l'autorité a plus de poids ici, raconte qu'il y mourut et qu'il laissa le trône à sa postérité. Cette fable, inventée par la vanité des Grecs et adoptée par celle des Romains, ne put naître qu'*au temps de la guerre de Pyrrhus*, époque à laquelle les Romains commencèrent à accueillir ce qui venait de la Grèce.

Il est plus naturel de croire qu'il exista sur le rivage du Latium une cité grecque qui, vaincue par les Romains, fut détruite en vertu du droit héroïque des nations barbares, que les vaincus furent reçus à Rome dans la classe des plébéiens, et que, dans le langage poétique, on appela dans la suite *Arcadiens* ceux d'entre les vaincus qui avaient d'abord erré dans les forêts, *Phrygiens* ceux qui avaient erré sur mer.

" La *géographie* comprenant la *nomenclature* et la *chorographie* ou description des lieux, principalement des cités, il nous reste à la considérer sous ce double aspect pour achever ce que nous avions à dire de la *sagesse poétique*.

Nous avons remarqué plus haut que les *cités héroïques* furent fondées par la Providence dans des lieux d'une forte position, désignés par les Latins, dans la langue sacrée de leur âge divin, par le nom d'*Ara*, ou bien d'*Arces* (de là, au moyen âge, l'italien *rocche*, et ensuite *castella* pour *seigneuries*). Ce nom d'*Ara* dut s'étendre à tout le pays dépendant de chaque cité héroïque, lequel s'appelait aussi *Ager*, lorsqu'on le considérait sous le rapport des limites communes avec les cités étrangères, et *territorium* sous le rapport de la juridiction de la cité sur les citoyens. Il y a sur ce sujet un passage remarquable de Tacite; c'est celui où il décrit l'*Ara maxima* d'Hercule à Rome : *Igitur à foro boario, ubi æneum bovis simulacrum adspicimus, quia id genus animalium aratro subditur, sulcus designandi oppidi captus, ut magnam Herculis aram complecteretur, ara Herculis erat*. Joignez-y le passage curieux où Salluste parle de la fameuse *Ara* des frères Philènes, qui servait de limites à l'empire carthaginois et à la Cyrénaïque. Toute l'ancienne géographie est pleine de semblables *aræ* ; et pour commencer par l'Asie, Cellarius observe que toutes les cités de la Syrie prenaient le nom d'*Are*, avant ou après leurs noms particuliers ; ce qui faisait donner à la Syrie elle-même celui d'*Aramea* ou *Aramia*. Dans la Grèce, Thésée fonda la cité d'Athènes en érigeant le fameux *autel des malheureux*. Sans doute il comprenait avec raison sous cette dénomination les vagabonds sans lois et sans culte, qui, pour échapper aux rixes continuelles de l'état bestial, cherchaient un asile dans les lieux forts occupés par les premières sociétés, faibles qu'ils étaient par leur isolement, et manquant de tous les biens que la civilisation assurait déjà aux hommes réunis par la religion.

Les Grecs prenaient encore ἀρὰ dans le sens de *vœu*, action de dévouer, parce que les premières victimes *saturni hostiæ*, les premières ἀναθήματα, *diris devoti*, furent immolés sur les premières *Aræ*, dans le sens où nous prenons ce mot. Ces premières victimes furent les hommes encore sauvages qui osèrent poursuivre sur les terres labourées par les forts, les faibles qui s'y réfugiaient (*campare* en italien, du latin *campus*, pour *se sauver*). Ils y étaient consacrés à *Vesta* et immolés. Les Latins en ont conservé *supplicium*, dans les deux sens de *supplice* et de *sacrifice*. En cela la langue grecque répond à la langue latine : ἀρά, *vœu*, *action de dévouer* veut dire aussi *noxa*, la personne ou la chose coupable, et de plus *diræ*, les Furies. Les premiers coupables qu'on dévoua, *primæ noxæ*, étaient consacrés aux Furies, et ensuite sacrifiés sur les premières *aræ* dont nous avons parlé. Le mot *hara* dut signifier chez les anciens Latins, non pas le lieu où l'on élève les troupeaux, mais la *victime*, d'où vint certainement *haruspex*, celui qui tire les présages de l'examen des entrailles des victimes immolées devant les autels.

D'après ce que nous avons vu relativement à l'*Ara maxima* d'Hercule, c'est sur une *ara* semblable à celle de Thésée que Romulus dut fonder Rome, en ouvrant un asile dans un bois. Jamais les Latins ne parlent d'un bois sacré, *lucus*, sans faire mention d'un autel, *ara*, élevé dans ce bois à quelque divinité. Aussi lorsque Tite-Live nous dit en général que les asiles furent le moyen employé d'ordinaire par les anciens fondateurs des villes, *vetus urbes condentium consilium*, il nous indique la raison pour laquelle on trouve dans l'ancienne géographie tant de cités avec le nom d'*Aræ*. Nous avons parlé de l'Asie et de l'Afrique, mais il en de même en Europe, particulièrement en Grèce, en Italie, et maintenant encore en Espagne. Tacite mentionne en Germanie l'*Ara Ubiorum*. De nos jours on donne ce nom en Transilvanie à plusieurs cités.

C'est aussi de ce mot *Ara*, prononcé et entendu d'une manière si uniforme par tant de nations séparées par les temps, les lieux et les usages, que les Latins durent tirer le mot *aratrum*, charrue, dont la courbure se disait *urbs* (le sens le plus ordinaire de ce mot est celui de *ville*); du même mot vinrent enfin *arx*, forteresse, *arceo*, repousser (*ager arcifinius*, chez les auteurs qui ont écrit sur *les limites des champs*), et *arma*, *arcus*, armes, arc; c'était une idée bien sage de faire ainsi consister le courage à arrêter et repousser l'injustice. Ἄρης, *Mars* vint sans doute de la défense des *aræ*. (*Vico*.)

CONCLUSION DE CE LIVRE.

Nous avons démontré que la SAGESSE POÉTIQUE mérite deux magnifiques éloges, dont l'un lui a été constamment attribué. I. C'est elle qui *fonda l'humanité chez les Gentils*, gloire que la vanité des nations et des savans a voulu lui assurer, et lui aurait plutôt enlevée. II. L'autre gloire lui a été attribuée jusqu'à nous par une tradition vulgaire; c'est que la *sagesse antique*, par une même inspiration, *rendait ses sages également grands comme philosophes, comme législateurs et capitaines, comme historiens, orateurs et poètes*. Voilà pourquoi elle a été tant regrettée; cependant, dans la réalité, elle ne fit que les *ébaucher*, tels que nous les avons trouvés dans les fables; ces germes féconds nous ont laissé voir dans l'imperfection de sa forme primitive la *science* de réflexion, la science de recherches, ouvrage tardif de la philosophie. On peut dire en effet que dans les *fables*, *l'instinct* de l'humanité avait marqué d'avance les principes de la science moderne, que les *méditations* des savans ont depuis éclairée par des *raisonnemens*, et résumée dans des *maximes*. Nous pouvons conclure par le principe dont la démonstration était l'objet de ce livre : *Les poètes théologiens furent le sens, les philosophes furent l'intelligence de la sagesse humaine*.

LIVRE TROISIÈME.

DÉCOUVERTE DU VÉRITABLE HOMÈRE.

ARGUMENT.

Ce livre n'est qu'un appendice du précédent. C'est une application de la méthode qu'on y a suivie, au plus ancien auteur du paganisme, à celui qu'on a regardé comme le fondateur de la civilisation grecque, et par suite de celle de l'Europe. L'auteur entreprend de prouver : 1° *qu'Homère n'a pas été philosophe;* 2° *qu'il a vécu pendant plus de quatre siècles;* 3° *que toutes les villes de la Grèce ont eu raison de le revendiquer pour citoyen ;* 4° *qu'il a été, par conséquent, non pas un individu, mais un être collectif,* un symbole du peuple grec racontant sa propre histoire dans des chants nationaux.

Chapitre I. DE LA SAGESSE PHILOSOPHIQUE QUE L'ON ATTRIBUE A HOMÈRE. *La force et l'originalité avec lesquelles il a peint des mœurs barbares, prouvent qu'il partageait les passions de ses héros. Un philosophe n'aurait pu, ni voulu peindre si naïvement de telles mœurs.*

Chapitre II. DE LA PATRIE D'HOMÈRE. *Vico conjecture que l'auteur ou les auteurs de l'Odyssée eurent pour patrie les contrées occidentales de la Grèce; ceux de l'Iliade, l'Asie-Mineure. Chaque ville grecque revendiqua Homère pour citoyen, parce qu'elle reconnaissait quelque chose de son dialecte vulgaire dans l'Iliade ou l'Odyssée.*

Chapitre III. Du temps où vécut Homère. *Un grand nombre de passages indiquent des époques de civilisation très diverses, et portent à croire que les deux poèmes ont été travaillés par plusieurs mains, et continués pendant plusieurs âges.*

Chapitre IV. Pourquoi le génie d'Homère dans la poésie héroïque ne peut jamais être égalé. *C'est que les caractères des héros qu'il a peints ne se rapportent pas à des êtres individuels, mais sont plutôt des symboles populaires de chaque caractère moral. Observations sur la comédie et la tragédie.*

Chapitres V et VI. Observations philosophiques et philologiques, *qui doivent servir à la découverte du véritable Homère. La plupart des observations philosophiques rentrent dans ce qui a été dit au second livre, sur l'origine de la poésie.*

Chapitre VII. §. I. Découverte du véritable Homère. —§. II. *Tout ce qui était absurde et invraisemblable dans l'Homère que l'on s'est figuré jusqu'ici, devient dans notre Homère convenance et nécessité.*—§. III. *On doit trouver dans les poèmes d'Homère les deux principales sources des faits relatifs au droit naturel des gens, considéré chez les Grecs.*

Appendice. Histoire raisonnée des poètes dramatiques et lyriques. *Trois âges dans la poésie lyrique, comme dans la tragédie.*

LIVRE TROISIÈME.

DÉCOUVERTE DU VÉRITABLE HOMÈRE.

Avoir démontré, comme nous l'avons fait dans le livre précédent, que la *sagesse poétique* fut la *sagesse vulgaire* des peuples grecs, d'abord *poètes théologiens*, et ensuite *héroïques*, c'est avoir prouvé d'une manière implicite la même vérité relativement à la *sagesse d'Homère*. Mais Platon prétend au contraire qu'Homère posséda *la sagesse réfléchie (riposta) des âges civilisés*; et il a été suivi dans cette opinion par tous les philosophes, spécialement par Plutarque, qui a consacré à ce sujet un livre tout entier. Ce préjugé est trop profondément enraciné dans les esprits, pour qu'il ne soit pas nécessaire d'examiner particulièrement *si Homère a jamais été philosophe*. Longin avait cherché à résoudre ce problème dans un ouvrage dont fait mention Diogène Laërce dans la vie de Pyrrhon.

CHAPITRE I.

DE LA SAGESSE PHILOSOPHIQUE QUE L'ON A ATTRIBUÉE A HOMÈRE.

Nous accorderons, d'abord, comme il est juste, qu'*Homère a dû suivre les sentimens vulgaires*, et par conséquent les *mœurs vulgaires de ses contemporains* encore barbares; de tels sentimens, de telles mœurs fournissent à la poésie les sujets qui lui sont propres. Passons-lui donc d'avoir présenté *la force* comme la mesure de la grandeur des dieux; laissons Jupiter démontrer, par la force avec laquelle il enleverait *la grande chaîne* de la fable, qu'il est *le roi des dieux et des hommes;* laissons *Diomède, secondé par Minerve, blesser Vénus et Mars;* la chose n'a rien d'invraisemblable dans un pareil système; laissons Minerve, dans le combat des dieux, *dépouiller Vénus et frapper Mars d'un coup de pierre*, ce qui peut faire juger si elle était la déesse de la philosophie dans la croyance vulgaire; passons encore au poëte de nous avoir rappelé fidèlement l'usage *d'empoisonner les flèches**, comme

---

* Usage barbare dont les nations se seraient constamment abstenues si l'on

le fait le héros de l'Odyssée, qui va exprès à Ephyre pour y trouver des herbes vénéneuses; l'usage enfin de *ne point ensevelir les ennemis tués dans les combats*, mais de les laisser *pour être la pâture des chiens et des vautours.*

Cependant, la fin de la poésie *étant d'adoucir la férocité du vulgaire*, de l'esprit duquel les poètes disposent en maîtres, *il n'était point d'un homme sage* d'inspirer au vulgaire de l'admiration pour des *sentimens et des coutumes si barbares*, et de le confirmer dans les uns et dans les autres par le plaisir qu'il prendrait à les voir si bien peints. *Il n'était point d'un homme sage* d'amuser le peuple *grossier*, de la *grossièreté* des héros et des dieux. Mars, en combattant Minerve, l'appelle κυνόμυια (*musca canina*); Minerve donne un coup de poing à Diane; Achille et Agamemnon, le premier des héros et le roi des rois, se donnent l'épithète de *chien*, et se traitent comme le feraient à peine des valets de comédie.

Comment appeler autrement que *sottise* la prétendue *sagesse* du général en chef Agamemnon, qui a besoin d'être forcé par Achille à restituer Chryséis au prêtre d'Apollon, son père, tandis que le dieu, pour venger Chryséis, ravage l'armée des Grecs par une peste cruelle? Ensuite le roi des rois, se regardant comme outragé, croit rétablir son hon-

en croyait les auteurs qui ont écrit sur le droit des gens, et qui pourtant était alors pratiqué par ces Grecs auxquels on attribue la gloire d'avoir répandu la civilisation dans le monde. (*Vico.*)

neur en déployant une *justice* digne de la *sagesse* qu'il a montrée. Il enlève Briséis à Achille, sans doute afin que ce héros, *qui portait avec lui le destin de Troie*, s'éloigne avec ses guerriers et ses vaisseaux, et qu'Hector égorge le reste des Grecs que la peste a pu épargner.... Voilà pourtant le poète qu'on a jusqu'ici regardé comme le *fondateur de la civilisation des Grecs*, comme l'*auteur de la politesse de leurs mœurs*. C'est du récit que nous venons de faire qu'il déduit toute l'Iliade ; ses principaux acteurs sont un tel capitaine, un tel héros! Voilà le poète *incomparable dans la conception des caractères poétiques!* Sans doute il mérite cet éloge, mais dans un autre sens, comme on le verra dans ce livre. Ses caractères les plus sublimes choquent en tout les idées d'un âge civilisé, mais ils sont *pleins de convenance*, si on les rapporte à la nature *héroïque* des hommes *passionnés et irritables* qu'il a voulu peindre.

Si Homère est un *sage*, un *philosophe*, que dire de la passion de ses héros pour le *vin*? Sont-ils affligés, leur consolation c'est de s'*enivrer*, comme fait particulièrement le sage Ulysse. Scaliger s'indigne de voir toutes ces *comparaisons tirées des objets les plus sauvages, de la nature la plus farouche*. Admettons cependant qu'Homère a été forcé de les choisir ainsi pour se faire mieux entendre du vulgaire, alors si *farouche* et si *sauvage;* cependant le bonheur même de ces comparaisons, leur mérite incomparable, n'indique pas certainement un esprit *adouci* et *humanisé par la philosophie*. Celui en qui les leçons des *philosophes* auraient développé les sentimens de l'*humanité* et de la *pitié* n'aurait pas eu non plus ce *style si fier et d'un effet si terrible* avec lequel il décrit dans toute la variété de leurs accidens, les plus sanglans *combats*, avec lequel il diversifie de cent manières bizarres les tableaux de *meurtre* qui font la sublimité de l'Iliade. La *constance d'âme* que donne et assure l'étude de la *sagesse philosophique* pouvait-elle lui permettre de supposer tant de *légèreté*, tant de *mobilité* dans les dieux et les héros; de montrer les uns, sur le moindre motif, passant du plus grand trouble à un calme subit; les autres, dans l'accès de la plus violente colère, se rappelant un souvenir touchant, et fondant en larmes *; d'autres au contraire, navrés de douleur, oubliant tout-à-coup leurs maux, et s'abandonnant à la joie, à la première distraction agréable, comme le sage Ulysse au banquet d'Alcinoüs; d'autres enfin, d'abord calmes et tranquilles, s'irritant d'une parole dite sans intention de leur déplaire, et s'emportant au point de menacer de la mort celui qui l'a prononcée. Ainsi Achille reçoit dans sa tente l'infortuné Priam, qui est

* Au moyen âge, dont l'*Homère toscan* (Dante) n'a chanté que des *faits réels*, nous voyons que Rienzi, exposant aux Romains l'oppression dans laquelle ils étaient tenus par les nobles, fut interrompu par ses sanglots et par ceux de tous les assistans. La vie de Rienzi par un auteur contemporain nous représente au naturel les *mœurs héroïques* de la Grèce, telles qu'elles sont peintes dans Homère. (*Vico*). *Voy.* dans la note du discours le jugement sur Dante.

venu seul pendant la nuit à travers le camp des Grecs, pour racheter le cadavre d'Hector; il l'admet à sa table, et pour un mot que lui arrache le regret d'avoir perdu un si digne fils, Achille oublie les saintes lois de l'hospitalité, les droits d'une confiance généreuse, le respect dû à l'âge et au malheur; et dans le transport d'une fureur aveugle, il menace le vieillard de lui arracher la vie. Le même Achille refuse, dans son obstination impie, d'oublier en faveur de sa patrie l'injure d'Agamemnon, et ne secourt enfin les Grecs massacrés indignement par Hector, que pour venger le ressentiment particulier que lui inspire contre Pâris la mort de Patrocle. Jusque dans le tombeau, il se souvient de l'enlèvement de Briséis; il faut que la belle et malheureuse Polixène soit immolée sur son tombeau, et apaise par l'effusion du sang innocent ses cendres altérées de vengeance.

Je n'ai pas besoin de dire qu'on ne peut guère comprendre comment *un esprit grave, un philosophe habitué à combiner ses idées d'une manière raisonnable*, se serait occupé à imaginer ces contes de vieilles, bons pour amuser les enfants, et dont Homère a rempli l'Odyssée.

Ces mœurs *sauvages* et *grossières*, *fières* et *farouches*, ces caractères *déraisonnables* et *déraisonnablement obstinés*, quoique souvent *d'une mobilité et d'une légèreté puériles*, ne pouvaient appartenir, comme nous l'avons démontré (LIVRE II, *Corollaires de la nature héroïque*), qu'à des hommes *faibles d'esprit* comme des enfans, *doués d'une imagination vive* comme celle des femmes, *emportés dans leurs passions* comme les jeunes gens les plus violens. Il faut donc refuser à Homère toute *sagesse philosophique.*

Voilà l'origine des *doutes* qui nous forcent de rechercher quel fut le VÉRITABLE HOMÈRE.

CHAPITRE II.

DE LA PATRIE D'HOMÈRE.

Presque toutes les cités de la Grèce se disputèrent la gloire d'avoir donné le jour à Homère. Plusieurs auteurs ont même cherché sa patrie dans l'Italie, et Léon Allacci (*de Patriâ Homeri*) s'est donné une peine inutile pour la déterminer. S'il est vrai qu'il n'existe point d'écrivain plus ancien qu'Homère, comme Josephe le soutient contre Appion le grammairien, si les écrivains que nous pourrions consulter ne sont venus que long-temps après lui, il faut bien que nous employions notre *critique métaphysique* à trouver dans Homère lui-même et son siècle et sa patrie, en le considérant moins comme *auteur de livre*, que comme *auteur* ou fondateur de *nation*; et en effet, il a été considéré comme le fondateur de la civilisation grecque.

L'auteur de l'Odyssée naquit sans doute dans les parties occidentales de la Grèce, en tirant vers le midi. Un passage précieux justifie cette conjecture : Alcinoüs, roi de l'île des Phéaciens, maintenant Corfou, offre à Ulysse un vaisseau bien équipé, pour le ramener dans son pays, et lui fait remarquer que ses sujets, *experts dans la marine, seraient en état, s'il le fallait, de le conduire jusqu'en Eubée;* c'était, au rapport de ceux que le hasard y avait conduits, la contrée la plus lointaine, la Thulé du monde grec (*ultima Thule*). L'Homère de l'Odyssée qui avait une telle idée de l'Eubée, ne fut pas sans doute le même que celui de l'Iliade, car l'Eubée n'est pas très éloignée de Troie et de l'Asie-Mineure, *où naquit sans doute le dernier.*

On lit dans Sénèque, que c'était une question célèbre que débattaient les grammairiens grecs, de savoir *si l'Iliade et l'Odyssée étaient du même auteur.*

Si les villes grecques se disputèrent l'honneur d'avoir produit Homère, c'est que chacune reconnaissait dans l'Iliade et l'Odyssée *ses mots, ses phrases et son dialecte vulgaires.* Cette observation nous servira à *découvrir* le VÉRITABLE HOMÈRE.

CHAPITRE III.

DU TEMPS OU VÉCUT HOMÈRE.

L'AGE d'Homère nous est indiqué par les remarques suivantes, tirées de ses poèmes : — 1. Aux funérailles de Patrocle, Achille donne tous les *jeux* que la Grèce civilisée célébrait à Olympie.—2. L'*art de fondre* des bas reliefs et de *graver* les métaux était déjà inventé, comme le prouve, entre autres exemples, le bouclier d'Achille. La *peinture* n'était pas encore trouvée, ce qui s'explique naturellement : *l'art du fondeur* abstrait les superficies, mais il en conserve une partie par le relief; *l'art du graveur* ou *ciseleur* en fait autant dans un sens opposé; mais la *peinture* abstrait les superficies d'une manière absolue; c'est, dans les arts du dessin, le dernier effort de l'invention. Aussi, ni Homère ni Moïse ne font mention d'aucune peinture; preuve de leur antiquité!—3. Les délicieux *jardins* d'Alcinoüs, la magnificence de son *palais*, la somptuosité de sa *table*, prouvent que les Grecs admiraient déjà le luxe et le faste. — 4. Les Phéniciens portaient déjà sur les côtes de la Grèce l'*ivoire*, la *pourpre* et cet *encens* d'Arabie dont la grotte de Vénus exhale le parfum; en outre, du lin ou *byssus* le plus fin, de riches *vêtemens*. Parmi les présens offerts à Pénélope par ses amans, nous remarquons un voile ou manteau dont l'ingénieux travail ferait honneur au luxe recherché des temps modernes*. — 5. Le char sur lequel Priam va trouver Achille est de bois de *cèdre;* l'antre de Calypso en exhale l'agréable odeur. Cette délicatesse de bon goût fut ignorée des Romains aux époques où les Néron et les Héliogabale aimaient à anéantir les choses les plus précieuses, comme par une sorte de fureur. — 6. Descriptions des *bains* voluptueux de Circé. — 7. Les *jeunes esclaves* des amans de Pénélope, avec leur beauté, leurs grâces et leurs blondes chevelures, nous sont représentés tels que les recherche la délicatesse moderne. — 8. Les hommes soignent leur *chevelure* comme les femmes; Hector et Diomède en font un reproche à Pâris. — 9. Homère nous montre toujours ses héros se nourrissant de *chair rôtie*, nourriture la plus simple de toutes, celle qui demande le moins d'apprêt, puisqu'il suffit de braises pour la préparer**. Les *viandes bouil-*

* . . . . . . μέγαν περικαλλέα πέπλον
ποικίλον· εν δ'αρ' έσαν περόναι δύο καὶ δίχα πᾶσαι
χρύσειαι, κληΐσιν εὐγνάμπτοις ἀραρυῖαι. Od. Σ.

** L'usage en resta dans les sacrifices, et les Romains appelèrent toujours *prosficia* les chairs des victimes rôties sur les autels que l'on partageait entre les convives; dans la suite les victimes, comme les viandes *lies* ne durent venir qu'ensuite, car elles exigent, outre le feu, de l'eau, un chaudron et un trépied; Virgile nourrit ses héros de viandes bouillies, et leur en fait aussi rôtir avec des broches Enfin vinrent les *alimens assaisonnés*. — Homère nous présente comme l'aliment le plus délicat des héros, *la farine mêlée de fromage et de miel;* mais il tire de la *pêche* deux de ses comparaisons; et lorsqu'Ulysse, rentrant dans son palais sous les habits de l'indigence, demande l'aumône à l'un des amans de Pénélope, il lui dit que *les dieux donnent aux rois hospitaliers et bienfaisans des mers abondantes en poissons qui font les délices des festins.* — 10. Les *héros* contractent mariage avec des *étrangères;* les *bâtards succèdent* au trône; observation importante qui prouverait qu'Homère a paru à l'époque où le *droit héroïque* tombait en désuétude dans la Grèce, pour faire place à la *liberté populaire*.

En réunissant toutes ces observations, recueillies pour la plupart dans l'Odyssée, ouvrage de la vieillesse d'Homère au sentiment de Longin, nous partageons l'opinion de ceux qui placent l'âge d'Homère

---

profanes, furent rôties avec des broches Lorsqu'Achille reçoit Priam à sa table, il ouvre l'agneau, et ensuite Patrocle le rôtit, prépare la table, et sert le pain dans des corbeilles ; les héros ne célébraient point de banquets qui ne fussent des sacrifices, où ils étaient eux-mêmes les prêtres. Les Latins en conservèrent *epulæ*, banquets somptueux, le plus souvent donnés par les grands ; *epulum*, repas donné au peuple par la république; *epulones*, prêtres qui prenaient part au repas sacré. Agamemnon tue lui-même les deux agneaux dont le sang doit consacrer le traité fait avec Priam ; tant on attachait alors une idée magnifique à une action qui nous semble maintenant celle d'un boucher ! (*Vico*).

long-temps après *la guerre de Troie*, à une distance de quatre siècles et demi, et nous le croyons contemporain de Numa. Nous pourrions même le rapprocher encore, car Homère parle de l'Égypte, et l'on dit que Psammitique, dont le règne est postérieur à celui de Numa, fut le premier roi d'Égypte qui ouvrit cette contrée aux Grecs; mais une foule de passages de l'Odyssée montrent que la Grèce était depuis long-temps ouverte aux marchands phéniciens, dont les Grecs aimaient déjà les récits non moins que les marchandises, à-peu-près comme l'Europe accueille maintenant tout ce qui vient des Indes. Il n'est donc point contradictoire qu'Homère n'ait pas vu l'Égypte, et qu'il raconte tant de choses de l'Égypte et de la Lybie, de la Phénicie et de l'Asie en général, de l'Italie et de la Sicile, d'après les rapports que les Phéniciens en faisaient aux Grecs.

Il n'est pas si facile d'accorder *cette recherche et cette délicatesse dans la manière de vivre*, que nous observions tout-à-l'heure, avec les *mœurs sauvages et féroces* qu'il attribue à ses héros, particulièrement dans l'Iliade. Dans l'impuissance d'accorder ainsi la douceur et la férocité, *ne placidis coeant immitia*, on est tenté de croire que les deux poèmes ont été travaillés par plusieurs mains, et continués pendant plusieurs âges. Nouveau pas que nous faisons dans la *recherche du* véritable Homère.

CHAPITRE IV.

POURQUOI LE GÉNIE D'HOMÈRE DANS LA POÉSIE HÉROÏQUE NE PEUT JAMAIS ÊTRE ÉGALÉ. OBSERVATIONS SUR LA COMÉDIE ET LA TRAGÉDIE.

L'ABSENCE *de toute philosophie* que nous avons remarquée dans Homère, et nos *découvertes sur sa patrie et sur l'âge* où il a vécu, nous font soupçonner fortement qu'il pourrait bien n'avoir été qu'*un homme tout-à-fait vulgaire.* A l'appui de ce soupçon viennent deux observations.

1. Horace, dans son Art poétique, trouve qu'il est trop difficile d'imaginer de nouveaux *caractères* après Homère, et conseille aux poètes tragiques de les emprunter plutôt à l'Iliade (*Rectiùs iliacum carmen deducis in actus,* Quàm si.....). Il n'en est pas de même pour la *comédie:* les caractères de la nouvelle comédie à Athènes furent tous imaginés par les poètes du temps, auxquels une loi défendait de jouer des personnages réels, et ils le furent avec tant de bonheur, que les Latins, avec tout leur orgueil, reconnaissent la supériorité des Grecs dans la comédie. (Quintilien).

2. Homère, venu si long-temps avant les philosophes, les critiques et les auteurs d'*Arts poétiques*, fut et reste encore *le plus sublime des poètes* dans le genre le plus sublime, *dans le genre héroïque*; et la *tragédie* qui naquit après fut toute *grossière* dans ses commencemens, comme personne ne l'ignore.

La première de ces difficultés eût dû suffire pour exciter les recherches des Scaliger, des Patrizio, des Castelvetro, et pour engager tous les maîtres de l'*art poétique* à chercher la raison de cette différence....Cette raison ne peut se trouver que dans l'*origine de la poésie* (v. le livre précédent), et conséquemment dans la *découverte des caractères poétiques*, qui font toute l'essence de la poésie.

1. L'ancienne comédie prenait des *sujets véritables* pour les mettre sur la scène, tels qu'ils étaient; ainsi ce misérable Aristophane joua Socrate sur le théâtre, et prépara la ruine du plus vertueux des Grecs. La *nouvelle comédie peignit les mœurs des âges civilisés*, dont les philosophes de l'école de Socrate avaient déjà fait l'objet de leurs méditations; éclairés par les *maximes* dans lesquelles cette philosophie avait résumé toute la morale, Ménandre et les autres comiques grecs purent se former des *caractères idéaux*, propres à frapper l'attention du vulgaire, si docile aux *exemples*, tandis qu'il est si incapable de profiter des *maximes*.

2. La *tragédie*, bien différente dans son objet, met sur la scène les *haines*, les *fureurs*, les *ressenti-*

mens, les *vengeances héroïques*, toutes passions des *natures sublimes*. Les sentimens, le langage, les actions qui leur sont appropriés, ont, par leur violence et leur atrocité même, quelque chose de *merveilleux*, et toutes ces choses sont au plus haut degré *conformes entre elles*, et *uniformes dans leurs sujets*. Or, ces tableaux passionnés ne furent jamais faits avec plus d'avantage que par les Grecs des *temps héroïques*, à la fin desquels vint Homère..... Aristote dit avec raison dans sa Poétique, qu'Homère *est un poète unique pour les fictions*. C'est que les *caractères poétiques* dont Horace admire dans ses ouvrages l'incomparable vérité, se rapportèrent à *ces genres créés par l'imagination (generi fantastici)*, dont nous avons parlé dans la *métaphysique poétique*. A chacun de ces *caractères* les peuples grecs attachèrent toutes les *idées particulières* qu'on pouvait y rapporter, en considérant chaque caractère comme un genre. Au caractère d'Achille, dont la peinture est le principal sujet de l'Iliade, ils rapportèrent toutes les qualités propres à la *vertu héroïque*, les sentimens, les mœurs qui résultent de ces qualités, l'irritabilité, la colère implacable, la violence *qui s'arroge tout par les armes* (Horace). Dans le caractère d'Ulysse, principal sujet de l'Odyssée, ils firent entrer tous les traits distinctifs de la *sagesse héroïque*, la prudence, la patience, la dissimulation, la duplicité, la fourberie, cette attention à sauver l'exactitude du langage, sans égard à la réalité des actions, qui fait que ceux qui écoutent, se trompent eux-mêmes. Ils attribuèrent à ces deux *caractères* les actions *particulières* dont la célébrité pouvait assez frapper l'attention d'un peuple encore stupide, pour qu'il les rangeât dans l'un ou dans l'autre genre. Ces deux *caractères*, ouvrages d'une nation tout entière, devaient nécessairement présenter dans leur conception une heureuse *uniformité;* c'est dans cette *uniformité*, d'accord avec le sens commun d'une nation entière, que consiste toute la *convenance*, toute la grâce d'une fable. Créés par de si puissantes imaginations, ces caractères ne pouvaient être que *sublimes*. De là deux lois éternelles en poésie: d'après la première, le *sublime poétique* doit toujours avoir quelque chose de *populaire;* en vertu de la seconde, les peuples qui se firent d'abord eux-mêmes les *caractères héroïques*, ne peuvent observer leurs contemporains *civilisés* [et par conséquent si différens], sans leur transporter les idées qu'ils empruntent à ces caractères si renommés.

CHAPITRE V.

OBSERVATIONS PHILOSOPHIQUES DEVANT SERVIR A LA DÉCOUVERTE DU VÉRITABLE HOMÈRE.

1. RAPPELONS d'abord cet axiome : *Les hommes sont portés naturellement à consacrer le souvenir des lois et institutions qui font la base des sociétés auxquelles ils appartiennent.* — 2. L'*histoire* naquit d'abord, ensuite la *poésie*. En effet, l'histoire est la simple *énonciation du vrai*, dont la poésie est une *imitation exagérée*. Castelvetro a aperçu cette vérité, mais cet ingénieux écrivain n'a pas su en profiter pour trouver la véritable *origine de la poésie* ; c'est qu'il fallait combiner ce principe avec le suivant : — 3. Les *poètes* ayant certainement précédé les *historiens vulgaires*, la première *histoire* dut être la *poétique*. — 4. Les *fables* furent à leur origine des récits véritables et d'un caractère sérieux, et (μῦθος, *fable*, a été définie par *vera narratio*). Les fables naquirent, pour la plupart, *bizarres*, et devinrent successivement *moins appropriées* à leurs sujets primitifs, *altérées*, *invraisemblables*, *obscures*, *d'un effet choquant* et surprenant, enfin *incroyables*; voilà les sept sources de la difficulté des fables. —

Nous avons vu dans le second livre comment Homère reçut les fables déjà *altérées* et *corrompues*.—
6. Les *caractères poétiques*, qui sont l'essence des *fables*, naquirent d'une impuissance naturelle des premiers hommes, incapables d'*abstraire du sujet ses formes et ses propriétés* ; en conséquence, nous trouvons dans ces *caractères* une *manière de penser commandée par la nature aux nations entières*, à l'époque de leur plus profonde barbarie.—C'est le propre des barbares d'agrandir et d'étendre toujours les *idées particulières. Les esprits bornés*, dit Aristote dans sa Morale, *font une maxime*, une règle générale, *de chaque idée particulière*. La raison doit en être que l'esprit humain, infini de sa nature, étant resserré dans la grossièreté de ses sens, ne peut exercer ses facultés presque divines qu'en *étendant les idées particulières* par l'imagination. C'est pour cela peut-être que dans les poètes grecs et latins les images des dieux et des héros apparaissent toujours plus grandes que celles des hommes, et qu'aux siècles barbares du moyen âge, nous voyons dans les tableaux les figures du Père, de Jésus-Christ et de la Vierge, d'une grandeur colossale.—7. La *réflexion*, détournée de son usage naturel, est *mère du mensonge* et de la fiction. Les barbares en sont dépourvus; aussi les premiers poètes héroïques des Latins chantèrent des histoires véritables, c'est-à-dire les guerres de Rome. Quand la barbarie de l'antiquité reparut au moyen âge, les poètes latins de cette époque, les Gunterius, les

Guillaume de Pouille, ne chantèrent que des faits réels. Les romanciers du même temps s'imaginaient écrire des histoires véritables, et le Boiardo, l'Arioste, nés dans un siècle éclairé par la philosophie, tirèrent les sujets de leur poème de la chronique de l'archevêque Turpin. C'est par l'effet de ce *défaut de réflexion*, qui rend les barbares incapables de *feindre*, que Dante, tout profond qu'il était dans la *sagesse philosophique*, a représenté dans sa Divine Comédie, des personnages réels et des faits historiques. Il a donné à son poème le titre de *comédie*, dans le sens de l'*ancienne comédie* des Grecs, qui prenait pour sujet des personnages réels. Dante ressembla sous ce rapport à l'Homère de l'Iliade, que Longin trouve toute dramatique, toute en actions, tandis que l'Odyssée est toute en récits. Pétrarque, avec toute sa science, a pourtant chanté dans un poème latin la seconde guerre punique; et dans ses poésies italiennes, les *Triomphes*, où il prend le ton héroïque, ne sont autre chose qu'un *recueil d'histoires*. — Une preuve frappante que les premières *fables* furent des *histoires*, c'est que la *satire* attaquait non-seulement des personnes *réelles*, mais les personnes les plus connues; que la *tragédie* prenait pour sujets des *personnages de l'histoire poétique*; que l'ancienne *comédie* jouait sur la scène *des hommes* célèbres encore *vivans*. Enfin la *nouvelle comédie*, née à l'époque où les Grecs étaient le plus capables de *réflexion*, créa des personnages tout d'*invention*; de même, dans l'Italie moderne, la *nouvelle comédie* ne reparut qu'au commencement de ce quinzième siècle, déjà si éclairé. Jamais les Grecs et les Latins ne prirent un *personnage imaginaire* pour sujet principal d'une tragédie. Le public moderne, d'accord en cela avec l'ancien, veut que les opéras dont les sujets sont tragiques, soient *historiques* pour le fond; et s'il supporte les *sujets d'invention* dans la comédie, c'est que ce sont des aventures particulières qu'il est tout simple qu'on ignore, et que pour cette raison l'on croit véritables. — 8. D'après cette explication des *caractères poétiques*, les allégories poétiques qui y sont rattachées, ne doivent avoir qu'un sens relatif à l'*histoire* des premiers temps de la Grèce. — 9. De telles *histoires durent se conserver naturellement dans la mémoire* des peuples, en vertu du premier principe observé au commencement de ce chapitre. Ces premiers hommes, qu'on peut considérer comme représentant l'enfance de l'humanité, durent posséder à un degré merveilleux la faculté de la *mémoire*, et sans doute il en fut ainsi par une volonté expresse de la Providence; car, au temps d'Homère, et quelque temps encore après lui, l'écriture vulgaire n'avait pas encore été trouvée (Josephe contre Appion). Dans ce travail de l'esprit, les peuples, qui à cette époque étaient pour ainsi dire tout *corps* sans *réflexion*, furent tout *sentiment* pour *sentir* les particularités, toute *imagination* pour les saisir et les agrandir, toute *invention* pour les rapporter aux genres que l'imagination avait créés (*generi fantas-*

tici), enfin toute *mémoire* pour les retenir. Ces facultés appartiennent sans doute à l'esprit, mais tirent du corps leur origine et leur vigueur. Chez les Latins, *mémoire* est synonyme d'*imagination* (*memorabile*, imaginable, dans Térence); ils disent *comminisci* pour feindre, imaginer; *commentum* pour une *fiction*, et en italien *fantasia* se prend de même pour *ingegno*. La *mémoire* rappelle les objets, l'*imagination* en imite et en altère la forme réelle, le *génie* ou faculté d'inventer leur donne un tour nouveau, et en forme des assemblages, des compositions nouvelles. Aussi les *poètes théologiens* ont-ils appelé la *mémoire* la *mère des Muses*. — 10. Les *poètes* furent donc sans doute les premiers *historiens* des nations. Ceux qui ont cherché l'*origine de la poésie*, depuis Aristote et Platon, auraient pu remarquer sans peine que toutes les *histoires* des nations païennes ont des commencemens *fabuleux*. — 11. Il est impossible d'être à-la-fois et au même degré *poète* et *métaphysicien sublimes*. C'est ce que prouve tout examen de la nature de la poésie. La *métaphysique* détache l'*âme* des *sens*; la *faculté poétique* l'y plonge pour ainsi dire et l'y ensevelit; la *métaphysique* s'élève aux *généralités*, la *faculté poétique* descend aux *particularités*. — 12. En poésie, l'art est inutile sans la nature: la poétique, la critique, peuvent faire des esprits *cultivés*, mais non pas leur donner de la *grandeur*; la *délicatesse* est un talent pour les petites choses, et la *grandeur d'esprit* les dédaigne naturellement. Le torrent impétueux peut-il rouler une eau limpide? ne faut-il pas qu'il entraîne dans son cours des arbres et des rochers? *Excusons* donc *les choses basses et grossières qui se trouvent dans Homère.* — 13. Malgré ces défauts, Homère n'en est pas moins *le père, le prince de tous les poètes sublimes.* Aristote trouve qu'il est impossible d'*égaler les mensonges poétiques d'Homère;* Horace dit *que ses caractères sont inimitables;* deux éloges qui ont le même sens.—Il semble s'élever jusqu'au ciel par le *sublime de la pensée;* nous avons expliqué déjà ce mérite d'Homère, LIVRE II, page 225.

Joignez à ces réflexions celles que nous avons faites un peu plus haut (pages 252-257), et qui prouvent à-la-fois combien il est poète, et *combien peu il est philosophe.*—14. Les *inconvenances*, les *bizarreries* qu'on pourrait lui reprocher, furent l'effet naturel de l'impuissance, de la *pauvreté de la langue* qui se formait alors. Le *langage* se composait encore d'*images*, de *comparaisons*, faute de *genres* et *d'espèces qui pussent définir les choses avec propriété;* ce langage était le produit naturel d'une *nécessité, commune à des nations entières.* — C'était encore une *nécessité* que les premières nations parlassent *en vers héroïques* (LIVRE II, page 158). —15. De telles *fables*, de telles *pensées* et de telles *mœurs*, un tel *langage* et de tels *vers* s'appelèrent également *héroïques*, furent *communs à des peuples entiers*, et par conséquent *aux individus* dont se composaient ces peuples.

CHAPITRE VI.

OBSERVATIONS PHILOLOGIQUES, QUI SERVIRONT A LA DÉCOUVERTE DU VÉRITABLE HOMÈRE.

1. Nous avons déjà dit plus haut que toutes les anciennes *histoires* profanes commencent par des *fables;* que les peuples barbares, sans communication avec le reste du monde, comme les anciens Germains et les Américains, conservaient *en vers l'histoire* de leurs premiers temps; que l'*histoire romaine* particulièrement fut d'abord écrite par des *poètes*, et qu'au moyen âge celle de l'Italie le fut aussi par des poètes latins. — 2. Manéthon, grand *pontife* d'Égypte, avait donné à l'*histoire* des premiers âges de sa nation, écrite en hiéroglyphes, l'interprétation d'une sublime *théologie naturelle;* les *philosophes* grecs donnèrent une explication *philosophique* aux *fables* qui contenaient l'*histoire* des âges les plus anciens de la Grèce. Nous avons, dans le livre précédent, tenu une marche tout-à-fait contraire : nous avons ôté aux *fables* leurs sens *mystique* ou *philosophique* pour leur rendre leur véritable sens *historique.* — 3. Dans l'Odyssée, on veut louer quelqu'un d'avoir bien raconté une *histoire*, et l'on dit qu'*il l'a racontée comme un chanteur* ou *un musicien.* Ces *chanteurs* n'étaient sans doute autres

que les *rapsodes*, ces hommes du peuple qui savaient chacun par cœur quelque morceau d'Homère, et conservaient ainsi dans leur mémoire ses poèmes, qui n'étaient point encore écrits. (*Voy.* Josephe contre Appion.) Ils allaient isolément de ville en ville en chantant les vers d'Homère dans les fêtes et dans les foires. — 4. D'après l'étymologie, les *rapsodes* (de ῥάπτειν, *coudre*, ᾠδάς, *des chants*), ne faisaient que *coudre*, arranger les *chants* qu'ils avaient recueillis, sans doute dans le peuple même. Le mot *Homère* présente dans son étymologie un sens analogue, ὁμοῦ, *ensemble*, εἴρειν, *lier*. ὅμηρος signifie *répondant*, parce que le *répondant* lie ensemble le créancier et le débiteur. Cette étymologie, appliquée à l'Homère que l'on a conçu jusqu'ici, est aussi éloignée et aussi forcée qu'elle est convenable et facile relativement à notre Homère, qui *liait, composait*, c'est-à-dire mettait ensemble *les fables*.— 5. *Les Pisistratides divisèrent et disposèrent les poèmes d'Homère en Iliade et en Odyssée.* Ceci doit nous faire entendre que ces poèmes n'étaient auparavant qu'un amas confus de traditions poétiques. On peut remarquer d'ailleurs combien diffère le style des deux poèmes. — Les mêmes Pisistratides ordonnèrent qu'à l'avenir ces poèmes *seraient chantés par les rapsodes* dans la fête des Panathénées (Cicéron, *De naturâ deorum*. Elien). — 6. Mais les Pisistratides furent chassés d'Athènes peu de temps avant que les Tarquins le fussent de Rome, de sorte qu'en plaçant Homère au temps de Numa, comme nous l'avons fait, les *rapsodes conservèrent long-temps encore ses poèmes dans leur mémoire.* Cette tradition ôte tout crédit à la précédente, d'après laquelle les poèmes d'Homère auraient été *corrigés, divisés et mis en ordre* du temps des Pisistratides. Tout cela eût supposé l'écriture vulgaire, et si cette écriture eût existé dès cette époque, on n'aurait plus eu besoin de rapsodes pour retenir et pour chanter des morceaux de ces poèmes.*

Ce qui achève de prouver qu'Homère est *antérieur à l'usage de l'écriture*, c'est qu'*il ne fait mention nulle part des lettres de l'alphabet.* La lettre écrite par Prétus pour perdre Bellérophon, le fut, dit-il, *par des signes*, σήματα. — 7. Aristarque *corrigea* les poèmes d'Homère, et pourtant, sans parler de

---

* Rien n'indique qu'Hésiode qui laissa ses ouvrages écrits ait été appris par cœur, comme Homère, par les rapsodes. Les chronologistes ont donc pris un soin puéril en le plaçant trente ans avant Homère, tandis qu'il dut venir après les Pisistratides.

On pourrait cependant attaquer cette opinion en considérant Hésiode comme un de ces poëtes cycliques, qui chantèrent toute l'*histoire fabuleuse* des Grecs, depuis l'origine de leur théogonie jusqu'au retour d'Ulysse à Itaque, et en les plaçant dans la même classe que les rapsodes homériques. Ces poëtes dont le nom vient de χύχλος, *cercle*, ne purent être que des hommes du peuple qui, les jours de fêtes, chantaient les fables à la multitude rassemblée en cercle autour d'eux. On les désigne ordinairement eux-mêmes par l'épithète de χύχλιοι, ἐχύχλιοι, et les recueils de leurs ouvrages par χύχλος ἐπιχός, χύχλια ἔπη, ποίημα ἐγχυχλιχὸν, ou simplement χύχλος. Hésiode, considéré comme un *poëte cyclique*, qui raconte toutes les *fables relatives aux dieux* de la Grèce, aurait précédé Homère.

Ce que nous disions d'abord d'Hésiode, nous le dirons d'Hippocrate. Il laissa des ouvrages considérables écrits, non en vers, mais en *prose*, et par conséquent *incapables d'être retenus par cœur*; nous le placerons au temps d'Hérodote. (*Vico.*)

cette foule de *licences* dans la mesure, on trouve encore dans la variété de ses dialectes, *ce mélange discordant d'expressions hétérogènes*, qui étaient sans doute autant d'*idiotismes* des divers peuples de la Grèce. — 8. Voyez plus haut ce que nous avons dit sur la patrie et sur l'âge d'Homère. Longin, ne pouvant dissimuler la grande *diversité de style* qui se trouve dans les deux poèmes, prétend qu'*Homère fit l'Iliade lorsqu'il était jeune encore, et qu'il composa l'Odyssée dans sa vieillesse.* Sans doute la colère d'Achille lui semble un sujet plus convenable pour un jeune homme, les aventures du prudent Ulysse pour un vieillard. Mais comment savoir ces particularités de l'histoire d'un homme, lorsqu'on en ignore les deux circonstances les plus importantes, le temps et le lieu? C'est ce qui doit ôter toute confiance à la *Vie d'Homère* qu'a composée Plutarque, et à celle qu'on attribue souvent à Hérodote, et dans laquelle l'auteur a rempli un volume de tant de détails minutieux et de tant de belles aventures. — 9. La tradition veut qu'Homère ait été *aveugle*, et qu'il ait tiré de là son nom (c'était le sens d'Ομηρος dans le dialecte ionien). Homère lui-même nous représente *toujours aveugles* les poètes qui chantent à la table des grands; c'est un *aveugle* qui paraît au banquet d'Alcinoüs et à celui des amans de Pénélope. — *Les aveugles ont une mémoire étonnante.* — Enfin, selon la même tradition, Homère était *pauvre, et allait dans les marchés de la Grèce en chantant ses poèmes.*

CHAPITRE VII.

§. I. DÉCOUVERTE DU VÉRITABLE HOMÈRE.

Ces observations philosophiques et philologiques nous portent à croire qu'il en est d'*Homère* comme de la *guerre de Troie*, qui fournit à l'histoire une fameuse époque chronologique, et dont cependant les plus sages critiques révoquent en doute la réalité. Certainement, s'il ne restait pas plus de traces d'*Homère* que de la *guerre de Troie*, nous ne pourrions y voir, après tant de difficultés, qu'*un être idéal*, et non pas un homme. Mais *ces deux poèmes* qui nous sont parvenus, nous forcent de n'admettre cette opinion qu'à demi, et de dire qu'*Homère a été l'idéal ou le* caractère héroïque *du peuple de la Grèce racontant sa propre histoire dans des chants nationaux*.

§. II. *Tout ce qui était absurde et invraisemblable dans l'Homère que l'on s'est figuré jusqu'ici, devient dans notre Homère convenance et nécessité.*

— 1. D'abord l'incertitude de la *patrie* d'Homère nous oblige de dire que si les peuples de la Grèce se disputèrent l'honneur de lui avoir donné le jour, et le revendiquèrent tous pour concitoyen, c'est qu'ils *étaient eux-mêmes Homère.* — S'il y a une telle diversité d'opinion sur l'époque où il a vécu, c'est qu'il vécut en effet dans la bouche et dans la mémoire des mêmes peuples, depuis la guerre de Troie jusqu'au temps de Numa, ce qui fait quatre cent soixante ans. — 2. La *cécité*, la *pauvreté* d'Homère furent celles des rapsodes, qui, étant aveugles (d'où leur venait le nom d'ὅμηρα), avaient une plus forte mémoire. C'étaient de pauvres gens qui gagnaient leur vie à chanter par les villes les *poèmes homériques*, dont ils étaient auteurs, en ce sens qu'ils faisaient partie des peuples qui y avaient consigné leur histoire. — 3. De cette manière, Homère composa l'Iliade *dans sa jeunesse*, c'est-à-dire dans celle de la Grèce. Elle se trouvait alors tout ardente de passions sublimes, d'orgueil, de colère et de vengeance. Ces sentimens sont ennemis de la dissimulation, et n'excluent point la générosité ; elle devait admirer Achille, le *héros de la force*. Homère déjà *vieux* composa l'Odyssée, lorsque les passions des Grecs commençaient à être refroidies par la réflexion, mère de la prudence. La Grèce devait alors admirer Ulysse, le *héros de la sagesse*. Au temps de la jeunesse d'Homère, la fierté d'Agamemnon, l'insolence et la barbarie d'Achille plaisaient aux peuples de la Grèce. Lors de sa vieillesse, ils aimaient déjà le luxe d'Alcinoüs, les délices de Calypso, les voluptés de Circé, les chants des Sirènes et les amusemens des amans de Pénélope. Comment en effet rapporter au même âge des mœurs absolument opposées? Cette difficulté a tellement frappé Platon, que, ne sachant comment la résoudre, il prétend que dans les divins transports de l'enthousiasme poétique, Homère put voir dans l'avenir ces mœurs efféminées et dissolues. Mais n'est-ce pas attribuer le comble de l'imprudence à celui qu'il nous présente comme le fondateur de la civilisation grecque? Peindre d'avance de telles mœurs, tout en les condamnant, n'est-ce pas enseigner à les imiter? Convenons plutôt que l'auteur de l'Iliade dut précéder de long-temps celui de l'Odyssée; que le premier, originaire du nord-est de la Grèce, chanta la guerre de Troie qui avait eu lieu dans son pays; et que l'autre, né du côté de l'Orient et du Midi, célèbre Ulysse qui régnait dans ces contrées. — 4. Le caractère individuel d'Homère, disparaissant ainsi dans la foule des peuples grecs, il se trouve justifié de tous les reproches que lui ont faits les critiques, et particulièrement de la bassesse des pensées, de la grossièreté des mœurs, de ses comparaisons sauvages, des idiotismes, des licences de versification, de la variété des dialectes qu'il emploie; enfin d'avoir élevé les hommes à la grandeur des dieux, et fait descendre les dieux au caractère d'hommes. Longin n'ose défendre de telles fables qu'en les expliquant par des allégories philosophiques; c'est dire assez que, prises dans leur premier sens, elles ne peuvent assurer à Homère la gloire d'avoir fondé la civilisation grecque.—Toutes ces imperfections de la poésie homérique que l'on a tant critiquées répondent à autant de caractères des peuples grecs eux-mêmes. — 5. Nous assurons à Homère le privilège d'avoir eu seul la puissance d'inventer les *mensonges poétiques* (Aristote), *les caractères héroïques* (Horace); le privilège d'une incomparable éloquence dans ses comparaisons sauvages, dans ses affreux tableaux de morts et de batailles, dans ses peintures sublimes des passions, enfin le mérite du style le plus brillant et le plus pittoresque. Toutes ces qualités appartenaient à l'âge héroïque de la Grèce. C'est le génie de cet âge qui fit d'Homère un *poète* incomparable. Dans un temps où la mémoire et l'imagination étaient pleines de force, où la puissance d'invention était si grande, il ne pouvait être *philosophe*. Aussi ni la philosophie, ni la poétique ou la critique, qui vinrent plus tard, n'ont pu jamais faire un poète qui approchât seulement d'Homère. — 6. Grâces à notre découverte, Homère est assuré désormais des trois titres immortels qui lui ont été donnés, d'avoir été le *fondateur de la civilisation grecque*, le *père de tous les autres poètes*, et la *source des diverses philosophies* de la Grèce. Aucun de ces trois titres ne convenait à Homère, tel qu'on se l'était figuré jusqu'ici. Il ne pouvait être regardé comme le *fondateur de la civilisation grecque*, puisque, dès l'époque de Deucalion et Pyrrha, elle avait été fondée avec l'institution des mariages, ainsi que nous l'avons démontré en traitant de la *sagesse poétique* qui fut le principe de cette civilisation. Il ne pouvait être regardé comme le *père des poètes*, puisqu'avant lui avaient fleuri les *poètes théologiens*, tels qu'Orphée, Amphion, Linus et Musée; les chronologistes y joignent Hésiode en le plaçant trente ans avant Homère. Il fut même devancé par plusieurs poètes héroïques, au rapport de Cicéron (Brutus); Eusèbe les nomme dans sa *préparation évangélique*; ce sont Philamon, Thémiride, Démodocus, Épiménide, Aristée, etc. — Enfin, on ne pouvait voir en lui la *source des diverses philosophies* de la Grèce, puisque nous avons démontré dans le second Livre que les philosophes ne trouvèrent point leurs doctrines dans les fables homériques, mais qu'ils les y rattachèrent. La *sagesse poétique* avec ses fables fournit seulement aux philosophes l'occasion de méditer les plus hautes vérités de la métaphysique et de la morale, et leur donna en outre la facilité de les expliquer.

§. III. *On doit trouver dans les poèmes d'Homère les deux principales sources des faits relatifs au droit naturel des gens, considéré chez les Grecs.*

Aux éloges que nous venons de donner à Homère, ajoutons celui d'avoir été le *plus ancien historien du paganisme*, qui nous soit parvenu. Ses poèmes sont comme *deux grands trésors où se trouvent conservées les mœurs des premiers âges de la Grèce*. Mais le destin des *poèmes d'Homère* a été le même que celui des *lois des douze tables*. On a rapporté ces lois au législateur d'Athènes, d'où elles seraient passées à Rome, et l'on n'y a point vu *l'histoire du droit naturel des peuples héroïques du Latium*; on a cru que les *poèmes d'Homère* étaient la création du rare génie d'un individu, et l'on n'y a pu découvrir *l'histoire du droit naturel des peuples héroïques de la Grèce.*

APPENDICE.

Histoire raisonnée des poëtes dramatiques et lyriques.

Nous avons déjà montré qu'antérieurement à Homère il y avait eu trois âges de poètes : celui des *poètes théologiens*, dans les chants desquels les fables étaient encore des histoires véritables et d'un caractère sévère; celui des *poètes héroïques*, qui altérèrent et corrompirent ces fables; enfin l'*âge d'Homère*, qui les reçut altérées et corrompues. Maintenant la même critique *métaphysique* peut, en nous montrant le cours d'idées que suivirent les anciens peuples, jeter un jour tout nouveau sur *l'histoire des poëtes dramatiques et lyriques.*

Cette histoire a été traitée par les philologues avec bien de l'obscurité et de la confusion. Ils placent parmi les *lyriques* Amphion de Méthymne, poète très ancien des temps héroïques. Ils disent qu'il trouva le *dityrambe*, et aussi le *chœur*; qu'il introduisit des *satyres* qui chantaient des vers; que le *dityrambe* était un *chœur* qui dansait en rond, en chantant des vers en l'honneur de Bacchus. A les entendre, le temps des *poëtes lyriques* vit aussi fleurir des *poëtes tragiques* distingués, et Diogène Laërce assure que la première tragédie fut représentée par le *chœur* seulement. Ils disent encore qu'Eschyle fut le premier poète tragique, et Pausanias raconte qu'il reçut de Bacchus l'ordre d'écrire des tragédies; d'un autre côté, Horace qui dans son art poétique commence à traiter de la tragédie en parlant de la satyre, en attribue l'invention à Thespis, qui au temps des vendanges fit jouer la première satire sur des tombereaux. Après serait venu Sophocle, que Palémon a proclamé l'*Homère des tragiques*; enfin la carrière eût été fermée par Euripide qu'Aristote appelle le tragique par excellence, τραγικώτατος. Ils placent dans le même âge Aristophane, premier auteur de la *vieille comédie*, dont les nuées perdirent le vertueux Socrate. Cet abus ouvrit la route de la nouvelle comédie que Ménandre suivit plus tard.

Pour résoudre ces difficultés, il faut reconnaître qu'il y eut deux sortes de *poëtes tragiques*, et autant de *lyriques*. Les anciens lyriques furent sans doute les auteurs des hymnes en l'honneur des dieux, analogues à ceux que l'on attribue à Homère, et écrits aussi en vers héroïques. Chez les Latins les premiers poètes furent les auteurs des vers saliens, sorte d'hymnes chantés dans les fêtes des dieux par les prêtres saliens. Ce dernier mot vient peut-être de *salire*, *saltare* danser, de même que chez les Grecs le premier chœur avait été une danse en rond. Tout ceci s'accorde avec nos principes : les hommes des premiers siècles qui étaient essentiellement religieux, ne pouvaient louer que les dieux. Au moyen âge, les prêtres qui seuls alors étaient lettrés, ne composèrent d'autres poésies que des hymnes.

Lorsque l'âge héroïque succéda à l'âge divin, on n'admira, on ne célébra que les exploits des héros. Alors parurent les poètes lyriques semblables à l'Achille de l'Iliade, lorsqu'il chante sur sa lyre les *louanges des héros qui ne sont plus**. Les nouveaux lyriques furent ceux qu'on appelait *melici*, ceux qui écrivirent ce genre de vers que nous appelons *arie per musica*; le prince de ces lyriques est Pindare. Ce genre de vers dut venir après l'iambique, qui lui-même, ainsi que nous l'avons vu, succéda à l'héroïque. Pindare vint au temps où la vertu grecque éclatait dans les pompes des jeux olympiques au milieu d'un peuple admirateur; là chantaient les poètes lyriques. De même Horace parut à l'époque de la plus haute splendeur de Rome; et chez les Italiens ce genre de poésie n'a été connu qu'à l'époque où les mœurs se sont adoucies et amollies.

Quant aux *tragiques* et aux *comiques*, on peut tracer ainsi la route qu'ils suivirent. Thespis et Amphion, dans deux parties différentes de la Grèce, inventèrent pendant la saison des vendanges ** la *satire*, ou tragédie antique jouée par des satyres. Dans cet âge de grossièreté, le premier déguisement consista à se couvrir de peaux de chèvres*** les jambes et les cuisses, à se rougir de lie de vin le visage et la poitrine, et à s'armer le front de cornes ****. La tragédie dut commencer par un chœur de satyres; et la satire conserva pour caractère originaire la licence des injures et des insultes, *villanie*, parce que les villageois grossièrement déguisés se tenaient sur les tombereaux qui portaient la vendange, et

---

* Amphion dut appartenir à cette classe. Il fut en outre l'inventeur du dithyrambe, première ébauche de la tragédie écrite en vers héroïques (nous avons démontré que ce vers fut le premier chez les Grecs). Ainsi le dithyrambe d'Amphion aurait été la première satire; on vient de voir que c'est en parlant de la satire qu'Horace commence à traiter de la tragédie. (*Vico*).

** Il peut être vrai en ce sens que Bacchus, dieu de la vendange, ait commandé à Eschyle de composer des tragédies. (*Vico*)

*** Aussi a-t-on lieu de conjecturer que la tragédie a tiré son nom de ce genre de déguisement, plutôt que du bouc, τράγος, qu'on donnait en prix au vainqueur. (*Vico*.)

**** C'est de là peut-être que chez nous les vendangeurs sont encore appelés vulgairement *cornuti*. (*Vico*).

avaient la liberté de dire de là toute sorte d'injures aux honnêtes gens, comme le font encore aujourd'hui les vendangeurs de la *Campanie* appelée proverbialement *le séjour de Bacchus*. Le mot *satyre* signifiaient originairement en latin, *mets composés de divers alimens (Festus)*. ¹Dans la satire dramatique, on voyait paraître, selon Horace, divers genres de personnages, héros et dieux, rois et artisans, enfin esclaves. La satire, telle qu'elle resta chez les Romains, ne traitait point de sujets divers.

Grâces au génie d'Eschyle, la tragédie antique fit place à la tragédie moyenne, et les chœurs de satyre aux chœurs d'hommes. La *tragédie moyenne* dut être l'origine de la *vieille comédie*, dans laquelle les grands personnages étaient traduits sur la scène; et voilà pourquoi le chœur s'y plaçait naturellement. Ensuite vint Sophocle et après lui Euripide qui nous laissèrent *la tragédie nouvelle*, dans le même temps où la *vieille comédie* finissait avec Aristophane. Ménandre fut le père de la *comédie nouvelle*, dont les personnages sont de simples particuliers, et en même temps imaginaires; c'est précisément parce qu'ils sont pris dans une condition privée, qu'ils pouvaient passer pour réels sans l'être en effet. Dès-lors on ne devait plus placer le chœur dans la comédie; le chœur est un *public* qui raisonne, et qui ne raisonne que de choses *publiques*.

¹ *Lex per satyram* signifiait une loi qui comprenait des matières diverses. (*Vico*).

LIVRE QUATRIÈME.

DU COURS QUE SUIT L'HISTOIRE DES NATIONS.

ARGUMENT.

L'auteur récapitule ce qu'il a dit au second Livre, en ajoutant quelques développemens. Dans ses recherches philosophiques sur la sagesse poétique, *on a vu ses opinions sur l'âge des* dieux *et sur celui des* héros. *Il les présente ici sous une forme toute historique, il ajoute l'indication générale des caractères de l'âge des* hommes, *et trace ainsi une esquisse complète de l'*histoire idéale *indiquée dans les axiomes.*

Chapitre I. INTRODUCTION. TROIS SORTES DE NATURES, DE MŒURS, DE DROITS NATURELS, DE GOUVERNEMENS. — §. *I. Introduction.* — §. *II. Nature divine, poétique ou créatrice, héroïque, humaine et intelligente.* — §. *III. Mœurs religieuses, violentes, réglées par le devoir.* — §. *IV. Droits divin, héroïque, humain.* — §. *V. Gouvernemens théocratique, aristocratique, démocratique ou monarchique.*

Chapitre II. TROIS ESPÈCES DE LANGUES ET DE CARACTÈRES. — *Langues et caractères hiéroglyphiques, symboliques et emblématiques, vulgaires.*

Chapitre III. TROIS ESPÈCES DE JURISPRUDENCE, D'AUTORITÉ, DE RAISON. — *Corollaires relatifs à la politique et au droit des Romains.* — §. I. *Jurisprudence divine, qui se confondait avec la divination ; jurisprudence héroïque ou aristocratique, attachée rigoureusement aux formules ; jurisprudence humaine, dont la règle est l'équité naturelle.* — §. II. *Autorité dans le sens de propriété ; autorité de tutèle ; autorité de conseil.* —§. III. *Raison divine, connue par les auspices ; raison d'état ; raison populaire, d'accord avec l'équité naturelle.* — §. IV. *Corollaire relatif à la sagesse politique des anciens Romains.* —§. V. *Corollaire relatif à l'histoire fondamentale du droit romain.*

Chapitre IV. Trois espèces de jugemens. —§. I. *Jugemens divins et duels. Ce droit imparfait fut nécessaire au repos des nations. Il en est de même des jugemens héroïques, rigoureusement conformes aux formules consacrées. Jugemens humains, ou discrétionnaires.* — §. II. *Trois périodes dans l'histoire des mœurs et de la jurisprudence* (sectæ temporum).

Chapitre V. Autres preuves *tirées des caractères propres aux aristocraties héroïques.* — §. I. *De la garde et conservation des limites.*—§. II. *De la conservation et distinction des ordres politiques. Jalousie avec laquelle les aristocraties primitives prohibaient les mariages entre les nobles et les plébéiens. On a mal entendu les* connubia patrum *que demandait le peuple romain. Pourquoi les empereurs romains favorisèrent la confusion des ordres.*— §. III. *De la garde des lois. Elle est plus ou moins sévère selon la forme du gouvernement. L'attachement des Romains à leur ancienne législation fut une des principales causes de leur grandeur.*

Chapitre VI. — §. I. AUTRES PREUVES *tirées de la manière dont chaque état nouveau de la société se combine avec le gouvernement de l'état précédent. La démocratie conserve quelque chose de l'état aristocratique qui a précédé, etc.* — §. II. *C'est une loi naturelle que les nations terminent leur carrière politique par la monarchie.* — §. III. *Réfutation de Bodin, qui veut que les gouvernemens aient été d'abord monarchiques, en dernier lieu aristocratiques.*

Chapitre VII. — §. I. DERNIÈRES PREUVES. — §. II. *Corollaire : que l'ancien droit romain à son premier âge fut un poème sérieux, et l'ancienne jurisprudence une poésie sévère, dans laquelle on trouve la première ébauche de la métaphysique légale. Les formules antiques étaient des espèces de drames. Les jurisconsultes ont remarqué l'indivisibilité des droits, mais non pas leur éternité.*

Note. Comment chez les Grecs la philosophie sortit de la législation.

LIVRE QUATRIÈME.

DU COURS QUE SUIT L'HISTOIRE DES NATIONS.

CHAPITRE I.

INTRODUCTION. TROIS SORTES DE NATURES, DE MŒURS, DE DROITS NATURELS, DE GOUVERNEMENS.

§. 1. *Introduction.*

Nous avons au livre premier établi les *principes de la Science nouvelle*; au livre second, nous avons recherché et découvert dans la *sagesse poétique l'origine de toutes les choses divines et humaines* que nous présente l'histoire du paganisme; au troisième, nous avons trouvé que les *poèmes d'Homère* étaient pour l'histoire de la Grèce, comme les lois des douze tables pour celle du Latium, *un trésor de faits relatifs au droit naturel des gens*. Maintenant, éclairés sur tant de points par la philosophie et par la philologie, nous allons dans ce quatrième livre esquisser l'*histoire idéale* indiquée dans les axiomes, et exposer *la marche que suivent éternellement les nations*. Nous les montrerons, malgré la variété infinie de leurs mœurs, tourner sans en sortir jamais dans ce cercle des TROIS AGES, *divin, héroïque et humain*.

Dans cet ordre immuable, qui nous offre un étroit enchaînement de causes et d'effets, nous distinguerons trois sortes de *natures* desquelles dérivent trois sortes de *mœurs*; de ces mœurs elles-mêmes découlent trois espèces de *droits naturels* qui donnent lieu à autant de *gouvernemens*. Pour que les hommes déjà entrés dans la société pussent se communiquer les mœurs, droits et gouvernemens dont nous venons de parler, il se forma trois sortes de *langues* et de *caractères*. Aux trois âges répondirent encore trois espèces de *jurisprudences* appuyées d'autant d'*autorités* et de *raisons* diverses, donnant lieu à autant d'espèces de *jugemens*, et suivies dans trois *périodes (sectæ temporum)*. Ces trois *unités d'espèces* avec beaucoup d'autres qui en sont une suite, se rassemblent elles-mêmes dans une *unité générale*, celle de *la religion honorant une Providence;* c'est là l'*unité d'esprit* qui donne la *forme* et la *vie* au monde social.

Nous avons déjà traité séparément de toutes ces choses dans plusieurs endroits de cet ouvrage; nous montrerons ici l'ordre qu'elles suivent dans le cours des affaires humaines.

§. II. *Trois espèces de natures.*

Maîtrisée par les illusions de l'imagination, faculté d'autant plus forte que le raisonnement est plus faible, la première nature fut *poétique* ou *créatrice*. Qu'on nous permette de l'appeler *divine*; elle anima en effet et divinisa les êtres matériels selon l'idée qu'elle se formait des dieux. Cette nature fut celle des *poètes-théologiens*, les plus anciens sages du paganisme, car toutes les sociétés païennes eurent chacune pour base sa croyance en ses dieux particuliers. Du reste, la nature des premiers hommes était *farouche* et *barbare*; mais la même erreur de leur imagination leur inspirait une profonde terreur des dieux qu'ils s'étaient faits eux-mêmes, et la religion commençait à dompter leur farouche indépendance. (*Voy.* l'axiome 31.)

La seconde nature fut *héroïque*; les héros se l'attribuaient eux-mêmes, comme un privilège de leur divine origine. Rapportant tout à l'action des dieux, ils se tenaient pour *fils de Jupiter*; c'est-à-dire pour engendrés sous les auspices de Jupiter, et ce n'était pas sans raison, qu'ils se regardaient comme supérieurs par cette noblesse naturelle à ceux qui pour échapper aux querelles sans cesse renouvelées par la promiscuité infâme de l'état bestial se réfugiaient dans leurs asiles, et qui, arrivant sans religion, sans dieux, étaient regardés par les héros comme de vils animaux.

Le troisième âge fut celui de la nature *humaine intelligente*, et par cela même *modérée, bienveillante et raisonnable*; elle reconnaît pour lois la conscience, la raison, le devoir.

§. III. *Trois sortes de mœurs.*

Les premières mœurs eurent ce caractère de *piété* et de *religion* que l'on attribue à Deucalion et Pyrrha, à peine échappés aux eaux du déluge. — Les secondes furent celles d'hommes *irritables et susceptibles sur le point d'honneur*, tels qu'on nous représente Achille. — Les troisièmes furent *réglées par le devoir*; elles appartiennent à l'époque où l'on fait consister l'honneur dans l'accomplissement des devoirs civils.

§. IV. *Trois espèces de droits naturels.*

Droit divin. Les hommes voyant en toutes choses les dieux ou l'action des dieux, se regardaient, eux et tout ce qui leur appartenait, comme dépendant immédiatement de la divinité.

Droit héroïque, ou droit de la force, mais de la force maîtrisée d'avance par la religion qui seule peut la contenir dans le devoir, lorsque les lois humaines n'existent pas encore, ou sont impuissantes pour la réprimer. La Providence voulut que les premiers peuples naturellement fiers et féroces trouvassent dans leur croyance religieuse un motif de se soumettre à la force, et qu'incapables encore de raison, ils jugeassent du droit par le succès, de la raison par la fortune; c'était pour prévoir les évènemens que la fortune amenerait qu'ils employaient la divination. Ce droit de la force est le droit d'Achille, qui place toute raison à la pointe de son glaive.

En troisième lieu vint le *droit humain*, dicté par la raison humaine entièrement développée.

§. V. *Trois espèces de gouvernemens.*

Gouvernemens divins, ou *théocraties*. Sous ces gouvernemens, les hommes croyaient que toute chose était commandée par les dieux. Ce fut l'âge des oracles, la plus ancienne institution que l'histoire nous fasse connaître.

Gouvernemens héroïques ou *aristocratiques*. Le mot *aristocrates* répond en latin à *optimates*, pris pour *les plus forts* (*ops*, puissance); il répond en grec à *Héraclides*, c'est-à-dire, issus d'une race d'Hercule pour dire une race noble. Ces *Héraclides* furent répandus dans toute l'ancienne Grèce, et il en resta toujours à Sparte. Il en est de même des *curètes* que les Grecs retrouvèrent dans l'ancienne Italie ou *Saturnie*, dans la Crète et dans l'Asie. Ces *curètes* furent à Rome les *quirites*, ou citoyens investis du caractère sacerdotal, du droit de porter les armes, et de voter aux assemblées publiques.

Gouvernemens humains, dans lesquels l'égalité de la nature intelligente, caractère propre de l'humanité se retrouve dans l'égalité civile et politique. Alors tous les citoyens naissent libres, soit qu'ils jouissent d'un gouvernement populaire dans lequel la totalité ou la majorité des citoyens constitue la force légitime de la cité, soit qu'un monarque place tous ses sujets sous le niveau des mêmes lois, et qu'ayant seul en main la force militaire, il s'élève au-dessus des citoyens par une distinction purement civile.

CHAPITRE II.

TROIS ESPÈCES DE LANGUES ET DE CARACTÈRES.

§. I. *Trois espèces de langues.*

Langue divine mentale, dont les signes sont des cérémonies sacrées, des actes muets de religion. Le droit romain en conserva ses *acta legitima*, qui accompagnaient toutes les transactions civiles. Une telle langue convient aux religions pour la raison que nous avons déjà dite, c'est qu'elles ont plus besoin d'être révérées que *raisonnées*. Cette langue fut nécessaire aux premiers âges, où les hommes ne pouvaient encore articuler.

La seconde *langue* fut celle *des signes héroïques*; c'est le *langage des armes*, pour ainsi parler; et il est resté celui de la discipline militaire.

La troisième est le *langage articulé*, que parlent aujourd'hui toutes les nations.

§. II. *Trois espèces de caractères.*

Caractères divins, proprement *hiéroglyphes*. Nous avons prouvé qu'à leur premier âge, toutes les nations se servirent de tels caractères. A Jupiter on rapporta tout ce qui regardait les auspices; à Junon tout ce qui était relatif aux mariages. En effet c'est *une propriété innée de l'âme humaine d'aimer l'uniformité;* lorsqu'elle est encore incapable de trouver par *l'abstraction* des expressions générales, elle y supplée par *l'imagination;* elle choisit certaines images, certains modèles, auxquels elle rapporte toutes les espèces particulières qui appartiennent à chaque genre; ce sont pour emprunter le langage de l'école, des *universaux poétiques.*

Caractères héroïques, analogues aux précédens. C'étaient encore des *universaux poétiques* qui servaient à désigner les diverses espèces d'objets qui occupaient l'esprit des héros; ils attribuaient à Achille tous les exploits des guerriers vaillans, à Ulysse tous les conseils des sages. *

Les *caractères vulgaires* parurent avec les *langues vulgaires*. Les langues vulgaires se composent de paroles qui sont comme des genres relativement aux expressions particulières dont se composaient les langues héroïques **. Les lettres remplacèrent aussi les hiéroglyphes d'une manière plus simple et plus générale; à cent vingt mille caractères hiéroglyphiques, que les Chinois emploient encore aujour-

* Lorsque l'esprit humain s'habitua à abstraire les *formes* et les *propriétés* des *sujets*, ces *universaux poétiques*, ces genres créés par l'imagination (generi fantastici), firent place à ceux que la raison créa (generi intelligibili); c'est alors que vinrent les philosophes; et plus tard encore, les auteurs de la nouvelle comédie, dont l'époque est pour la Grèce celle de la plus haute civilisation, prirent des philosophes l'idée de ces derniers genres et les personnifièrent dans leurs comédies. (*Vico*).

** Ainsi comme nous l'avons dit plus haut, la phrase héroïque, *le sang me bout dans le cœur*, fut résumée dans la langue vulgaire par ce mot abstrait et général, *je suis en colère*. (*Vico.*)

d'hui, on substitua les lettres si peu nombreuses de l'alphabet.

Ces langues, ces lettres peuvent être appelées *vulgaires*, puisque le vulgaire a sur elles une sorte de souveraineté. Le pouvoir absolu du peuple sur les langues s'étend sous un rapport à la législation : le peuple donne aux lois le sens qui lui plaît, et il faut, bon gré malgré, que les puissans en viennent à observer les lois dans le sens qu'y attache le peuple. Les monarques ne peuvent ôter aux peuples cette souveraineté sur les langues; mais elle est utile à leur puissance même. Les grands sont obligés d'observer les lois par lesquelles les rois fondent la monarchie, dans le sens ordinairement favorable à l'autorité royale que le peuple donne à ces lois. C'est une des raisons qui montrent que la démocratie précède nécessairement la monarchie.*

* Voyez dans Tacite comment la monarchie s'établit à Rome à la faveur des titres républicains que prirent les empereurs, et auxquels le peuple donna peu-à-peu un nouveau sens. (*Note du Trad.*)

CHAPITRE III.

TROIS ESPÈCES DE JURISPRUDENCES, D'AUTORITÉS, DE RAISONS; COROLLAIRES RELATIFS A LA POLITIQUE ET AU DROIT DES ROMAINS.

§. I. *Trois espèces de jurisprudences ou sagesses.*

Sagesse divine appelée *théologie mystique*, mots qui dans leur sens étymologique veulent dire, science du langage divin, connaissance des mystères de la *divination*. Cette science de la divination était la *sagesse vulgaire* de laquelle étaient *sages* les *poètes théologiens*, premiers sages du paganisme; de cette théologie *mystique*, ils s'appelaient eux-mêmes *mystæ*, et Horace traduit ce mot d'une manière heureuse par *interprètes des dieux*.... Cette sagesse ou jurisprudence plaçait la justice dans l'accomplissement des cérémonies solennelles de la religion; c'est de là que les Romains conservèrent ce respect superstitieux pour les *acta legitima*; chez eux les noces, le testament étaient dits *justa* lorsque les cérémonies requises avaient été accomplies.

La *jurisprudence héroïque* eut pour caractère de s'entourer de garantie par l'emploi de paroles précises. C'est la sagesse d'Ulysse qui dans Homère approprie si bien son langage au but qu'il se propose, qu'il ne manque point de l'atteindre. La réputation des jurisconsultes romains était fondée sur leur *cavere; répondre sur le droit*, ce n'était pour eux autre chose que précautionner les consultans, et les préparer à circonstancier devant les tribunaux le cas contesté de manière que les formules d'action s'y rapportassent de point en point, et que le préteur ne pût refuser de les appliquer. Il en fut des docteurs du moyen âge comme des jurisconsultes romains.

La *jurisprudence humaine* ne considère dans les faits que leur conformité avec la justice et la *vérité*; sa *bienveillance* plie les lois à tout ce que demande l'intérêt égal des causes. Cette jurisprudence est observée sous les *gouvernemens humains*, c'est-à-dire, dans les états populaires, et surtout dans la monarchie. La jurisprudence *divine et l'héroïque* propres aux âges de barbarie, s'attachent au *certain*; la jurisprudence *humaine* qui caractérise les âges civilisés, ne se règle que sur le *vrai*. Tout ceci découle de la définition du *certain* et du *vrai* que nous avons donnée. (axiomes 9 et 10).

§. II. *Trois espèces d'autorités.*

La première est *divine*; elle ne comporte point d'explications; comment demander à la Providence compte de ses décrets? La deuxième, l'autorité *héroïque*, appartient tout entière aux formules solennelles des lois. La troisième est l'autorité *humaine*, laquelle n'est autre que le crédit des personnes expérimentées, des hommes remarquables par une haute sagesse dans la spéculation ou par une prudence singulière dans la pratique.

A ces trois autorités civiles répondent trois autorités politiques.

Au premier âge, *autorité* et *propriété* furent synonymes. C'est dans ce sens que la loi des douze tables prend toujours le mot *autorité*; *auteur* signifie toujours en terme de droit celui de qui on tient un *domaine*. Cette autorité était *divine*, parce qu'alors la propriété comme tout le reste était rapportée aux dieux. Cette autorité qui appartient aux *pères* dans l'état de famille, appartient aux *sénats souverains* dans les aristocraties héroïques. Le sénat autorisait ce qui avait été délibéré dans les assemblées du peuple.

Depuis la loi de Publilius Philo qui assura au peuple romain la liberté et la souveraineté, le sénat n'eut plus qu'une *autorité de tutèle*, analogue à ce droit des tuteurs, d'autoriser en affaires légales le pupille maître de ses biens. Le sénat assistait le peuple de sa présence dans les assemblées législatives, de peur qu'il ne résultât quelque dommage public de son peu de lumières.

Enfin l'état populaire faisant place à la monarchie, l'*autorité de tutèle* fut aussi remplacée par l'*autorité de conseil*, par celle que donne la réputation de sagesse; c'est dans ce sens que les jurisconsultes de l'empire s'appelèrent *autores*, auteurs de conseils. Telle aussi doit être l'autorité d'un sénat sous un monarque, lequel a pleine liberté de suivre ou de rejeter ce qui a été conseillé par le sénat.

§. III. *Trois espèces de raisons.*

La première est la *raison divine*, dont Dieu seul a le secret, et dont les hommes ne savent que ce qui en a été révélé aux Hébreux et aux Chrétiens, soit au moyen d'un langage *intérieur* adressé à l'intelligence par celui qui est lui-même tout intelligence, soit par le langage *extérieur* des prophètes, langage que le Sauveur a parlé aux apôtres, qui ont ensuite transmis à l'église ses enseignemens. Les Gentils ont cru aussi recevoir les conseils de cette *raison divine* par les auspices, par les oracles, et autres signes matériels, tels qu'ils pouvaient en recevoir de dieux qu'ils croyaient *corporels*. Dieu étant toute raison, la *raison* et l'*autorité* sont en lui une même chose, et pour la saine théologie l'*autorité divine* équivaut à la *raison*. — Admirons la Providence, qui dans les premiers temps où les hommes encore idolâtres étaient incapables d'entendre la *raison*, permit qu'à son défaut ils suivissent l'*autorité* des auspices, et se gouvernassent par les avis divins qu'ils croyaient en recevoir. En effet c'est une loi éternelle que lorsque les hommes ne voient point la *raison* dans les choses humaines, ou que même ils les voient *contraires à la raison*, ils se reposent sur les conseils impénétrables de la Providence.

La seconde sorte de raison fut la *raison d'état*, appelée par les Romains *civilis æquitas*. C'est d'elle qu'Ulpien dit qu'*elle n'est point connue naturellement à tous les hommes* (comme l'équité naturelle), *mais seulement à un petit nombre d'hommes qui ont appris par la pratique du gouvernement ce qui est nécessaire au maintien de la société.* Telle fut la sagesse des sénats *héroïques*, et particulièrement celle du sénat romain, soit dans les temps où l'aristocratie décidait seule des intérêts publics, soit lorsque le peuple déjà maître se laissait encore guider par le sénat, ce qui eut lieu jusqu'au tribunat des Gracques.

§. IV. COROLLAIRE

Relatif à la sagesse politique des anciens Romains.

Ici se présente une question à laquelle il semble bien difficile de répondre : lorsque Rome était encore peu avancée dans la civilisation, ses citoyens passaient pour de sages politiques; et dans le siècle le plus éclairé de l'empire, Ulpien se plaint qu'*un petit nombre d'hommes expérimentés possèdent la science du gouvernement.*

Par un effet des mêmes causes qui firent l'héroïsme des premiers peuples, les anciens Romains qui ont été *les héros du monde*, se sont montrés naturellement fidèles à *l'équité civile*. Cette équité s'attachait religieusement aux paroles de la loi, les suivait avec une sorte de superstition, et les appliquait aux faits d'une manière inflexible, quelque *dure*, quelque cruelle même que pût se trouver la loi. Ainsi agit encore de nos jours la *raison d'état*. L'*équité civile* soumettait naturellement toute chose à cette loi, reine de toutes les autres, que Cicéron exprime avec une gravité digne de la matière : *la loi suprême c'est le salut du peuple, suprema lex populi salus esto*. Dans les temps *héroïques* où les gouvernemens étaient aristocratiques, les héros avaient dans l'intérêt public une grande part d'intérêt privé, je parle de leur *monarchie domestique* que leur conservait la société civile. La grandeur de cet intérêt particulier leur en faisait sacrifier sans peine d'autres moins importans. C'est ce qui explique le courage qu'ils déployaient en défendant l'état, et la prudence avec laquelle ils réglaient les affaires publiques. Sagesse profonde de la Providence! Sans l'attrait d'un tel intérêt privé identifié avec l'intérêt public, comment ces pères de famille à peine sortis de la vie sauvage, et que Platon reconnaît dans le Polyphème d'Homère, auraient-ils pu être déterminés à suivre l'ordre civil?

Il en est tout au contraire dans les temps *humains*, où les états sont démocratiques ou monarchiques. Dans les démocraties, les citoyens règnent sur la chose publique qui, se divisant à l'infini, se répartit entre tous les citoyens qui composent le peuple souverain. Dans les monarchies, les sujets sont obligés de s'occuper exclusivement de leurs intérêts particuliers, en laissant au prince le soin de l'intérêt public. Joignez à cela les causes naturelles qui produisent les gouvernemens *humains*, et qui sont toutes contraires à celles qui avaient produit l'*héroïsme*, puisqu'elles ne sont autres que desir du repos, amour paternel et conjugal, attachement à la vie. Voilà pourquoi les hommes d'aujourd'hui sont portés naturellement à considérer les choses d'après les circonstances les plus particulières qui peuvent rapprocher les intérêts privés d'une justice égale; c'est l'*æquum bonum*, l'intérêt égal, que cherche la troisième espèce de raison, la raison naturelle, *æquitas naturalis* chez les jurisconsultes. La multitude n'en peut comprendre d'autre, parce qu'elle considère les motifs de justice dans leurs applications directes aux causes selon l'espèce individuelle des faits. Dans les monarchies il faut peu d'hommes d'état pour traiter des affaires publiques dans les cabinets en suivant l'équité civile ou raison d'état; et un grand nombre de jurisconsultes pour régler les intérêts privés des peuples d'après l'*équité naturelle*.

§. V. COROLLAIRE.

Histoire fondamentale du Droit romain.

Ce que nous venons de dire sur les trois espèces de raisons peut servir de base à l'histoire du Droit romain. En effet *les gouvernemens doivent être conformes à la nature des gouvernés* (axiome 69); les gouvernemens sont même un résultat de cette nature, et les lois doivent en conséquence être appliquées et interprétées d'une manière qui s'accorde avec la forme de ce gouvernement. Faute d'avoir compris cette vérité, les jurisconsultes et les interprètes du droit sont tombés dans la même erreur que les historiens de Rome, qui nous racontent que telles lois ont été faites à telle époque, sans remarquer les rapports qu'elles devaient avoir avec les différens états par lesquels passa la république. Ainsi les faits nous apparaissent tellement séparés de leurs causes, que Bodin, jurisconsulte et politique également distingué, montre tous les caractères de l'aristocratie dans les faits que les historiens rapportent à la prétendue démocratie des premiers siècles de la république. — Que l'on demande à tous ceux qui ont écrit sur l'histoire du Droit romain, pourquoi la jurisprudence *antique*, dont la base est la loi des douze tables, s'y conforme rigoureusement; pourquoi la jurisprudence *moyenne*, celle que réglaient les édits des préteurs, commence à s'adoucir, en continuant toutefois de respecter le même code; pourquoi enfin la jurisprudence *nouvelle*, sans égard pour cette loi, eut le courage de ne plus consulter que l'équité naturelle? Ils ne peuvent répondre qu'en calomniant la générosité romaine, qu'en prétendant que ces rigueurs, ces solennités, ces scrupules, ces subtilités verbales, qu'enfin le mystère même dont on entourait les lois, étaient autant d'impostures des nobles qui voulaient conserver avec le privilège de la jurisprudence le pouvoir civil qui y est naturellement attaché. Bien loin que ces pratiques aient eu aucun but d'imposture, c'étaient des usages sortis de la nature même des hommes de l'époque; une telle nature devait produire de tels usages, et de tels usages devaient entraîner nécessairement de telles pratiques.

Dans le temps où le genre humain était encore extrêmement farouche, et où la religion était le seul moyen puissant de l'adoucir et de le civiliser, la Providence voulut que les hommes vécussent sous les gouvernemens *divins*, et que partout régnassent des lois *sacrées*, c'est-à-dire *secrètes*, et cachées au vulgaire des peuples. Elles restaient d'autant plus facilement cachées dans l'état de famille, qu'elles se conservaient dans un *langage muet*, et ne s'expliquaient que par des cérémonies saintes, qui restèrent ensuite dans les *acta legitima*. Ces esprits grossiers encore croyaient de telles cérémonies indispensables, pour s'assurer de la volonté des autres, dans les rapports d'intérêt, tandis qu'aujourd'hui que l'intelligence des hommes est plus ouverte, il suffit de simples paroles et même de signes.

Sous les gouvernemens *aristocratiques* qui vinrent ensuite, les mœurs étant toujours religieuses, les lois restèrent entourées du mystère de la religion et furent observées avec la sévérité et les scrupules qui en sont inséparables; le secret est l'âme des aristocraties, et la rigueur de l'*équité civile* est ce qui fait leur salut. Puis, lorsque se formèrent les démocraties, sorte de gouvernement dont le caractère est plus ouvert et plus généreux et dans lequel commande la multitude qui a l'instinct de l'*équité naturelle*, on vit paraître en même temps les langues et les lettres vulgaires, dont la multitude est, comme nous l'avons dit, souveraine absolue. Ce langage et ces caractères servirent à promulguer, à écrire les lois dont le secret fut peu-à-peu dévoilé. Ainsi le peuple de Rome ne souffrit plus le droit caché, *jus latens* dont parle Pomponius; et voulut avoir des lois écrites sur des tables, lorsque les caractères vulgaires eurent été apportés de Grèce à Rome.

Cet ordre de choses se trouva tout préparé pour la monarchie. Les monarques veulent suivre l'*équité naturelle* dans l'application des lois, et se conforment en cela aux opinions de la multitude. Ils égalent en droit les puissans et les faibles, ce que fait la seule monarchie. L'*équité civile*, ou *raison d'état*, devient le privilège d'un petit nombre de politiques et conserve dans le cabinet des rois son caractère mystérieux.

CHAPITRE IV.

TROIS ESPÈCES DE JUGEMENS. — COROLLAIRE RELATIF AU DUEL ET AUX RÉPRÉSAILLES. — TROIS PÉRIODES DANS L'HISTOIRE DES MŒURS ET DE LA JURISPRUDENCE.

§. I. *Trois espèces de jugemens.*

Les premiers furent les *jugemens divins*. Dans l'état qu'on appelle *état de nature*, et qui fut celui *des familles*, les pères de familles ne pouvant recourir à la protection des lois qui n'existaient point encore, en appelaient aux dieux des torts qu'ils souffraient, *implorabant deorum fidem;* tel fut le premiers sens, le sens propre de cette expression. Ils appelaient les dieux en témoignage de leur bon droit, ce qui était proprement *deos obtestari.* Ces invocations pour accuser, ou se défendre, furent les premières *orationes*, mot qui chez les Latins est resté pour signifier *accusation* ou *défense;* on peut voir à ce sujet plusieurs beaux passages de Plaute et de Térence, et deux mots de la loi des douze tables : *furto orare,* et *pacto orare* (et non point *adorare,* selon la leçon de Justo Lipse), pour *agere, excipere.* D'après ces *orationes*, les Latins appelèrent *oratores* ceux qui défendent les causes devant les tribunaux. Ces appels aux dieux étaient faits d'abord par des hommes simples et grossiers qui croyaient s'en faire entendre sur la cime des monts où l'on plaçait leur séjour. Homère raconte qu'ils habitaient sur celle de l'Olympe. A propos d'une guerre entre les Hermundures et les Cattes, Tacite dit en parlant des sommets des montagnes : dans l'opinion de ces peuples *preces mortalium nusquàm propiùs audiuntur*. Les droits que les premiers hommes faisaient valoir dans ces *jugemens divins* étaient divinisés eux-mêmes, puisqu'ils voyaient des dieux dans tous les objets. *Lar* signifiait la propriété de la maison, *dii hospitales* l'hospitalité, *dii penates* la puissance paternelle, *deus genius* le droit du mariage, *deus terminus* le domaine territorial, *dii manes* la sépulture. On retrouve dans les douze tables une trace curieuse de ce langage, *jus deorum manium*.

Après avoir employé ces invocations (*orationes, obsecrationes, implorationes*, et encore *obtestationes*), ils finissaient par dévouer les coupables. Il y avait à Argos, et sans doute aussi dans d'autres parties de la Grèce, des temples de l'*exécration*. Ceux qui étaient ainsi dévoués étaient appelés ἀναθήματα nous dirions *excommuniés* ; ensuite on les mettait à mort. C'était le culte des Scythes qui enfonçaient un couteau en terre, l'adoraient comme un Dieu, et immolaient ensuite une victime humaine. Les Latins exprimaient cette idée par le verbe *mactare*, dont on se servait toujours dans les sacrifices, comme d'un terme consacré. Les Espagnols en ont tiré leur *matar*, et les Italiens leur *ammazzare*. Nous avons déjà vu que chez les Grecs, ἀρά signifiait la chose ou la personne qui porte dommage, le vœu ou action de dévouer, et la furie à laquelle on dévouait; chez les Latins *ara* signifiait l'autel et la victime. Ainsi toutes les nations eurent toujours une espèce d'excommunication. César nous a laissé beaucoup de détails sur celle qui avait lieu chez les Gaulois. Les Romains eurent leur *interdiction de l'eau et du feu*. Plusieurs consécrations de ce genre passèrent dans la loi des douze tables : quiconque violait la personne d'un tribun du peuple était dévoué, consacré à Jupiter; le fils dénaturé, aux dieux paternels; à Cérès, celui qui avait mis le feu à la moisson de son voisin; ce dernier était brûlé vif. Rappelons-nous ici ce qui a été dit de l'atrocité des peines dans l'âge divin (axiome 40). Les hommes ainsi dévoués furent sans doute ce que Plaute appelle *Saturni hostiæ*.

On trouve le caractère tout religieux de ces jugemens privés dans les guerres qu'on appelait *pura et pia bella*. Les peuples y combattaient *pro aris et focis*, expression qui désignait tout l'ensemble des rapports sociaux, puisque toutes les choses humaines étaient considérées comme *divines*. Les hérauts qui déclaraient la guerre appelaient les dieux de la cité ennemie hors de ses murs, et dévouaient le peuple attaqué. Les rois vaincus étaient présentés au capitole à Jupiter Férétrien, et ensuite immolés.

Les vaincus étaient considérés comme des *hommes sans Dieu*; aussi les esclaves s'appelaient en latin *mancipia*, comme choses inanimées, et étaient tenus en jurisprudence *loco rerum*.

Les *duels* durent être chez les nations barbares une espèce de *jugemens divins*, qui commencèrent sous les *gouvernemens divins* et furent long-temps en usage sous les *gouvernemens héroïques*; on se rappelle ce passage de la politique d'Aristote (cité dans les axiomes) où il dit que les *républiques héroïques n'avaient point de lois qui punissent l'injustice et réprimassent les violences particulières* *. Il est certain que dans la législation romaine ce ne sont que les préteurs qui introduisirent la loi prohibitive contre la violence, et les actions *de vi bonorum raptorum*. Aux temps de la seconde barbarie (celle du moyen âge), les représailles particulières durèrent jusqu'au temps de Barthole.

C'est par erreur que quelques-uns ont écrit que les duels s'étaient introduits *par défauts de preuves*; ils devaient dire *par défauts de lois judiciaires*. Frotho, roi de Danemarck, ordonna que toutes les contestations se terminassent par le moyen du duel: c'était défendre qu'on les terminât par des jugemens selon le droit. On ne voit qu'ordonnances du duel dans les lois des Lombards, des Francs, des Bour-

---

* On ne pouvait jusqu'ici ajouter foi à cette vérité tant que l'on attribuait aux premiers peuples ce parfait héroïsme imaginé par les philosophes; préjugé qui résultait d'une opinion exagérée que l'on s'était formée de la sagesse des anciens. (*Vico*).

guignons, des Allemands, des Anglais, des Normands et des Danois.

On n'a pas cru que la *barbarie antique* eût aussi connu l'usage du duel. Mais doit-on penser que ces premiers hommes, que ces *géans*, ces *cyclopes*, aient su endurer l'injustice. L'absence de lois dont parle Aristote devait les forcer de recourir aux duels. D'ailleurs deux traditions fameuses de l'antiquité grecque et latine prouvent que les peuples commençaient souvent les guerres (*duella* chez les anciens Latins), en décidant par un duel la querelle particulière des principaux intéressés; je parle du combat de Ménélas contre Pâris, et des trois Horaces contre les trois Curiaces (*Voy.* page 208) si le combat restait indécis, comme dans le premier cas, la guerre commençait.

Dans ces jugemens par les armes, ils estimaient la raison et le bon droit, d'après le hasard de la victoire. Ils durent tomber dans cette erreur par un conseil exprès de la Providence : chez des peuples barbares, encore incapables de raisonnement, les guerres auraient toujours produit des guerres, s'ils n'eussent jugé que le parti auquel les dieux se montraient contraires, était le parti injuste. Nous voyons que les Gentils insultaient au malheur du saint homme Job, parce que Dieu s'était déclaré contre lui. Lorsque la barbarie antique reparut au moyen âge, on coupait la main droite au vaincu, quelque juste que fût sa cause. C'est cette justice présumée du plus fort qui à la longue légitime les conquêtes;

ce droit imparfait est nécessaire au repos des nations.

Les jugemens *héroïques*, récemment dérivés des jugemens *divins* ne faisaient point acception de causes ou de personnes, et s'observaient avec un respect scrupuleux des paroles. Des jugemens *divins* resta ce qu'on appelait la religion des paroles, *religio verborum*; généralement les choses divines sont exprimées par des formules consacrées dans lesquelles on ne peut changer une lettre; aussi dans les anciennes formules de la jurisprudence romaine, imitée des formules sacrées, on disait: une virgule de moins, la cause est perdue; *qui cadit virgulâ, caussâ cadit*. Cette rigueur des formules d'actions eût empêché les duumvirs, nommés pour juger Horace, d'absoudre le vainqueur des Albains quand même il se serait trouvé innocent. Le peuple le proya absous, *plutôt par admiration pour son courage, que pour la bonté de sa cause*. (Tite-Live.)

Ces jugemens inflexibles étaient nécessaires dans des temps où les héros plaçaient dans la force la raison et le bon droit, où ils justifiaient le mot ingénieux de Plaute : *pactum non pactum, non pactum pactum*. Pour prévenir des plaintes, des rixes et des meurtres, la Providence voulut qu'ils fissent consister toute la justice dans l'expression précise des formules solennelles. Ce droit naturel des nations héroïques a fourni le sujet de plusieurs comédies de Plaute; on y voit souvent un marchand d'esclaves dépouillé injustement par un jeune homme, qui en lui dressant un piège le fait tomber à son insu, dans quelque cas prévu par la loi, et lui enlève ainsi une esclave qu'il aime. Loin de pouvoir intenter contre le jeune homme une action de dol, le marchand se trouve obligé à lui rembourser le prix de l'esclave vendue; dans une autre pièce, il le prie de se contenter de la moitié de la peine qu'il a encourue comme coupable de vol *non manifeste*; dans une troisième enfin, le marchand s'enfuit du pays, dans la crainte d'être convaincu d'avoir corrompu l'esclave d'autrui. Qui peut soutenir encore qu'au temps de Plaute l'équité naturelle régnait dans les jugemens?

Ce droit rigoureux fondé sur la lettre même de la loi, n'était pas seulement en vigueur parmi les hommes; ceux-ci jugeant les dieux d'après eux, croyaient qu'ils l'observaient aussi, et même dans leurs sermens. Junon, dans Homère, atteste Jupiter, témoin et arbitre des sermens, *qu'elle n'a point sollicité Neptune d'exciter la tempête contre les Troyens*, parce qu'elle ne l'a fait que par l'intermédiaire du Sommeil; et Jupiter se contente de cette réponse. Dans Plaute, Mercure sous la figure de Sosie dit au Sosie véritable: *Si je te trompe, puisse Mercure être désormais contraire à Sosie.* On ne peut croire que Plaute ait voulu mettre sur le théâtre des dieux qui enseignassent le parjure au peuple; encore bien moins peut-on le croire de Scipion l'Africain et de Lélius, qui, dit-on, aidèrent Térence à composer ses comédies; et toutefois dans l'Andrienne, Dave fait mettre l'enfant devant la porte de Simon par les mains de Mysis, afin que si par aventure son maître l'interroge à ce sujet, il puisse en conscience nier de l'avoir mis à cette place. Mais la preuve la plus forte en faveur de notre explication du droit héroïque, c'est qu'à Athènes, lorsqu'on prononça sur le théâtre le vers d'Euripide, ainsi traduit par Cicéron,

Juravi linguâ, mentem injuratam habui,
J'ai juré seulement de la bouche, ma conscience n'a pas juré,

Les spectateurs furent scandalisés et murmurèrent; on voit qu'ils partageaient l'opinion exprimée dans les douze tables : *uti linguâ nuncupassit, ita jus esto*. Ce respect inflexible de la parole dans les temps héroïques montre bien qu'Agamemnon ne pouvait rompre le vœu téméraire qu'il fait d'immoler Iphigénie. C'est pour avoir méconnu le dessein de la Providence [qui voulut qu'aux temps héroïques la parole fût considérée comme irrévocable] que Lucrèce prononce, au sujet de l'action d'Agamemnon, cette exclamation impie,

Tantùm religio potuit suadere malorum !
Tant la religion peut enfanter de maux !

Ajoutons à tout ceci deux preuves tirées de la jurisprudence et de l'histoire romaines : ce ne fut que vers les derniers temps de la république que Gallus Aquilius introduisit dans la législation l'action (*de dolo*) contre le dol et la mauvaise foi. Auguste donna aux juges la faculté d'absoudre ceux qui avaient été séduits et trompés.

Nous retrouvons la même opinion chez les peuples *héroïques* dans la guerre comme dans la paix. Selon les termes dans lesquels les traités sont conclus, nous voyons les vaincus être accablés misérablement, ou tromper heureusement le courroux du vainqueur. Les Carthaginois se trouvèrent dans le premier cas : le traité qu'ils avaient fait avec les Romains leur avait assuré la conservation de leur vie, de leurs biens et de leur cité; par ce dernier mot ils entendaient la *ville matérielle*, les édifices, *urbs* dans la langue latine; mais comme les Romains s'étaient servis dans le traité du mot *civitas*, qui veut dire la réunion des citoyens, la société, ils s'indignèrent que les Carthaginois refusassent d'abandonner le rivage de la mer pour habiter désormais dans les terres, ils les déclarèrent rebelles, prirent leur ville, et la mirent en cendres; en suivant ainsi le droit *héroïque*, ils ne crurent point avoir fait une guerre injuste. Un exemple tiré de l'histoire du moyen âge confirme encore mieux ce que nous avançons. L'Empereur Conrad III ayant forcé à se rendre la ville de Veinsberg qui avait soutenu son compétiteur, permit aux femmes seules d'en sortir avec tout ce qu'elles pourraient emporter; elles chargèrent sur leur dos leurs fils, leurs maris et leurs pères. L'Empereur était à la porte, les lances baissées, les épées nues, tout prêt à user de la victoire; cependant malgré sa colère, il laissa échapper tous les habitans qu'il allait passer au fil de l'épée. Tant il est peu raisonnable de dire que le droit naturel, tel qu'il est expliqué par Grotius, Selden et Puffendorf, a été suivi dans tous les temps, chez toutes les nations !

Tout ce que nous venons de dire, tout ce que nous allons dire encore, découle de cette définition que nous avons donnée dans les axiomes, du *vrai* et du *certain* dans les lois et conventions. Dans les temps barbares, on doit trouver une jurisprudence rigoureusement attachée aux paroles ; c'est proprement le droit des gens, *fas gentium*. Il n'est pas moins naturel qu'aux temps *humains* le droit devenu plus large et plus bienveillant, ne considère plus que *ce qu'un juge impartial reconnaît être utile dans chaque cause* (axiome 112); c'est alors qu'on peut l'appeler proprement le droit de la nature, *fas naturæ*, le droit de l'*humanité* raisonnable.

Les jugemens *humains* (discrétionnaires) ne sont point aveugles et inflexibles comme les jugemens *héroïques*. La règle qu'on y suit, c'est la vérité des faits. La loi toute bienveillante y interroge la conscience, et selon sa réponse se plie à tout ce que demande l'intérêt égal des causes. Ces jugemens sont dictés par une sorte de *pudeur naturelle, de respect de nos semblables*, qui accompagnent les lumières; ils sont garantis par la *bonne foi*, fille de la civilisation. Ils conviennent à l'esprit de franchise, qui caractérise les républiques populaires, ennemies des mystères dont l'aristocratie aime à s'envelopper; elles conviennent encore plus à l'esprit généreux des monarchies : les monarques dans ces jugemens se font gloire d'être supérieurs aux lois et de ne dépendre que de leur conscience et de Dieu. — Des jugemens *humains*, tels que les modernes les pratiquent pendant la paix, sont sortis les trois systèmes du droit de la guerre que nous devons à Grotius, à Selden, et à Puffendorf.

§. II. *Trois périodes dans l'histoire des mœurs et de la jurisprudence* (sectæ temporum).

Nous voyons les jurisconsultes justifier *sectâ suorum temporum* leurs opinions en matière de droit. Ces *sectæ temporum* caractérisent la jurisprudence romaine, d'accord en ceci avec tous les peuples du monde. Elles n'ont rien de commun avec les *sectes des philosophes* que certains interprètes érudits du Droit romain voudraient y voir bon gré malgré. Lorsque les Empereurs exposent les motifs de leurs lois et constitutions, ils disent que de telles constitutions leur ont été dictées *sectâ suorum temporum*; Brisson *de formulis Romanorum* a recueilli les passages où l'on trouve cette expression. C'est que l'étude des mœurs du temps est l'école des princes. Dans ce passage de Tacite : *corrumpere et corrumpi seculum vocant*, corrompre et être corrompu, voilà ce qui s'appelle le train du siècle, *seculum* répond à-peu-près à *secta*. Nous dirions maintenant : c'est la mode.

Toutes les choses dont nous avons parlé se

sont pratiquées dans trois sectes de temps, *sectæ temporum*, dans le langage des jurisconsultes : celle des temps religieux pendant lesquels régnèrent les gouvernemens divins ; celle des temps où les hommes étaient irritables et susceptibles, tels qu'Achille dans l'antiquité, et les duellistes au moyen âge ; celle des temps civilisés, où règne la modération, celle des temps du droit naturel des nations HUMAINES, *jus naturale gentium humanorum*, Ulpien. Chez les auteurs latins du temps de l'Empire, le devoir des sujets se dit, *officium civile*, et toute faute dans laquelle l'interprétation des lois fait voir une violation de l'équité naturelle, est qualifiée de l'épithète *incivile*. C'est la dernière *secta temporum* de la jurisprudence romaine qui commença dès la république. Les préteurs trouvant que les caractères, que les mœurs et le gouvernement des Romains étaient déjà changés, furent obligés pour approprier les lois à ce changement d'adoucir la rigueur de la loi des douze tables, rigueur conforme aux mœurs des temps où elle avait été promulguée. Plus tard les Empereurs durent écarter tous les voiles dont les préteurs avaient enveloppé l'équité naturelle, et la laisser paraître tout à découvert, toute généreuse, comme il convenait à la civilisation où les peuples étaient parvenus.

CHAPITRE V.

AUTRES PREUVES TIRÉES DES CARACTÈRES PROPRES AUX ARISTOCRATIES HÉROÏQUES. — GARDE DES LIMITES, DES ORDRES POLITIQUES, DES LOIS.

La succession constante et non interrompue des révolutions politiques liées les unes aux autres par un si étroit enchaînement de causes et d'effets, doit nous forcer d'admettre comme vrais les principes de la Science nouvelle. Mais pour ne laisser aucun doute, nous y joignons l'explication de plusieurs autres phénomènes sociaux, dont on ne peut trouver la cause que dans la nature des républiques *héroïques*, telles que nous l'avons découverte. Les deux traits principaux qui caractérisent les aristocraties sont la *garde des limites*, et la *conservation et distinction des ordres politiques*.

§. I. *De la garde et conservation des limites.*

(*Voyez Livre II, chap. V et VI, particulièrement §VI.*)

§. II. *De la conservation et distinction des ordres politiques.*

C'est l'esprit des gouvernemens aristocratiques que les liaisons de parenté, les successions, et par elles les richesses, et avec les richesses la puissance restent dans l'ordre des nobles. Voilà pourquoi vinrent si tard les lois *testamentaires*. Tacite nous apprend qu'il n'y avait point de testament chez les anciens Germains. A Sparte, le roi Agis voulant donner aux pères de famille le pouvoir de tester, fut étranglé par ordre des éphores, défenseurs du gouvernement aristocratique. *

Lorsque les démocraties se formèrent, et ensuite les monarchies, les nobles et les plébéiens se mêlèrent au moyen des alliances et des successions par testament, ce qui fit que les richesses sortirent peu-à-peu des maisons nobles. Quant au droit des mariages solennels, nous avons déjà prouvé que le peuple romain demanda, non le droit de contracter des mariages avec les patriciens, mais des mariages semblables à ceux des patriciens, *connubia patrum*, et non *cum patribus*.

Si l'on considère ensuite les *successions légitimes*

---

* Qu'on voie par-là si les commentateurs de la loi des douze tables ont été bien avisés de placer dans la onzième le titre suivant, *auspicia incommunicata plebi sunto*. Tous les droits civils, publics et privés, étaient une dépendance des auspices, et restaient le privilège des nobles. Les droits privés étaient les noces, la puissance paternelle, la suite, l'agnation, la gentilité, la succession légitime, le testament et la tutelle. Après avoir dans les premières tables établi les lois qui sont propres à une *démocratie* (particulièrement la loi *testamentaire*) en communiquant tous ces droits privés au peuple, ils rendent la forme du gouvernement entièrement *aristocratique* par un seul titre de la onzième table. Toutefois dans cette confusion, ils rencontrent par hasard une vérité, c'est que plusieurs coutumes anciennes des Romains reçurent le caractère de lois dans les deux dernières tables ; ce qui montre bien que Rome fut dans les premiers siècles une aristocratie. (*Vico*.)

dans cette disposition de la loi des douze tables par laquelle la succession du père de famille revient d'abord *aux siens*, *suis*, à leur défaut aux agnats, et s'il n'y en a point, à ses autres parens, la loi des douze tables semblera avoir été précisément une *loi salique* pour les Romains. La Germanie suivit la même règle dans les premiers temps, et l'on peut conjecturer la même chose des autres nations primitives du moyen âge. En dernier lieu, elle resta dans la France et dans la Savoie. Baldus favorise notre opinion en appelant ce droit de succession, *jus gentium Gallorum* ; chez les Romains il peut très bien s'appeler *jus gentium Romanarum*, en ajoutant l'épithète *heroïcarum*, et avec plus de précision *jus Romanum*. Ce droit répondrait tout-à-fait au *jus quiritium Romanorum*, que nous avons prouvé avoir été le droit naturel commun à toutes les nations héroïques. Nous avons les plus fortes raisons de douter que dans les premiers siècles de Rome, les filles succédassent. Nulle probabilité que les pères de famille de ces temps eussent connu la tendresse paternelle. La loi des douze tables appelait un agnat, même au septième degré, à exclure le fils émancipé de la succession de son père. Les pères de famille avaient un droit souverain de vie et de mort sur leurs fils, et la propriété absolue de leurs *acquêts*. Ils les mariaient pour leur propre avantage, c'est-à-dire, pour faire entrer dans leurs maisons les femmes qu'ils en jugeaient dignes. Ce caractère historique des premiers pères de famille nous est conservé par l'expression *spondere*, qui dans son propre sens, veut dire, promettre pour autrui ; de ce mot fut dérivé celui de *sponsalia*, les fiançailles. Ils considéraient de même les *adoptions*, comme des moyens de soutenir des familles près de s'éteindre, en y introduisant les rejetons généreux des familles étrangères. Ils regardaient l'émancipation comme une peine et un châtiment. Ils ne savaient ce que c'était que la *légitimation*, parce qu'ils ne prenaient pour concubines que des affranchies ou des étrangères, avec lesquelles on ne contractait point de mariages solennels dans les temps héroïques, de peur que les fils ne dégénérassent de la noblesse de leurs aïeux. Pour la cause la plus frivole les *testamens* étaient nuls, ou s'annulaient, ou se rompaient, ou n'atteignaient point leur effet, (*nulla, irrita, rupta, destituta*), afin que les successions légitimes reprissent leur cours. Tant ces patriciens, des premiers siècles, étaient passionnés pour la gloire de leur nom ; passion qui les enflammait encore pour la gloire du nom romain ! tout ce que nous venons de dire caractérise les mœurs des cités *aristocratiques* ou *héroïques*.

Une erreur digne de remarque est celle des commentateurs de la loi des douze tables : ils prétendent qu'avant que cette loi eût été portée d'Athènes à Rome, et qu'elle eût réglé les successions testamentaires et légitimes, les successions *ab intestat* rentraient dans la classe des choses *quæ sunt nullius*. Il n'en fut pas ainsi : la Providence empêcha que le monde ne retombât dans la communauté des biens qui avait caractérisé la barbarie de premiers âges, en assurant par la forme même du gouvernement aristocratique la certitude et la distinction des propriétés. Les successions légitimes durent naturellement avoir lieu chez toutes les premières nations avant qu'elles connussent les testamens. Cette dernière institution appartient à la législation des démocraties, et surtout des monarchies. Le passage de Tacite que nous avons cité plus haut, nous porte à croire qu'il en fut de même chez tous les peuples barbares de l'antiquité, et par suite, à conjecturer que la *loi salique* qui était certainement en vigueur dans la Germanie, fut aussi observée généralement par les peuples du moyen âge.

Jugeant de l'antiquité par leur temps (axiome 2), les jurisconsultes romains du dernier âge ont cru que la loi des douze tables avait appelé les filles à hériter du père mort *intestat*, et les avait comprises sous le mot *sui*, en vertu de la règle d'après laquelle le genre masculin désigne aussi les femmes. Mais on a vu combien la jurisprudence héroïque s'attachait à la propriété des termes; et si l'on doutait que *suus* ne désignât pas exclusivement le fils de famille, on en trouverait une preuve invincible dans la formule de l'*institution des posthumes*, introduite tant de siècles après par *Gallus Aquilius: si quis natus nata ve erit*. Il craignait que dans le mot *natus* on ne comprît point la fille posthume. C'est pour avoir ignoré ceci que Justinien prétend dans les institutes que la loi des douze tables aurait désigné par le seul mot *adgnatus* les agnats des deux sexes, et qu'ensuite la jurisprudence *moyenne* aurait ajouté à la rigueur de la loi en la restreignant aux sœurs consanguines. Il dut arriver tout le contraire. Cette jurisprudence dut étendre d'abord le sens de *suus* aux filles, et plus tard le sens d'*adgnatus* aux sœurs consanguines. Elle fut appelée *moyenne*, précisément pour avoir ainsi adouci la rigueur de la loi des douze tables.

Lorsque l'Empire passa des nobles au peuple, les plébéiens qui faisaient consister toutes leurs forces, toutes leurs richesses, toute leur puissance dans la multitude de leurs fils, commencèrent à sentir la tendresse paternelle. Ce sentiment avait dû rester inconnu aux plébéiens des cités héroïques qui n'engendraient des fils que pour les voir esclaves des nobles. Autant la multitude des plébéiens avait été dangereuse aux aristocraties, aux gouvernemens *du petit nombre*, autant elle était capable d'agrandir les démocraties et les monarchies. De là tant de faveurs accordées aux femmes par les lois impériales pour compenser les dangers et les douleurs de l'enfantement. Dès le temps de la république, les préteurs commencèrent à faire attention aux droits du sang, et à leur prêter secours au moyen des *possessions de biens*. Ils commencèrent à remédier aux *vices*, aux *défauts* des testamens, afin de favoriser la division des richesses qui font toute l'ambition du peuple.

Les Empereurs allèrent bien plus loin. Comme l'éclat de la noblesse leur faisait ombrage, ils se montrèrent favorables aux *droits de la nature humaine*, commune aux nobles et aux plébéiens. Auguste commença à protéger les fidéi-commis, qui auparavant ne passaient aux personnes incapables d'hériter que grâce à la délicatesse des héritiers grevés; il fit tant pour les fidéi-commis, qu'avant sa mort ils donnèrent le droit de contraindre les héritiers à les exécuter. Puis vinrent tant de sénatus-consultes, par lesquels les cognats furent mis sur la ligne des agnats. Enfin Justinien ôta la différence des legs et des fidéi-commis, confondit *les quartes Falcidianienne* et *Trebellianique*, mit peu de distinction entre les testamens et les codicilles, et dans les successions *ab intestat* égala les agnats et les cognats en tout et pour tout. Ainsi les lois romaines de l'Empire se montrèrent si attentives à favoriser les *dernières volontés*, que, tandis qu'autrefois le plus léger défaut les annulait, elles doivent aujourd'hui être toujours interprétées de manière à les rendre valables s'il est possible.

Les démocraties sont bienveillantes pour les fils, les monarchies veulent que les pères soient occupés par l'amour de leurs enfans; aussi les progrès de l'*humanité* ayant aboli le droit barbare des premiers pères de familles sur la personne de leurs fils, les Empereurs voulurent abolir aussi le droit qu'ils conservaient sur leurs acquêts, et introduisirent d'abord le *peculium castrense*, pour inviter les fils de famille au service militaire; puis ils en étendirent les avantages au *peculium quasi castrense*, pour les inviter à entrer dans le service du palais; enfin pour contenter les fils qui n'étaient ni soldats ni lettrés, ils introduisirent le *peculium adventitium*. Ils ôtèrent les effets de la puissance paternelle à l'*adoption* qui n'est pas faite par un des ascendans de l'adopté. Ils approuvèrent universellement les *adrogations*, difficiles en ce qu'un citoyen, de père de famille, devient dépendant de celui dans la famille duquel il passe. Ils regardèrent les *émancipations* comme avantageuses; donnèrent aux *légitimations* par mariage subséquent tout l'effet du mariage solennel. Enfin, comme le terme d'*imperium paternum* semblait diminuer la majesté impériale, ils introduisirent le mot de *puissance* paternelle, *patria potestas*. *

* En cela l'habileté d'Auguste leur avait donné l'exemple. De crainte d'éveiller la jalousie du peuple en lui enlevant le privilège nominal de l'empire, *imperium*, il prit le titre de la puissance tribunitienne, *potestas tribunitia*, se déclarant ainsi le protecteur de la liberté romaine.

Le tribunat avait été simplement une puissance de fait; les tribuns n'eurent jamais dans la république ce qu'on appelait *imperium*. Sous le même Auguste, un tribun du peuple ayant ordonné à Labéon de comparaître devant lui, ce jurisconsulte célèbre, le chef d'une des deux écoles de la jurisprudence romaine, refusa d'obéir; et il était dans son droit, puisque les tribuns n'avaient point l'*imperium*.

Une observation a échappé aux grammairiens, aux politiques et aux jurisconsultes, c'est que dans la lutte des plébéiens contre les patriciens pour obtenir le consulat, ces derniers voulant satisfaire le peuple sans établir de précédens relativement au partage de l'empire, créèrent des tribuns militaires en partie plébéiens, *cum consulari potestate*, et non point cum IMPERIO *consulari*. Aussi tout le système de la république romaine fut compris dans cette triple formule : SENATUS AUTORITAS, POPULI

En dernier lieu, la bienveillance des Empereurs s'étendant à toute l'humanité, ils commencèrent à favoriser les esclaves. Ils réprimèrent la cruauté des maîtres. Ils étendirent les effets de l'affranchissement, en même temps qu'ils en diminuaient les formalités. Le droit de cité ne s'était donné dans les temps anciens qu'à d'illustres étrangers qui avaient bien mérité du peuple romain ; ils l'accordèrent à quiconque était né à Rome d'un père esclave, mais d'une mère libre, ne le fût-elle que par affranchissement. La loi reconnaissant libre quiconque *naissait* dans la cité ; sous de telles circonstances, le *droit naturel* changea de dénomination ; dans les aristocraties, il était appelé DROIT DES GENS, dans le sens du latin *gentes*, maisons nobles [pour lesquelles ce droit était une sorte de propriété] ; mais lorsque s'établirent les démocraties, où les nations entières sont souveraines, et ensuite les monarchies, où les monarques représentent les nations entières dont leurs sujets sont les membres, il fut nommé DROIT NATUREL DES NATIONS.

§. III. *De la conservation des lois.*

La conservation *des ordres* entraîne avec elle celle des magistratures et des sacerdoces, et par suite celle des lois et de la jurisprudence. Voilà

IMPERIUM, PLEBIS POTESTAS. *Imperium* s'entend des grandes magistratures, du consulat, de la préture qui donnaient le droit de condamner à mort ; *potestas*, des magistratures inférieures, telles que l'édilité, et *modicâ coërcitione continetur.* (*Vico.*)

pourquoi nous lisons dans l'histoire romaine que tant que le gouvernement de Rome fut aristocratique, le droit des mariages solennels, le consulat, le sacerdoce ne sortaient point de l'ordre des sénateurs, dans lequel n'entraient que les nobles; et que la science des lois restait *sacrée* ou *secrète* (car c'est la même chose) dans le collège des pontifes, composé des seuls nobles chez toutes les nations *héroïques*. Cet état dura un siècle encore après la loi des douze tables, au rapport du jurisconsulte Pomponius. La connaissance des lois fut le dernier privilège que les patriciens cédèrent aux plébéiens.

Dans l'âge *divin*, les lois étaient gardées avec scrupule et sévérité. L'observation des *lois divines* a continué de s'appeler *religion*. Ces lois doivent être observées, en suivant certaines *formules inaltérables de paroles consacrées et de cérémonies solennelles*. — Cette observation sévère *des lois* est l'essence de l'aristocratie. Voulons-nous savoir pourquoi Athènes et presque toutes les cités de la Grèce passèrent si promptement à la démocratie? Le mot connu des Spartiates nous en apprend la cause : *les Athéniens conservent par écrit des lois innombrables; les lois de Sparte sont peu nombreuses, mais elles s'observent*. — Tant que le gouvernement de Rome fut aristocratique, les Romains se montrèrent observateurs rigides de la loi des douze tables, en sorte que Tacite l'appelle *finis omnis æqui juris*. En effet, après celles qui furent jugées suffisantes pour assurer la liberté et l'égalité civile *, les lois consulaires relatives au droit privé furent peu nombreuses, si même il en exista. Tite-Live dit que la loi des douze tables fut la source de toute la jurisprudence. — Lorsque le gouvernement devint démocratique, le petit peuple de Rome, comme celui d'Athènes, ne cessait de faire des lois d'intérêt privé, incapable qu'il était de s'élever à des idées générales. Sylla, le chef du parti des nobles, après sa victoire sur Marius, chef du parti du peuple, remédia un peu au désordre par l'établissement des *quæstiones perpetuæ*; mais dès qu'il eut abdiqué la dictature, les lois d'intérêt privé recommencèrent à se multiplier comme auparavant (Tacite). La multitude des lois est, comme le remarquent les politiques, la route la plus prompte qui conduise les états à la monarchie; aussi Auguste pour l'établir en fit un grand nombre; et les princes qui suivirent, employèrent surtout le sénat à faire des sénatus-consultes d'intérêt privé. Néanmoins dans le temps même où le gouvernement romain était déjà devenu démocratique, les *formules d'actions* étaient suivies si rigoureusement qu'il fallut toute l'éloquence de Crassus (que Cicéron appelait le Démosthènes romain), pour que la *substitution pupillaire expresse* fût regardée comme contenant la *vulgaire* qui n'était pas exprimée. Il fallut tout le talent de

---

* Ces lois doivent avoir été postérieures aux décemvirs, auxquels les anciens peuples les ont rapportées, comme au type idéal du législateur. (Vico.)

Cicéron pour empêcher Sextus Ébutius de garder la terre de Cecina, parce qu'il manquait une lettre à la formule. Mais avec le temps les choses changèrent au point que Constantin abolit entièrement les formules, et qu'il fut reconnu que *tout motif particulier d'équité prévaut sur la loi.* Tant les esprits sont disposés à reconnaître docilement l'équité naturelle sous les gouvernemens *humains!* Ainsi tandis que sous l'aristocratie, l'on avait observé si rigoureusement le *privilegia ne irroganto*, de la loi des douze tables, on fit sous la démocratie une foule de lois d'intérêt privé, et sous la monarchie les princes ne cessèrent d'accorder des *privilèges.* Or rien de plus conforme à l'équité naturelle que les *privilèges* qui sont mérités. On peut même dire avec vérité que toutes les exceptions faites aux lois chez les modernes, sont des *privilèges* voulus par le mérite particulier des faits, qui les sort de la disposition commune.

Peut-être est-ce pour cette raison que les nations barbares du moyen âge repoussèrent les lois romaines. En France on était puni sévèrement, en Espagne mis à mort, lorsqu'on osait les alléguer. Ce qui est sûr, c'est qu'en Italie, les nobles auraient rougi de suivre les rois romaines, et se faisaient honneur de n'être soumis qu'à celles des Lombards ; les gens du peuple au contraire qui ne quittent point facilement leurs usages, observaient plusieurs lois romaines qui avaient conservé force de coutumes. C'est ce qui explique comment furent en quelque sorte ensevelies dans l'oubli chez les Latins les lois de Justinien, chez les Grecs les Basiliques. Mais lorsqu'ensuite se formèrent les monarchies modernes, lorsque reparut dans plusieurs cités la liberté populaire, le droit romain compris dans les livres de Justinien fut reçu généralement, en sorte que Grotius affirme que c'est *un droit naturel des gens* pour les Européens.

Admirons la sagesse et la gravité romaines, en voyant au milieu de ces révolutions politiques les préteurs et les jurisconsultes employer tous leurs efforts pour que les termes de la loi des douze tables, ne perdent que lentement et le moins possible le sens qui leur était propre. Ainsi en changeant de forme de gouvernement, Rome eut l'avantage de s'appuyer toujours sur les mêmes principes, lesquels n'étaient autres que ceux de la société humaine. Ce qui donna aux Romains la plus sage de toutes les jurisprudences, est aussi ce qui fit de leur Empire le plus vaste, le plus durable du monde. Voilà la principale cause de la grandeur romaine que Polybe et Machiavel expliquent d'une manière trop générale, l'un par l'esprit religieux des nobles, l'autre par la magnanimité des plébéiens, et que Plutarque attribue par envie à la fortune de Rome. La noble réponse du Tasse à l'ouvrage de Plutarque le réfute moins directement que nous ne le faisons ici.

CHAPITRE VI.

AUTRES PREUVES TIRÉES DE LA MANIÈRE DONT CHAQUE FORME DE LA SOCIÉTÉ SE COMBINE AVEC LA PRÉCÉDENTE. — RÉFUTATION DE BODIN.

§. I.

Nous avons montré dans ce Livre jusqu'à l'évidence que dans toute leur vie politique les nations passent par trois sortes d'états civils (aristocratie, démocratie, monarchie), dont l'origine commune est le gouvernement *divin. Une quatrième forme,* dit Tacite, *soit distincte, soit mêlée des trois, est plus desirable que possible, et si elle se rencontre, elle n'est point durable.* Mais pour ne point laisser de doute sur cette succession naturelle, nous examinerons comment chaque état se combine avec le gouvernement de l'état précédent; mélange fondé sur l'axiome : lorsque les hommes changent, ils conservent quelque temps l'impression de leurs premières habitudes.

Les pères de familles desquels devaient sortir les nations païennes, ayant passé de la vie *bestiale* à la vie *humaine,* gardèrent dans l'état de nature, où il n'existait encore d'autre gouvernement que celui *des dieux*, leur caractère originaire de férocité et de barbarie; et conservèrent à la formation des *premières aristocraties* le souverain empire qu'ils avaient eu sur leurs femmes et leurs enfans dans l'état de nature. Tous égaux, trop orgueilleux pour céder l'un à l'autre, ils ne se soumirent qu'à l'empire souverain des corps aristocratiques dont ils étaient membres; leur *domaine* privé, jusque-là *éminent*, forma en se réunissant le *domaine* public également *éminent* du sénat qui gouvernait, de même que la réunion de leurs *souverainetés* privées composa la *souveraineté* publique des ordres auxquels ils appartenaient. Les cités furent donc dans l'origine des *aristocraties mêlées à la monarchie domestique des pères de famille*. Autrement, il est impossible de comprendre comment la société civile sortit de la société de la famille.

Tant que les pères conservèrent le domaine *éminent* dans le sein de leurs compagnies souveraines, tant que les plébéiens ne leur eurent pas arraché le droit d'acquérir des propriétés, de contracter des mariages solennels, d'aspirer aux magistratures, au sacerdoce, enfin de connaître les lois (ce qui était encore un privilège du sacerdoce), *les gouvernemens furent aristocratiques*. Mais lorsque les plébéiens des cités héroïques devinrent assez nombreux, assez aguerris pour effrayer les pères (qui dans une *oligarchie* devaient être peu nombreux, comme le mot l'indique), et que, forts de leur nombre, ils commencèrent à faire des lois sans l'autorisation du sénat, les républiques devinrent *démocratiques*. Aucun état n'aurait pu subsister avec deux *pouvoirs législatifs* souverains, sans se diviser en deux états. Dans cette révolution, l'autorité de *domaine* devint naturellement autorité de *tutelle*; le peuple souverain, faible encore sous le rapport de la sagesse politique se confiait à son sénat, comme un roi dans sa minorité à un tuteur. Ainsi *les états populaires furent gouvernés par un corps aristocratique.*

Enfin lorsque les puissans dirigèrent le conseil public dans l'intérêt de leur puissance, lorsque le peuple corrompu par l'intérêt privé consentit à assujettir la liberté publique à l'ambition des puissans, et que du choc des partis résultèrent les guerres civiles, *la monarchie s'éleva sur les ruines de la démocratie.*

§. II. *D'une loi royale, éternelle et fondée en nature, en vertu de laquelle les nations vont se reposer dans la monarchie.*

Cette loi a échappé aux interprètes modernes du droit romain. Ils étaient préoccupés par cette fable de la *loi royale* de Tribonien, qu'il attribue à Ulpien dans les Pandectes, et dont il s'avoue l'auteur dans les Institutes. Mais les jurisconsultes romains avaient bien compris la *loi royale* dont nous parlons. Pomponius dans son histoire abrégée du droit romain caractérise cette loi par un mot plein de sens, *rebus ipsis dictantibus regna condita.* — Voici la formule éternelle dans laquelle l'a conçue la nature : lorsque les citoyens des démocraties ne considèrent plus que leurs intérêts particuliers, et que, pour atteindre ce but, ils tournent les forces nationales à la ruine de leur patrie, alors il s'élève un seul homme, comme Auguste chez les Romains, qui se rendant maître par la force des armes, prend pour lui tous les soins publics, et ne laisse aux sujets que le soin de leurs affaires particulières. Cette révolution fait le salut des peuples qui autrement marcheraient à leur destruction. — Cette vérité semble admise par les docteurs du droit moderne, lorsqu'ils disent : *universitates sub rege habentur loco privatorum;* c'est qu'en effet la plus grande partie des citoyens ne s'occupe plus du bien public. Tacite nous montre très bien dans ses annales le progrès de cette funeste indifférence; lorsqu'Auguste fut près de mourir, quelques-uns discouraient vainement sur le bonheur de la liberté, *pauci bona libertatis incassum disserere*; Tibère arrive au pouvoir, et tous, les yeux fixés sur le prince, attendent pour obéir, *omnes principis jussa adspectare.* Sous les trois Césars qui suivent, les Romains d'abord indifférens pour la république, finissent par ignorer même ses intérêts, comme s'ils y étaient étrangers, *incuriâ et ignorantiâ reipublicæ, tanquam alienæ.* Lorsque les citoyens sont ainsi devenus étrangers à leur propre pays, il est nécessaire que les monarques les dirigent et les représentent. Or comme dans les républiques, un puissant ne se fraie le chemin à la monarchie, qu'en se faisant un parti, il est naturel qu'*un monarque gouverne d'une manière populaire.* D'abord il veut que tous ses sujets soient égaux, et il humilie les puissans de façon que les petits n'aient rien à craindre de leur oppression. Ensuite il a intérêt à ce que la multitude n'ait point à se plaindre en ce qui touche la subsistance et la liberté naturelle. Enfin il accorde des privilèges ou à des ordres entiers (ce qu'on appelle des *privilèges de liberté*), ou à des individus d'un mérite extraordinaire qu'il tire de la foule pour les élever aux honneurs civils. Ces privilèges sont des *lois d'intérêt privé*, dictées par l'équité naturelle. Aussi la monarchie est-elle le gouvernement le plus conforme à la nature humaine, aux époques où la raison est le plus développée.

§. III. *Réfutation des principes de la politique de Bodin.*

Bodin suppose que les gouvernemens, d'abord *monarchiques*, ont passé par la *tyrannie* à la *démocratie* et enfin à *l'aristocratie*. Quoique nous lui ayons assez répondu indirectement, nous voulons, *ad exuberantiam*, le réfuter par *l'impossible* et par *l'absurde*.

Il ne disconvient point que les familles n'aient été les élémens dont se composèrent les cités. Mais d'un autre côté il partage le préjugé vulgaire selon lequel les familles auraient été composées seulement des parens et des enfans [et non en outre des serviteurs, *famuli*]. Maintenant nous lui demandons comment la *monarchie* put sortir d'un tel *état de famille*. Deux moyens se présentent seuls, la force et la ruse. La force? Comment un père de famille pouvait-il soumettre les autres? On conçoit que dans les démocraties les citoyens aient consacré à la patrie et leur personne et leur famille dont elle assurait la conservation, et que par là ils aient été apprivoisés à la monarchie. Mais ne doit-on pas supposer que, dans la fierté originaire d'une liberté farouche, les pères de famille auraient plutôt péri tous avec les leurs, que de supporter l'inégalité? Quant à la ruse, elle est employée par les démagogues, lorsqu'ils promettent à la multitude la *liberté*, la *puissance* ou la *richesse*. Aurait-on promis la *liberté* aux premiers pères de famille? ils étaient tous non-seulement *libres*, mais *souverains* dans leur domestique.... La *puissance?* à des solitaires, qui, tels que le Polyphème d'Homère, se tenaient dans leurs cavernes avec leur famille, sans se mêler des affaires d'autrui? La *richesse?* on ne savait ce que c'était que richesses, dans un tel état de simplicité. — La difficulté devient plus grande encore, lorsqu'on songe que dans la haute antiquité il n'y avait point de *forteresse*, et que les cités *héroïques* formées par la réunion des familles n'eurent point de murs pendant long-temps, comme nous le certifie Thucydide*. Mais elle est vraiment insurmonta-

* La jalousie aristocratique empêchait qu'on en élevât. On sait que Va-

22.

ble, si l'on considère avec Bodin les familles comme composées seulement des fils. Dans cette hypothèse, qu'on explique l'établissement de la monarchie par la force ou par la ruse, les fils auraient été les instrumens d'une ambition étrangère, et auraient trahi ou mis à mort leurs propres pères; en sorte que ces gouvernemens eussent été moins des monarchies, que des tyrannies impies et parricides.

Il faut donc que Bodin, et tous les politiques avec lui, reconnaissent les *monarchies domestiques* dont nous avons prouvé l'existence dans l'état de famille, et conviennent que les familles se composèrent non-seulement des fils, mais encore des serviteurs (*famuli*), dont la condition était une image imparfaite de celle des esclaves, qui se firent dans les guerres après la fondation des cités. C'est dans ce sens que l'on peut dire, comme lui, *que les républiques se sont formées d'hommes libres et d'un caractère sévère*. Les premiers citoyens de Bodin ne peuvent présenter ce caractère.

Si, comme il le prétend, l'aristocratie est la der-

lérius Publicola ne se justifia du reproche d'avoir construit une maison dans un lieu élevé, qu'en la rasant en une nuit. — Les nations les plus belliqueuses et les plus farouches sont celles qui conservèrent le plus longtemps l'usage de ne point fortifier les villes. En Allemagne, ce fut, dit-on, Henri-l'Oiseleur qui le premier réunit dans des cités le peuple dispersé jusque là dans les villages, et qui entoura les villes de murs. — Qu'on dise après cela que les premiers fondateurs des villes furent ceux qui marquèrent par un sillon le contour des murs; qu'on juge si les étymologistes ont raison de faire venir le mot porte, *à portando aratro*, de la charrue qu'on portait pour interrompre le sillon à l'endroit où devaient être les portes. (*Vico*.)

nière forme par laquelle passent les gouvernemens, comment se fait-il qu'il ne nous reste du moyen âge qu'un si petit nombre de républiques aristocratiques? On compte en Italie Venise, Gênes et Lucques, Raguse en Dalmatie, et Nuremberg en Allemagne. Les autres républiques sont des états populaires avec un gouvernement aristocratique.

Le même Bodin qui veut conformément à son système, que la royauté romaine ait été monarchique, et qu'à l'expulsion des tyrans la liberté populaire ait été établie à Rome, ne voyant pas les faits répondre à ses principes, dit d'abord que Rome fut un état populaire gouverné par une aristocratie; plus loin, vaincu par la force de la vérité, il avoue, sans chercher à pallier son inconséquence, que la constitution et le gouvernement de Rome étaient également aristocratiques. L'erreur est venue de ce qu'on n'avait pas bien défini les trois mots *peuple*, *royauté*, *liberté*.*

* Voyez livre II, pag. 214.

CHAPITRE VII.

DERNIÈRES PREUVES A L'APPUI DE NOS PRINCIPES SUR LA MARCHE DES SOCIÉTÉS.

§. I.

1. Dans *l'état de famille* les peines furent atroces. C'est l'âge des Cyclopes et du Polyphême d'Homère. C'est alors qu'Apollon écorche tout vivant le satyre Marsyas. — La même barbarie continua dans les républiques aristocratiques ou *héroïques*. Au moyen âge on disait *peine ordinaire* pour peine de mort. Les lois de Sparte sont accusées de cruauté par Platon et par Aristote. A Rome, le vainqueur des Curiaces fut condamné à être battu de verges et attaché à l'arbre de malheur (*arbori infelici*). Métius Suffetius, roi d'Albe, fut écartelé, Romulus lui-même mis en pièces par les sénateurs. La loi des douze tables condamne à être brûlé vif celui qui met le feu à la moisson de son voisin; elle ordonne que le faux témoin soit précipité de la Roche Tarpéienne; enfin que le débiteur insolvable soit mis en quartiers. — Les peines s'adoucissent sous la *démocratie*. La faiblesse même de la multitude la

rend plus portée à la compassion. Enfin dans les *monarchies*, les princes s'honorent du titre de *clémens*.

2. Dans les guerres barbares des temps *héroïques*, les cités vaincues étaient ruinées, et leurs habitans, réduits à un état de servage, étaient dispersés par troupeaux dans les campagnes pour les cultiver au profit du peuple vainqueur. Les *démocraties* plus généreuses n'ôtèrent aux vaincus que les droits politiques, et leur laissèrent le libre usage du droit naturel (*jus naturale gentium humanarum*, Ulpien). Ainsi les conquêtes s'étendant, tous les droits qui furent désignés plus tard comme *rationes propriæ civium Romanorum*, devinrent le privilège des citoyens romains (tels que le mariage, la puissance paternelle, le domaine *quiritaire*, l'émancipation, etc.) Les nations vaincues avaient aussi possédé ces droits au temps de leur indépendance. — Enfin vient la *monarchie*, et Antonin veut faire une seule Rome de tout le monde romain. Tel est le vœu des plus grands monarques[*]. Le droit naturel des nations, appliqué et autorisé dans les provinces par les préteurs romains, finit, avec le temps, par gouverner Rome elle-même. Ainsi fut aboli le droit *héroïque* que les Romains avaient eu sur les provinces; les monarques veulent que tous les sujets soient égaux sous leurs lois. La jurisprudence romaine, qui dans les temps *héroïques* n'avait eu pour base que la loi

[*] Alexandre-le-Grand disait que le monde n'était pour lui qu'une cité, dont la citadelle était sa phalange. (*Vico.*)

des douze tables, commença dès le temps de Cicéron *, à suivre dans la pratique l'édit du préteur. Enfin, depuis Adrien, elle se régla sur l'*édit perpétuel*, composé presqu'entièrement des *édits provinciaux* par Salvius Julianus.

3. Les territoires bornés dans lesquels se resserrent les *aristocraties* pour la facilité du gouvernement, sont étendus par l'esprit conquérant de la *démocratie*; puis viennent les monarchies, qui sont plus belles et plus magnifiques à proportion de leur grandeur.

4. Du gouvernement soupçonneux de l'*aristocratie* les peuples passent aux orages de la *démocratie*, pour trouver le repos sous la *monarchie*.

5. Ils partent de l'*unité* de la monarchie domestique, pour traverser les gouvernemens du *plus petit nombre*, du *plus grand nombre*, et *de tous*, et retrouver l'*unité* dans la monarchie civile.

§. II. COROLLAIRE.

Que l'ancien droit romain à son premier âge fut un poème sérieux, et l'ancienne jurisprudence une poésie sévère, dans laquelle on trouve la première ébauche de la métaphysique légale. — Comment chez les Grecs la philosophie sortit de la législation.

Il y a bien d'autres effets importans, surtout dans

---

* *De legibus.*

la jurisprudence romaine, dont on ne peut trouver la cause que dans nos principes, et surtout dans le 9ᵉ axiome [lorsque les hommes ne peuvent atteindre le *vrai*, ils s'en tiennent au *certain*].

Ainsi les *mancipations (capere manu)* se firent d'abord *verâ manu*, c'est-à-dire, *avec une force réelle*. La *force* est un mot abstrait, la *main* est chose sensible, et chez toutes les nations elle a signifié la *puissance* *. Cette *mancipation* réelle n'est autre que l'*occupation*, source naturelle de tous les *domaines*. Les Romains continuèrent d'employer ce mot pour l'*occupation* d'une chose par la guerre; les esclaves furent appelés *mancipia*, le butin et les conquêtes furent pour les Romains *res mancipi*, tandis qu'elles devenaient pour les vaincus *res nec mancipi*. Qu'on voie donc combien il est raisonnable de croire que la *mancipation* prit naissance dans les murs de la seule ville de Rome, comme un mode d'acquérir le *domaine civil* usité dans les affaires privées des citoyens !

Il en fut de même de la véritable *usucapion*, autre manière d'acquérir le *domaine*, mot qui répond à *capio cum vero usu*, en prenant *usus* pour possession. D'abord on prit possession en couvrant de son corps la chose possédée; *possessio* fut dit pour *porro sessio*. — Dans les républiques *héroïques* qui selon Aristote n'*avaient point de lois pour*

---

* De là les χειροθεσίαι et les χειροτονίαι des Grecs: le premier mot désigne l'*imposition des mains* sur la tête du magistrat qu'on allait élire; le second les acclamations des électeurs qui *élevaient les mains*. (*Vico*.)

redresser les torts particuliers, nous avons vu que les *revendications* s'exerçaient *par une force*, par une violence *véritable*. Ce furent là les premiers duels, ou guerres privées. Les *actions personnelles* (*condictiones*) durent être les *représailles privées*, qui au moyen âge durèrent jusqu'au temps de Barthole.

Les mœurs devenant moins farouches avec le temps, les violences particulières commençant à être réprimées par les lois judiciaires, enfin la réunion des forces particulières ayant formé la force publique, les premiers peuples, par un effet de l'instinct poétique que leur avait donné la nature, durent imiter cette *force réelle* par laquelle ils avaient auparavant défendu leurs droits. Au moyen d'une fiction de ce genre, la *mancipation* naturelle devint la *tradition civile* solennelle, qui se représentait en simulant un nœud. Ils employèrent cette fiction dans les *acta legitima* qui consacraient tous leurs rapports légaux, et qui devaient être les cérémonies solennelles des peuples avant l'usage des langues vulgaires. Puis lorsqu'il y eut un langage articulé, les contractans s'assurèrent de la volonté l'un de l'autre en joignant au nœud des paroles solennelles qui exprimassent d'une manière certaine et précise les stipulations du contrat.

Par suite, les conditions (*leges*) auxquelles se rendaient les villes, étaient exprimées par des formules analogues, qui se sont appelées *paces* (de *pacio*) mot qui répond à celui de *pactum*. Il en est resté un vestige remarquable dans la formule du traité par lequel se rendit Collatie. Tel que Tite-Live le rapporte, c'est une véritable stipulation (*contratto recettizio*) fait avec les interrogations et les réponses solennelles; aussi ceux qui se rendaient étaient appelés, dans toute la propriété du mot, *recepti; et ego recipio*, dit le héraut romain aux députés de Collatie. Tant il est peu exact de dire que dans les temps *héroïques* la *stipulation* fut particulière aux citoyens romains! On jugera aussi si l'on a eu raison de croire jusqu'ici que Tarquin-l'Ancien prétendit donner aux nations dans la formule dont nous venons de parler, un modèle pour les cas semblables. — Ainsi le *droit des gens héroïques* du Latium resta gravé dans ce titre de la loi des douze tables : SI QUIS NEXUM FACIET MANCIPIUMQUE UT ILINGUA NUNCUPASSIT ITA JUS ESTO. C'est la grande source de tout l'ancien droit romain, et ceux qui ont rapproché les lois athéniennes de celle des douze tables, conviennent que ce titre n'a pu être importé d'Athènes à Rome.

L'*usucapion* fut d'abord une *prise de possession* au moyen du corps, et fut censée continuer par la seule intention. En même temps on porta la même fiction de l'emploi de la force dans les *revendications*, et les *représailles héroïques* se transformèrent en *actions personnelles*; on conserva l'usage de les dénoncer solennellement aux débiteurs. Il était impossible que l'enfance de l'humanité suivît une marche différente; on a remarqué dans un axiome que les enfans ont au plus haut degré la faculté d'imiter *le vrai* dans les choses qui ne sont point au-dessus de leur portée; c'est en quoi consiste la poésie, laquelle n'est qu'imitation.

Par un effet du même esprit, toutes les *personnes* qui paraissaient au forum, étaient distinguées par des *masques* ou *emblêmes* particuliers (*personæ*). Ces emblêmes propres aux familles étaient, si je puis le dire, des *noms réels*, antérieurs à l'usage des langues vulgaires. Le signe distinctif du père de famille désignait collectivement tous ses enfans, tous ses esclaves. Aux exemples déjà cités (page 181), joignons les prodigieux exploits des paladins français, et surtout de Roland, qui sont ceux d'une armée plutôt que ceux d'un individu; ces paladins étaient des souverains, comme le sont encore les *palatins* d'Allemagne. Ceci dérive des principes de notre poétique. Les fondateurs du droit romain ne pouvant s'élever encore par l'abstraction aux idées générales, créèrent pour y suppléer des caractères poétiques, par lesquels ils désignaient les genres. De même que les poètes guidés par leur art portèrent les personnages et les masques sur le théâtre, les fondateurs du droit, conduits par la nature, avaient dans des temps plus anciens, porté sur le forum les *personnes* (*personas*) et les emblêmes*. — Incapables de se créer par l'intelligence des *formes abstraites*, ils en imaginèrent de *corporelles*, et les supposèrent *animées* d'après leur propre nature. Ils

---

* La quantité prouve que *persona* ne vient point, comme on le prétend, de *personare*. (*Vico*.)

réalisèrent dans leur imagination l'hérédité, *hereditas*, comme souveraine des héritages, et ils la placèrent tout entière dans chacun des effets dont ils se composaient; ainsi quand ils présentaient aux juges une motte de terre dans l'acte de la *revendication*, ils disaient *hunc fundum*, etc. Ainsi ils *sentirent* imparfaitement, s'ils ne purent le *comprendre*, que *les droits sont indivisibles*. Les hommes étant alors naturellement poètes, la première jurisprudence fut toute *poétique*; par une suite de fictions, elle supposait *que ce qui n'était pas fait l'était déjà*, que ce *qui était né, était à naître*, que le *mort était vivant*, et *vice versâ*. Elle introduisait une foule de déguisemens, de voiles qui ne couvraient rien, *jura imaginaria*; de droits traduits en fable par l'imagination. Elle faisait consister tout son mérite à trouver des fables assez heureusement imaginées pour sauver la gravité de la loi, et appliquer le droit au fait. Toutes les fictions de l'ancienne jurisprudence furent donc des vérités sous le masque, et les formules dans lesquelles s'exprimaient les lois, furent appelées *carmina*, à cause de la mesure précise de leurs paroles auxquelles on ne pouvait ni ajouter, ni retrancher*. Ainsi tout l'ancien droit romain fut un *poème sérieux* que les Romains représentaient sur le forum, et l'ancienne jurisprudence fut une *poésie sévère*. Dans l'introduc-

---

* Tite-Live dit, en parlant de la sentence prononcée contre Horace : *Lex horrendi carminis erat*. — Dans l'*Asinaria* de Plaute, Diabolus dit que le parasite *est un grand poète*, parce qu'il sait mieux que tout autre trouver ces subtilités verbales qui caractérisaient les formules, ou *carmina*. (*Vico*.)

tion des Institutes, Justinien parle des fables du droit antique, *antiqui juris fabulas*; son but est de les tourner en ridicule, mais il doit avoir emprunté ce mot à quelqu'ancien jurisconsulte qui aura compris ce que nous exposons ici. C'est à ces *fables antiques* que la jurisprudence romaine rapporte ses premiers principes. De ces *personæ*, de ces *masques* qu'employaient les fables dramatiques si vraies et si sévères du droit, dérivent les premières origines de la doctrine du *droit personnel*.

Lorsque vinrent les âges de civilisation avec les gouvernemens populaires, l'intelligence s'éveilla dans ces grandes assemblées *. Les droits abstraits

---

* S'il est certain qu'il y eut des lois avant qu'il existât des philosophes, on doit en inférer que le spectacle des citoyens d'Athènes s'unissant par l'acte de la législation dans l'idée d'un intérêt égal qui fût commun à tous, aida Socrate à former les *genres intelligibles*, ou les *universaux abstraits*, au moyen de l'*induction*, opération de l'esprit qui recueille les particularités uniformes capables de composer un genre sous le rapport de leur uniformité. Ensuite Platon remarqua que, dans ces assemblées, les esprits des individus, passionnés chacun pour son intérêt, se réunissaient dans l'idée non passionnée de l'utilité commune. On l'a dit souvent, les hommes, pris séparément, sont conduits par l'intérêt personnel; pris en masse, ils veulent la justice. C'est ainsi qu'il en vint à méditer les idées intelligibles et parfaites des esprits (idées distinctes de ces esprits, et qui ne peuvent se trouver qu'en Dieu même), et s'éleva jusqu'à la conception du *héros de la philosophie*, qui commande avec plaisir aux passions. Ainsi fut préparée la définition vraiment divine qu'Aristote nous a laissée de la loi: *Volonté libre de passion*; ce qui est le caractère de la volonté *héroïque*. Aristote comprit la *justice*, reine des vertus, qui habite dans le cœur du *héros*, parce qu'il avait vu la *justice légale*, qui habite dans l'âme du législateur et de l'homme d'état, commander à la *prudence* dans le sénat, au *courage* dans les armées, à la *tempérance* dans les fêtes, à la *justice particulière*, tantôt *commutative*, comme au forum, tantôt *distributive*, comme au

et généraux furent dits *consistere in intellectu juris.*
L'*intelligence* consiste ici à comprendre l'intention
que le législateur a exprimée dans la loi, intention
que désigne le mot *jus.* En effet cette intention fut
celle *des citoyens qui s'accordaient dans la conception
d'un intérêt raisonnable qui leur fût commun à tous.*
Ils durent comprendre que cet intérêt était *spirituel*
de sa nature, puisque tous les droits qui ne s'exercent point sur des choses corporelles, *nuda jura*,
furent dits par eux *in intellectu juris consistere*. Puis
donc que les droits sont des modes de la substance
spirituelle, ils sont *indivisibles*, et par conséquent
éternels ; car la corruption n'est autre chose que la
division des parties. Les interprètes du droit romain
ont fait consister toute la gloire de la métaphysique
légale dans l'examen de l'indivisibilité des droits en
traitant la fameuse matière *de dividuis et individuis.*
Mais ils n'ont point considéré l'autre caractère des
droits, non moins important que le premier, leur
éternité. Il aurait dû pourtant les frapper dans ces
deux règles qu'ils établissent 1° *cessante fine legis,*

---

trésor public, *œrarium* [où les impôts répartis équitablement donnent des droits proportionnels aux honneurs]. D'où il résulte que c'est de la place d'Athènes que sortirent les principes de la métaphysique, de la logique et de la morale. La liberté fit la législation, et de la législation sortit la philosophie.

Tout ceci est une nouvelle réfutation du mot de Polybe que nous avons déjà cité (*Si les hommes étaient philosophes, il n'y aurait plus besoin de religion*). Sans religion point de société, sans société point de philosophes. Si la *Providence* n'eût ainsi conduit les choses humaines, on n'aurait pas eu la moindre idée ni de *science* ni de *vertu*.(*Vico.*)

cessat lex; ils ne disent point *cessante ratione;* en effet le but, la fin de la loi, c'est l'intérêt des causes traité avec égalité; cette fin peut changer, mais *la raison de la loi* étant une conformité de la loi au fait entouré de telles circonstances, toutes les fois que les mêmes circonstances se représentent, la *raison de 'z loi* les domine, vivante, impérissable; 2° *tempus non est modus constituendi, vel dissolvendi juris;* en effet le temps ne peut commencer ni finir ce qui est éternel. Dans les usucapions, dans les prescriptions, le temps ne finit point les droits, pas plus qu'il ne les a produits, il prouve seulement que celui qui les avait a voulu s'en dépouiller. Quoiqu'on dise que *l'usufruit prend fin*, il ne faut pas croire que le droit finisse pour cela, il ne fait que se dégager d'une servitude pour retourner à sa liberté première. — De là nous tirerons deux corollaires de la plus haute importance. Premièrement les droits étant *éternels* dans l'intelligence, autrement dit dans leur idéal, et les hommes existant *dans le temps*, les droits ne peuvent venir aux hommes que de Dieu. En second lieu, tous les droits qui ont été, qui sont ou seront, dans leur nombre, dans leur variété *infinis*, sont les modifications diverses de la *puissance* du premier homme, et du *domaine*, du droit de propriété, qu'il eut sur toute la terre.

Sous les gouvernemens aristocratiques, la *cause* (c'est-à-dire la forme extérieure) des obligations consistait dans une formule où l'on cherchait une garantie dans la précision des paroles et la propriété des termes *. Mais dans les temps civilisés où se formèrent les démocraties et ensuite les monarchies, la *cause* du contrat fut prise pour la volonté des parties et pour le contrat même. Aujourd'hui c'est la volonté qui rend le pacte obligatoire, et par cela seul qu'on a voulu contracter, la convention produit une action. Dans les cas où il s'agit de transférer la propriété, c'est cette même volonté qui valide la tradition naturelle et opère l'aliénation ; ce ne fut que dans les contrats verbaux, comme la stipulation, que la garantie du contrat conserva le nom de *cause* pris dans son ancienne acception. Ceci jette un nouveau jour sur les principes des obligations qui naissent des pactes et contrats, tels que nous les avons établis plus haut.

Concluons : l'homme n'étant proprement qu'*intelligence*, *corps* et *langage*, et le langage étant comme l'intermédiaire des deux substances qui constituent sa nature, le CERTAIN en matière de justice fut déterminé par *des actes du corps* dans les temps qui précédèrent l'invention du langage articulé. Après cette invention, il le fut par des *formules verbales*. Enfin la raison humaine ayant pris tout son développement, le certain alla se confondre avec le VRAI des idées relatives à la justice, lesquelles furent déterminées par la raison d'après les circonstances les plus particulières des faits ;

* *A cavendo, cavissa*; puis, par contraction, *caussa*. (*Vico*.)

formule éternelle qui n'est sujette à aucune forme particulière, mais qui éclaire toutes les formes diverses des faits, comme la lumière qui n'a point de figure, nous montre celle des corps opaques dans les moindres parties de leur superficie. C'est elle que le docte Varron appelait la FORMULE DE LA NATURE.

LIVRE CINQUIÈME.

RETOUR DES MÊMES RÉVOLUTIONS

LORSQUE LES SOCIÉTÉS DÉTRUITES SE RELÈVENT DE LEURS RUINES.

ARGUMENT.

La plupart des preuves historiques données jusqu'ici par l'auteur à l'appui de ses principes, étant empruntées à l'antiquité, la Science nouvelle ne mériterait pas le nom d'histoire éternelle de l'humanité, si l'auteur ne montrait que les caractères observés dans les temps antiques se sont reproduits, en grande partie, dans ceux du moyen âge. Il suit dans ces rapprochemens sa division des âges divin, héroïque et humain. Il conclut en démontrant que c'est la Providence qui conduit les choses humaines, puisque dans tout gouvernement ce sont les meilleurs qui ont dominé. (Il prend le mot meilleurs dans un sens très général.)

Chapitre I. OBJET DE CE LIVRE.—RETOUR DE L'AGE DIVIN. — *Pourquoi Dieu permit qu'un ordre de choses analogue à celui de l'antiquité reparût au moyen âge. Ignorance de l'écriture; caractère religieux des guerres et des jugemens, asiles, etc.*

Chapitre II. COMMENT LES NATIONS PARCOURENT DE NOUVEAU LA CARRIÈRE QU'ELLES ONT FOURNIE CONFORMÉMENT A LA NATURE ÉTERNELLE DES FIEFS. QUE

L'ANCIEN DROIT POLITIQUE DES ROMAINS SE RENOUVELA DANS LE DROIT FÉODAL. (RETOUR DE L'AGE HÉROÏQUE.) — *Comparaison des vassaux du moyen âge avec les cliens de l'antiquité, des parlemens avec les comices. Remarques sur les mots* hommage, baron, *sur les précaires, sur la recommandation personnelle, et sur les alleux.*

Chapitre III. COUP-D'ŒIL SUR LE MONDE POLITIQUE, ANCIEN ET MODERNE, *considéré relativement au but de la Science nouvelle.* (AGE HUMAIN.) — *Rome, n'étant arrêtée par aucun obstacle extérieur, a fourni toute la carrière politique que suivent les nations, passant de l'aristocratie à la démocratie, et de la démocratie à la monarchie. — Conformément aux principes de la Science nouvelle, on trouve aujourd'hui dans le monde beaucoup de monarchies, quelques démocraties, presque plus d'aristocraties.*

Chapitre IV. CONCLUSION. D'UNE RÉPUBLIQUE ÉTERNELLE FONDÉE DANS LA NATURE PAR LA PROVIDENCE DIVINE, ET QUI EST LA MEILLEURE POSSIBLE DANS CHACUNE DE SES FORMES DIVERSES. — *C'est le résumé de tout le système, et son explication morale et religieuse.*

LIVRE CINQUIÈME.

RETOUR DES MÊMES RÉVOLUTIONS

LORSQUE LES SOCIÉTÉS DÉTRUITES SE RELÈVENT DE LEURS RUINES.

CHAPITRE I.

OBJET DE CE LIVRE. — RETOUR DE L'AGE DIVIN.

D'APRÈS les rapports innombrables que nous avons indiqués dans cet ouvrage entre les temps barbares de l'antiquité et ceux du moyen âge, on a pu sans peine en remarquer la merveilleuse correspondance, et saisir les lois qui régissent les sociétés, lorsque sortant de leurs ruines elles recommencent une vie nouvelle. Néanmoins nous consacrerons à ce sujet un livre particulier, afin d'éclairer les temps de la *barbarie moderne*, qui étaient restés plus obscurs que ceux de la *barbarie antique*, appelés eux-mêmes *obscurs* par le docte Varron dans sa division des temps. Nous montrerons en même temps comment le Tout-Puissant a fait servir les conseils de sa *Providence*, qui dirigeaient la marche des sociétés, aux décrets ineffables de sa *grâce*.

Lorsqu'il eut par des voies *surnaturelles* éclairé et affermi la vérité du christianisme, contre la puissance romaine par la vertu des martyrs, contre la vaine sagesse des Grecs par la doctrine des Pères et par les miracles des Saints, alors s'élevèrent des nations armées, au nord les barbares Ariens, au midi les Sarrasins mahométans, qui attaquaient de toutes parts la divinité de Jésus-Christ. Afin d'établir cette vérité d'une manière inébranlable selon le cours *naturel* des choses humaines, Dieu permit qu'un nouvel ordre de choses naquît parmi les nations.

Dans ce conseil éternel, il ramena les mœurs du premier âge qui méritèrent mieux alors le nom de *divines*. Partout les rois catholiques, protecteurs de la religion, revêtaient les habits de diacres et consacraient à Dieu leurs personnes royales[*]. Ils avaient des dignités ecclésiastiques : Hugues Capet s'intitulait comte et abbé de Paris, et les annales de Bourgogne remarquent en général que dans les actes anciens les princes de France prenaient souvent les titres de ducs et abbés, de comtes et abbés. — Les premiers rois chrétiens fondèrent des ordres religieux et militaires pour combattre les infidèles. — Alors revinrent avec plus de vérité le *pura et piu bella* des peuples héroïques. Les rois mirent la croix sur leurs bannières, et maintenant encore ils placent sur leurs couronnes un globe surmonté d'une croix. — Chez les anciens, le héraut qui déclarait la guerre, invitait les dieux à quitter la cité ennemie (*evocabat deos*). De même au moyen âge, on cherchait toujours à enlever les reliques des

---

[*] Ils en ont conservé le titre de *sacrée majesté*. (*Vico.*)

cités assiégées. Aussi les peuples mettaient-ils leurs soins à les cacher, à les enfouir sous terre; on voit dans toutes les églises que le lieu où on les conserve est le plus reculé, le plus secret.

A partir du commencement du cinquième siècle, où les barbares inondèrent le monde romain, les vainqueurs ne s'entendent plus avec les vaincus. Dans cet âge de fer, on ne trouve d'écriture en langue vulgaire ni chez les Italiens, ni chez les Français, ni chez les Espagnols. Quant aux Allemands, ils ne commencent à écrire d'actes dans leur langue qu'au temps de Frédéric de Souabe, et, selon quelques-uns, seulement sous Rodolphe de Habsbourg. Chez toutes ces nations on ne trouve rien d'écrit qu'en latin barbare, langue qu'entendaient seuls un bien petit nombre de nobles qui étaient ecclésiastiques. Faute de caractères vulgaires, les hiéroglyphes des anciens reparurent dans les emblêmes, dans les armoiries. Ces signes servaient à assurer les propriétés, et le plus souvent indiquaient les droits seigneuriaux sur les maisons et sur les tombeaux, sur les troupeaux et sur les terres.

Certaines espèces de *jugemens divins* reparurent sous le nom de *purgations canoniques;* les *duels* furent une espèce de ces jugemens, quoique non autorisés par les canons. On revit aussi les brigandages héroïques. Les anciens héros avaient tenu à honneur d'être appelés *brigands;* le nom de *corsalo* fut un titre de seigneurie. Les *représailles* de l'antiquité, la dureté des *servitudes héroïques* se renouvelèrent, et durent encore entre les infidèles et les chrétiens. La victoire passant pour le jugement du ciel, les vainqueurs croyaient *que les vaincus n'avaient point de Dieu*, et les traitaient comme de vils animaux.

Un rapport plus merveilleux encore entre l'antiquité et le moyen âge, c'est que l'on vit se rouvrir les *asiles*, qui, selon Tite-Live, avaient été l'*origine de toutes les premières cités*. Partout avaient recommencé les violences, les rapines, les meurtres, et comme *la religion est le seul moyen de contenir des hommes affranchis du joug des lois humaines* (axiome 31), les hommes moins barbares qui craignaient l'oppression se réfugiaient chez les évêques, chez les abbés, et se mettaient sous leur protection, eux, leur famille et leurs biens; c'est le besoin de cette protection qui motive la plupart des constitutions de fiefs. Aussi dans l'Allemagne, pays qui fut au moyen âge le plus barbare de toute l'Europe, il est resté, pour ainsi dire, plus de souverains ecclésiastiques que de séculiers. — De là le nombre prodigieux de cités et de forteresses qui portent des noms de saints. — Dans des lieux difficiles ou écartés, l'on ouvrait de petites chapelles où se célébrait la messe, et s'accomplissaient les autres devoirs de la religion. On peut dire que ces chapelles furent les *asiles* naturels des chrétiens; les fidèles élevaient autour leurs habitations. Les monumens les plus anciens qui nous restent du moyen âge, sont des chapelles situées ainsi, et le plus souvent ruinées. Nous en avons chez nous un illustre exemple dans l'abbaye de Saint-Laurent d'Averse, à laquelle fut incorporée l'abbaye de Saint-Laurent de Capoue. Dans la Campanie, le Samnium, l'Appulie et dans l'ancienne Calabre, du Vulture au golfe de Tarente, elle gouverna cent dix églises, soit immédiatement, soit par des abbés ou moines qui en étaient dépendans, et dans presque tous ces lieux les abbés de Saint-Laurent étaient en même temps les barons.

CHAPITRE II.

COMMENT LES NATIONS PARCOURENT DE NOUVEAU LA CARRIÈRE QU'ELLES ONT FOURNIE, CONFORMÉMENT A LA NATURE ÉTERNELLE DES FIEFS. QUE L'ANCIEN DROIT POLITIQUE DES ROMAINS SE RENOUVELA DANS LE DROIT FÉODAL. (RETOUR DE L'AGE HÉROÏQUE.)

A l'âge *divin* ou théocratique dont nous venons de parler, succéda l'âge *héroïque* avec la même distinction de *natures* qui avait caractérisé dans l'antiquité les *héros* et les *hommes*. C'est ce qui explique pourquoi les vassaux roturiers s'appellent *homines* dans la langue du droit féodal. D'*homines* vinrent *hominium* et *homagium*. Le premier est pour *hominis dominium*, le domaine du seigneur sur la personne du vassal; *homagium* est pour *hominis agium*, le droit qu'a le seigneur de mener le vassal où il veut. Les feudistes traduisent élégamment le mot barbare *homagium* par *obsequium*, qui dans le principe dut avoir le même sens en latin. Chez les anciens Romains, l'*obsequium* était inséparable de ce qu'ils appelaient *opera militaris*, et de ce que nos feudistes appellent *militare servitium*; long-temps les plébéiens romains servirent à leurs dépens les nobles à la guerre. Cet *obsequium* avec les charges qui en étaient la suite, fut vers la fin la condition des affranchis, *liberti*, qui restaient à l'égard de leur patron dans une sorte de dépendance; mais il avait commencé avec Rome même, puisque l'institution fondamentale de cette cité fut le *patronage*, c'est-à-dire, la protection des malheureux qui s'étaient réfugiés dans l'asile de Romulus, et qui cultivaient, comme journaliers, les terres des patriciens. Nous avons déjà remarqué que dans l'histoire ancienne, le mot *clientela* ne peut mieux se traduire que par celui de *fiefs*. L'origine du mot *opera* nous prouve la vérité de ces principes. *Opera* dans sa signification primitive est le travail d'un paysan pendant un jour. Les Latins appellent *operarius* ce que nous entendons par *journalier*. — On disait chez les Latins *greges operarum*, comme *greges servorum*, parce que de tels ouvriers, ainsi que les esclaves des temps plus récens étaient regardés comme les bêtes de somme que l'on disait *pasci gregatim*. Par analogie on appelait les héros *pasteurs*; Homère ne manque jamais de leur donner l'épithète de *pasteurs des peuples*. Νόμος, νομός, signifient *loi* et *pâturage*.

L'*obsequium* des affranchis, ayant peu-à-peu disparu, et la puissance des patrons ou seigneurs s'étant en quelque sorte *dispersée* dans les guerres civiles, *où les puissans deviennent dépendans des peuples*, cette puissance se *réunit* sans peine dans la personne des monarques, et il ne resta plus que l'*obsequium principis*, dans lequel, selon Tacite, consiste tout le *devoir des sujets d'une monarchie*. Par opposition à leurs vassaux ou *homines*, les seigneurs des fiefs furent appelés *barons* dans le sens où les Grecs prenaient *héros*, et les anciens Latins *viri*; les Espagnols disent encore *baron* pour signifier le *vir* des Latins. Cette dénomination d'*hommes*, leur fut donnée sans doute par opposition à la faiblesse des vassaux, faiblesse dont l'idée était dans les temps héroïques jointe à celle du sexe *féminin*. Les barons furent appelés *seigneurs*, du latin *seniores*. Les anciens parlemens du moyen âge durent se composer des *seigneurs*, précisément comme le sénat de Rome avait été composé par Romulus des nobles les plus âgés. De ces *patres*, on dut appeler *patroni* ceux qui affranchissaient des esclaves, de même que chez nous *patron* signifie *protecteur* dans le sens le plus élégant et le plus conforme à l'étymologie. A cette expression répond celle de *clientes* dans le sens de *vassaux roturiers*, tels que purent être les *cliens*, lorsque Servius Tullius par l'institution du cens, leur permit de tenir des terres en fiefs. (*Voy. la pag.* suivante.)

Les fiefs roturiers du moyen âge, d'abord *personnels* représentèrent les clientèles de l'antiquité. Au temps où brillait de tout son éclat la liberté populaire de Rome, les plébéiens vêtus de toges allaient tous les matins faire leur cour aux grands. Ils les saluaient du titre des anciens héros, *ave rex*, les menaient au forum, et les ramenaient le soir à la maison. Les grands, conformément à l'ancien titre héroïque de *pasteurs des peuples*, leur donnaient à souper. Ceux qui étaient soumis à cette sorte de vasselage *personnel*, furent sans doute chez les anciens Romains les premiers *vades*, nom qui resta à ceux qui étaient obligés de suivre leurs *actores* devant les tribunaux ; cette obligation s'appelait *vadimonium*. En appliquant nos principes aux étymologies latines, nous trouvons que ce mot dut venir du nominatif *vas*, chez les Grecs βάς, et chez les barbares *was*, d'où *wassus*, et enfin *vassalus*.

A la suite des fiefs roturiers *personnels*, vinrent les *réels*. Nous les avons vu commencer chez les Romains avec l'institution du *cens*. Les plébéiens qui reçurent alors le domaine bonitaire des champs que les nobles leur avaient assignés, et qui furent dès-lors sujets à des charges non-seulement *personnelles*, mais *réelles*, durent être désignés les premiers par le nom de *mancipes*, lequel resta ensuite à ceux qui sont *obligés sur biens immeubles envers le trésor public*. Ces plébéiens qui furent ainsi liés, *nexi*, jusqu'à la loi Petilia, répondent précisément aux *vassaux* que l'on nommait *hommes liges, ligati*. L'homme *lige* est, selon la définition des feudistes, *celui qui doit reconnaître pour amis et pour ennemis tous les amis et ennemis de son seigneur*. Cette forme de serment est analogue à celle que les anciens vassaux germains prêtaient à leur chef, au rapport de Tacite ; ils juraient *de se dévouer à sa gloire*. Les rois vaincus auxquels le peuple romain *regna dono dabat* (ce qui équivaut à *beneficio dabat*), pouvaient être considérés comme ses *hommes liges*; s'ils devenaient ses alliés, c'était de cette sorte d'alliance que les Latins appelaient *fœdus inæquale*. Ils étaient *amis du peuple romain* dans le sens où les Empereurs donnaient le nom d'*amis* aux nobles qui composaient leur cour. Cette alliance inégale n'était autre chose que l'*investiture d'un fief souverain*. Cette investiture était donnée avec la formule que nous a laissée Tite-Live, savoir, que le roi allié *servaret majestatem populi Romani*; précisément de la même manière que le jurisconsulte Paulus dit que le préteur rend la justice *servatâ majestate populi Romani*. Ainsi ces alliés étaient *seigneurs de fiefs souverains soumis à une plus haute souveraineté*.

On vit reparaître les *clientèles* des Romains sous le nom de *recommandation personnelle*. — Les *cens seigneuriaux* n'étaient pas sans analogie avec le *cens* institué par Servius Tullius, puisqu'en vertu de cette dernière institution les plébéiens furent long-temps assujettis à servir les nobles dans la guerre à leurs propres dépens, comme dans les temps modernes les vassaux appelés *angarii* et *perangarii*. — Les *précaires* du moyen âge étaient encore renouvelés de l'antiquité. C'était dans l'origine des terres accordées par les seigneurs aux prières des *pauvres* qui vivaient du produit de la culture. — (*Voy.* aussi pag. 183.)

Nous avons dit que ceux qui par l'institution du *cens* obtinrent le domaine bonitaire des champs qu'ils cultivaient, furent les premiers *mancipes* des Romains. La *mancipation* revint au moyen âge; le vassal mettait ses mains entre celles du seigneur pour lui jurer foi et obéissance. Dans l'acte de la *mancipation* les stipulations se représentèrent *sous la forme des infestucations* ou *investitures*, ce qui était la même chose. Avec les stipulations revint ce qui dans l'ancienne jurisprudence romaine avait été appelé proprement *cavissæ*, par contraction *caussæ*; au moyen âge, on tira de la même étymologie le mot *cautelæ*. Avec ces *cautelæ* reparurent dans l'acte de la *mancipation*, les pactes que les jurisconsultes romains appelaient *stipulata*, de *stipula*, la paille qui revêt le grain; c'est dans le même sens que les docteurs du moyen âge dirent d'après les *investitures* ou *infestucations*, *pacta vestita*, et *pacta nuda*. — On retrouve encore au moyen âge les deux sortes de domaines, *direct* et *utile*, qui répondent au domaine *quiritaire*, et *bonitaire* des anciens Romains. On y retrouve aussi les biens *ex jure optimo* que les feudistes érudits définissent de la manière suivante : *biens allodiaux, libres de toute charge publique et privée*. Cicéron remarque que de son temps il restait à Rome bien peu de choses qui fussent *ex jure optimo*; et dans les lois romaines du dernier âge, il ne reste plus de connaissance des biens de ce genre. De même il est impossible maintenant de trouver de pareils alleux. Les biens *ex jure optimo* des Romains, les alleux du moyen âge, ont fini également par être des *biens immeubles libres de toute charge privée*, mais sujets aux charges publiques.

Dans les premiers parlemens, dans les *cours armées*, composées de barons, de pairs, on revoit les assemblées héroïques, où les *quirites* de Rome paraissaient en armes. L'histoire de France nous raconte que dans l'origine les rois étaient les chefs du parlement, et qu'ils commettaient des pairs au jugement des causes. Nous voyons de même chez les Romains qu'au premier jugement où, selon Cicéron, il s'agit de la vie d'un citoyen, le roi Tullus Hostilius nomma des commissaires ou duumvirs pour juger Horace. Ils devaient employer contre le fratricide la formule que cite Tite-Live, *in Horatium perduellionem dicerent*. C'est que dans la sévérité des temps héroïques où la cité se composait des seuls héros, tout meurtre de citoyen était un acte d'hostilité contre la patrie, *perduellio*. Tout meurtre était appelé *parricidium*, meurtre d'un père, c'est-à-dire, d'un noble. Mais lorsque les plébéiens, les *hommes* dans la langue féodale, commencèrent à faire partie de la cité, le meurtre de tout homme fut appelé *homicide*.

Lorsque les universités d'Italie commencèrent à enseigner les lois romaines d'après les livres de Justinien, qui les présente d'une manière conforme au *droit naturel des peuples civilisés*, les esprits déjà plus ouverts s'attachèrent aux règles de l'équité naturelle dans l'étude de la jurisprudence, cette équité égale les nobles et les plébéiens dans la société, comme ils sont égaux dans la nature. Depuis que

Tibérius Coruncanius eut commencé à Rome d'enseigner publiquement la science des lois, la jurisprudence jusqu'alors secrète échappa aux nobles, et leur puissance s'en trouva peu-à-peu affaiblie. La même chose arriva aux nobles des nouveaux royaumes de l'Europe dont les gouvernemens avaient été d'abord aristocratiques, et qui devinrent successivement populaires et monarchiques. * **

* Ces deux dernières formes, convenant également aux gouvernemens des âges civilisés, peuvent sans peine se changer l'une pour l'autre. Mais revenir à l'aristocratie, c'est ce qui est inconciliable avec la nature sociale de l'homme. Le vertueux Dion de Syracuse, l'ami du divin Platon, avait délivré sa patrie de la tyrannie d'un monstre; il n'en fut pas moins assassiné pour avoir essayé de rétablir l'aristocratie. Les pythagoriciens, qui composaient toute l'aristocratie de la grande Grèce, tentèrent d'opérer la même révolution, et furent massacrés ou brûlés vifs. En effet, dès qu'une fois les plébéiens ont reconnu qu'ils sont égaux en nature aux nobles, ils ne se résignent point à leur être inférieurs sous le rapport des droits politiques, et ils obtiennent cette égalité dans l'état populaire, ou sous la monarchie. Aussi voyons-nous le peu de gouvernemens aristocratiques qui subsistent encore, s'attacher, avec un soin inquiet et une sage prévoyance, à contenir la multitude et à prévenir de dangereux mécontentemens. (*Vico*).

** Bodin avoue que le royaume de France eut, non pas un gouvernement, comme nous le prétendons, mais au moins une constitution *aristocratique* sous les races mérovingienne et carlovingienne. Nous demanderons alors à Bodin comment ce royaume s'est trouvé soumis, comme il l'est, à une monarchie pure. Sera-ce en vertu d'une *loi royale* par laquelle les paladins français se sont dépouillés de leur puissance en faveur des Capétiens, de même que le peuple romain abdiqua la sienne en faveur d'Auguste, si nous en croyons la fable de la *loi royale* débitée par Tribonien? Ou bien dira-t-il que la France a été conquise par quelqu'un des Capétiens?... Il faut plutôt que Bodin, et avec lui tous les politiques, tous les jurisconsultes, reconnaissent cette *loi royale*, fondée en nature sur un principe éternel; c'est que la puissance libre d'un état, par cela même qu'elle est libre, doit en quelque sorte se réaliser. Ainsi, toute la force que perdent les nobles, le peuple la gagne, jusqu'à ce qu'il devienne

Après les remarques diverses que nous avons faites dans ce chapitre sur tant d'expressions élégantes de l'ancienne jurisprudence romaine, au moyen desquelles les feudistes corrigent la barbarie de la langue féodale, Oldendorp et tous les autres écrivains de son opinion doivent voir si le droit féodal est sorti, comme ils le disent, *des étincelles de l'incendie dans lequel les barbares détruisirent le droit romain*. Le droit romain au contraire est né de la féodalité; je parle de cette féodalité primitive que nous avons observée particulièrement dans la barbarie antique du Latium, et qui a été la base commune de toutes les sociétés humaines.

libre; toute celle que perd le peuple libre tourne au profit des rois, qui finissent par acquérir un pouvoir monarchique. Le droit naturel des moralistes est celui de la *raison*; le droit naturel des gens est celui de l'*utilité* et de la *force*. Ce droit, comme disent les jurisconsultes, a été suivi par les nations, *usu exigente humanisque necessitatibus expostulantibus*. (*Vico*.)

CHAPITRE III.

COUP-D'ŒIL SUR LE MONDE POLITIQUE, ANCIEN ET MODERNE, CONSIDÉRÉ RELATIVEMENT AU BUT DE LA SCIENCE NOUVELLE.

La marche que nous avons tracée ne fut point suivie par Carthage, Capoue et Numance, ces trois cités qui firent craindre à Rome d'être supplantée dans l'empire du Monde. Les Carthaginois furent arrêtés de bonne heure dans cette carrière par la subtilité naturelle de l'esprit africain, encore augmentée par les habitudes du commerce maritime. Les Capouans le furent par la mollesse de leur beau climat, et par la fertilité de la Campanie *heureuse*. Enfin Numance commençait à peine son âge *héroïque*, lorsqu'elle fut accablée par la puissance romaine, par le génie du vainqueur de Carthage, et par toutes les forces du monde. Mais les Romains ne rencontrant aucun de ces obstacles, marchèrent d'un pas égal, guidés dans cette marche par la Providence qui se sert de l'instinct des peuples pour les conduire. Les trois formes de gouvernement se succédèrent chez eux conformément à l'ordre naturel; l'aristocratie dura jusqu'aux lois *publilia* et *petilia*, la liberté populaire jusqu'à Auguste, la monarchie tant qu'il fut humainement possible de résister aux causes intérieures et extérieures qui détruisent un tel état politique.

Aujourd'hui la plus complète civilisation semble répandue chez les peuples, soumis la plupart à un petit nombre de grands monarques. S'il est encore des nations barbares dans les parties les plus reculées du nord et du midi, c'est que la nature y favorise peu l'espèce humaine, et que l'instinct naturel de l'humanité y a été long-temps dominé par des religions farouches et bizarres. — Nous voyons d'abord au septentrion le czar de Moscovie qui est à la vérité chrétien, mais qui commande à des hommes d'un esprit lent et paresseux. — Le kan de Tartarie, qui a réuni à son vaste empire celui de la Chine, gouverne un peuple efféminé, tels que le furent les *seres* des anciens.— Le négus d'Éthiopie, et les rois de Fez et de Maroc règnent sur des peuples faibles et peu nombreux.

Mais sous la zone tempérée, où la nature a mis dans les facultés de l'homme un plus heureux équilibre, nous trouvons, en partant des extrémités de l'Orient, l'empire du Japon, dont les mœurs ont quelque analogie avec celles des Romains pendant les guerres puniques ; c'est le même esprit belliqueux, et si l'on en croit quelques savans voyageurs la langue japonaise présente à l'oreille une certaine analogie avec le latin. Mais ce peuple est en partie retenu dans l'état *héroïque* par une religion pleine de croyances effrayantes, et dont les dieux tout couverts d'armes menaçantes inspirent la terreur. Les missionnaires assurent que le plus grand obstacle qu'ils aient trouvé dans ce pays à la foi chrétienne, c'est qu'on ne peut persuader aux nobles que les gens du peuple sont hommes comme eux. — L'empire de la Chine avec sa religion douce et sa culture des lettres, est très policé. — Il en est de même de l'Inde, vouée en général aux arts de la paix. — La Perse et la Turquie ont mêlé à la mollesse de l'Asie les croyances grossières de leur religion. Chez les Turcs particulièrement, l'orgueil du caractère national, est tempéré par une libéralité fastueuse, et par la reconnaissance.

L'Europe entière est soumise à la religion chrétienne, qui nous donne l'idée la plus pure et la plus parfaite de la divinité, et qui nous fait un devoir de la charité envers tout le genre humain. De là sa haute civilisation. — Les principaux états européens sont de grandes monarchies. Celles du nord, comme la Suède et le Danemark il y a un siècle et demi, et comme aujourd'hui encore la Pologne et l'Angleterre, semblent soumises à un gouvernement aristocratique; mais si quelque obstacle extraordinaire n'arrête la marche naturelle des choses, elles deviendront des monarchies pures. — Cette partie du monde plus éclairée a aussi plus d'états populaires que nous n'en voyons dans les trois autres. Le retour des mêmes besoins politiques y a renouvelé la forme du gouvernement des Achéens et des Etoliens. Les Grecs avaient été amenés à concevoir cette forme de gouvernement par la nécessité de se prémunir contre l'ambition d'une puissance colossale. Telle a été aussi l'origine des cantons Suisses et des Provinces-Unies. Ces ligues perpétuelles d'un grand nombre de cités libres ont formé deux aristocraties. L'Empire germanique est aussi un système composé d'un grand nombre de cités libres et de princes souverains. La tête de ce corps est l'Empereur, et dans ce qui concerne les intérêts communs de l'Empire il se gouverne aristocratiquement. Du reste il n'y a plus en Europe que cinq aristocraties proprement dites, en Italie Venise, Gênes et Lucques, Raguse en Dalmatie, et Nuremberg en Allemagne; elles n'ont pour la plupart qu'un territoire peu étendu.*

Notre Europe brille d'une incomparable civilisation; elle abonde de tous les biens qui composent la félicité de la vie humaine; on y trouve toutes les jouissances intellectuelles et morales. Ces avantages, nous les devons à la religion. La religion nous fait un devoir de la charité envers tout le genre humain; elle admet à la seconder dans l'enseignement de ses préceptes sublimes les plus doctes philosophies de l'antiquité payenne; elle a adopté, elle cultive trois langues, la plus ancienne, la

* Si nous traversons l'Océan pour passer dans le Nouveau-Monde, nous trouverons que l'Amérique eût parcouru la même carrière sans l'arrivée des Européens. (*Vico.*)

plus délicate et la plus noble, l'hébreu, le grec, et le latin. Ainsi, même pour les fins humaines, le christianisme est supérieur à toutes les religions : il unit la sagesse de l'autorité à celle de la raison, et cette dernière, il l'appuie sur la plus saine philosophie et sur l'érudition la plus profonde.

Après avoir observé dans ce Livre comment les sociétés recommencent la même carrière, réfléchissons sur les nombreux rapprochemens que nous présente cet ouvrage entre l'antiquité et les temps modernes, et nous y trouverons expliquée non plus l'histoire particulière et temporelle des lois et des faits des Romains ou des Grecs, mais *l'histoire idéale* des lois éternelles que suivent toutes les nations dans leurs commencemens et leurs progrès, dans leur décadence et leur fin, et qu'elles suivraient toujours quand même (ce qui n'est point) des mondes infinis naîtraient successivement dans toute l'éternité. A travers la diversité des formes extérieures, nous saisirons l'*identité de substance* de cette histoire. Aussi ne pouvons-nous refuser à cet ouvrage le titre orgueilleux peut-être de *Science Nouvelle*. Il y a droit par son sujet : *la nature commune des nations*; sujet vraiment universel, dont l'idée embrasse toute science digne de ce nom. Cette idée est indiquée dans la vaste expression de Sénèque : *Pusilla res hic mundus est, nisi id, quod quaerit, omnis mundus habeat.*

CHAPITRE IV.

CONCLUSION. — D'UNE RÉPUBLIQUE ÉTERNELLE FONDÉE DANS LA NATURE PAR LA PROVIDENCE DIVINE, ET QUI EST LA MEILLEURE POSSIBLE DANS CHACUNE DE SES FORMES DIVERSES.

Concluons en rappelant l'idée de Platon, qui ajoute aux trois formes de républiques une quatrième, dans laquelle règneraient les meilleurs, ce qui serait la véritable aristocratie naturelle. Cette république que voulait Platon, elle a existé dès la première origine des sociétés. Examinons en ceci la conduite de la Providence.

D'abord elle voulut que les géans qui erraient dans les montagnes, effrayés des premiers orages qui eurent lieu après le déluge, cherchassent un refuge dans les cavernes, que malgré leur orgueil ils s'humiliassent devant la divinité qu'ils se créaient, et s'assujétissent à une force supérieure qu'ils appelèrent Jupiter. C'est à la lueur des éclairs qu'ils virent cette grande vérité, *que Dieu gouverne le genre humain*. Ainsi se forma une première société que j'appellerai *monastique* dans le sens de l'étymologie, parce qu'elle était en effet composée de *souverains solitaires* sous le gouvernement d'un être très bon et très puissant, OPTIMUS MAXIMUS. Excités ensuite par les plus puissans aiguillons d'une passion brutale, et retenus par les craintes superstitieuses que leur donnait toujours l'aspect du ciel, ils commencèrent à réprimer l'impétuosité de leurs desirs et à faire usage de la liberté humaine. Ils retinrent par force dans leurs cavernes des femmes, dont ils firent les compagnes de leur vie. Avec ces premières unions *humaines*, c'est-à-dire conformes à la pudeur et à la religion, commencèrent les mariages qui déterminèrent les rapports d'époux, de fils et de pères. Ainsi ils fondèrent les familles, et les gouvernèrent avec la dureté des cyclopes dont parle Homère; la dureté de ce premier gouvernement était nécessaire, pour que les hommes se trouvassent préparés au gouvernement civil, lorsque s'éleveraient les cités. La première république se trouve donc dans la famille; la forme en est monarchique, puisqu'elle est soumise aux pères de famille, qui avait la supériorité du sexe, de l'âge et de la vertu.

Aussi vaillans que chastes et pieux, ils ne fuyaient plus comme auparavant, mais, fixant leurs habitations, ils se défendaient, eux et les leurs, tuaient les bêtes sauvages qui infestaient leurs champs, et au lieu d'errer pour trouver leur pâture, ils soutenaient leurs familles en cultivant la terre ; toutes choses qui assurèrent le salut du genre humain. Au bout d'un long temps, ceux qui étaient restés dans les plaines, sentirent les maux attachés à la communauté des biens et des femmes, et vinrent se réfugier dans les asiles ouverts par les pères de famille. Ceux-ci les recevant sous leur protection, la monarchie domestique s'étendit par les clientèles. C'était encore les meilleurs qui régnaient, OPTIMI. Les réfugiés, impies et sans dieu, obéissaient à des hommes pieux, qui adoraient la divinité, bien qu'ils la divisassent par leur ignorance, et qu'ils se figurassent les dieux d'après la variété de leurs manières de voir ; étrangers à la pudeur, ils obéissaient à des hommes qui se contentaient pour toute leur vie d'une compagne que leur avait donnée la religion ; faibles et jusque-là errans au hasard, ils obéissaient à des hommes prudens qui cherchaient à connaître par les auspices la volonté des dieux, à des héros qui *domptaient la terre* par leurs travaux, tuaient les bêtes farouches, et secouraient le faible en danger.

Les pères de famille devenus puissans par la piété et la vertu de leurs ancêtres et par les travaux de leurs cliens, oublièrent les conditions auxquelles ceux-ci s'étaient livrés à eux, et au lieu de les protéger, ils les opprimèrent. Sortis ainsi de l'*ordre naturel* qui est celui de la justice, ils virent leurs cliens se révolter contre eux. Mais comme la société humaine ne peut subsister un moment sans ordre, c'est-à-dire sans dieu, la Providence fit naître l'*ordre civil* avec la formation des cités. Les pères de famille s'unirent pour résister aux cliens, et pour les apaiser, leur abandonnèrent le domaine bonitaire des champs dont ils se réservaient le domaine éminent. Ainsi naquit la cité, fondée sur un corps souverain de nobles. Cette noblesse consistait à sortir d'un mariage solennel, et célébré avec les auspices. Par elle les nobles régnaient sur les plébéiens, dont les unions n'étaient pas ainsi consacrées. — Au gouvernement théocratique où les dieux gouvernaient les familles par les auspices, succéda le gouvernement héroïque où les héros régnaient eux-mêmes, et dont la base principale fut la religion, privilège du corps des pères qui leur assurait celui de tous les droits civils. Mais comme la noblesse était devenue un don de la fortune, du milieu des nobles même s'éleva l'ordre des *pères* qui par leur âge étaient les plus dignes de gouverner; et entre les pères eux-mêmes, les plus courageux, les plus robustes furent pris pour *rois*, afin de conduire les autres, et d'assurer leur résistance contre leurs cliens mutinés.[*]

Lorsque par la suite des temps, l'intelligence des plébéiens se développa, ils revinrent de l'opinion qu'ils s'étaient formée de l'héroïsme et de la noblesse, et comprirent qu'ils étaient hommes aussi bien que les nobles. Ils voulurent donc entrer aussi dans l'ordre des citoyens. Comme la souveraineté devait avec le temps être étendue à tout le peuple, la Providence permit que les plébéiens rivalisassent long-temps avec les nobles de piété et de

---

[*] Ces rois des aristocraties ne doivent pas être confondus avec les *monarques*; (*Note du Traducteur*).

religion, dans ces longues luttes qu'ils soutenaient contre eux, avant d'avoir part au droit des auspices, et à tous les droits publics et privés, qui en étaient regardés comme autant de dépendances. Ainsi le zèle même du peuple pour la religion le conduisait à la souveraineté civile. C'est en cela que le peuple romain surpassa tous les autres, c'est par-là qu'il mérita d'être le *peuple roi*. L'ordre naturel se mêlant ainsi de plus en plus à l'ordre civil, on vit naître les républiques populaires. Mais comme tout devait s'y ramener à l'urne du sort ou à la balance, la Providence empêcha que le hasard ou la fatalité n'y régnât en ordonnant que le cens y serait la règle des honneurs, et qu'ainsi les hommes industrieux, économes et prévoyans plutôt que les prodigues ou les indolens, que les hommes généreux et magnanimes plutôt que ceux dont l'âme est rétrécie par le besoin, qu'en un mot les riches doués de quelque vertu, ou de quelque image de vertu, plutôt que les pauvres remplis de vices dont ils ne savent point rougir, fussent regardés comme les plus dignes de gouverner, comme les meilleurs.*

---

* Le peuple pris en général veut la justice. Lorsque le peuple tout entier constitue la cité, il fait des lois justes, c'est-à-dire *généralement bonnes*. Si donc, comme le dit Aristote, de bonnes lois sont des volontés sans passion, en d'autres termes, des volontés dignes du *sage*, du *héros de la morale* qui commande aux passions, c'est dans les républiques populaires que naquit la philosophie ; la nature même de ces républiques conduisait la philosophie à former le sage, et dans ce but à chercher la vérité. Les secours de la philosophie furent ainsi substitués par la Providence à ceux de la religion. Au défaut des *sentimens* religieux qui faisaient pratiquer

Lorsque les citoyens, ne se contentant plus de trouver dans les richesses des moyens de distinction, voulurent en faire des instrumens de puissance, alors, comme les vents furieux agitent la mer, ils troublèrent les républiques par la guerre civile, les jetèrent dans un désordre universel, et d'un état de liberté les firent tomber dans la pire des tyrannies; je veux dire, dans l'anarchie. A cette affreuse maladie sociale, la Providence applique les trois grands remèdes dont nous allons parler. D'abord il s'élève du milieu des peuples, un homme tel qu'Auguste, qui y établit la monarchie. Les lois, les institutions sociales fondées par la liberté populaire n'ont point suffi à la régler; le monarque devient maître par la force des armes de ces lois, de ces institutions. La forme même de la monarchie retient la volonté du monarque tout infinie qu'est sa puissance, dans les limites de l'ordre naturel, parce que son gouvernement n'est ni tranquille ni durable, s'il ne sait point satisfaire ses peuples

---

la vertu aux hommes, les *réflexions* de la philosophie leur apprirent à considérer la vertu en elle-même, de sorte que, s'ils n'étaient pas vertueux, ils surent du moins rougir du vice.

A la suite de la philosophie naquit l'éloquence, mais telle qu'il convient dans des états où se font des lois *généralement bonnes*, une éloquence passionnée pour la justice, et capable d'enflammer le peuple par des idées de vertu qui le portent à faire de telles lois. Voilà, à ce qu'il semble, le caractère de l'éloquence romaine au temps de Scipion-l'Africain; mais les états populaires venant à se corrompre, la philosophie suit cette corruption, tombe dans le scepticisme, et se met, par un écart de la science, à calomnier la vérité. De là naît une fausse éloquence, prête à soutenir le pour et le contre sur tous les sujets. (*Vico.*)

sous le rapport de la religion et de la liberté naturelle.

Si la Providence ne trouve point un tel remède au-dedans, elle le fait venir du dehors. Le peuple corrompu était devenu *par la nature* esclave de ses passions effrénées, du luxe, de la molesse, de l'avarice, de l'envie, de l'orgueil et du faste. Il devient esclave *par une loi du droit des gens* qui résulte de sa nature même; et il est assujéti à des peuples *meilleurs*, qui le soumettent par les armes. En quoi nous voyons briller deux lumières qui éclairent l'ordre naturel; d'abord : *qui ne peut se gouverner lui-même se laissera gouverner par un autre qui en sera plus capable.* Ensuite : *ceux-là gouverneront toujours le monde qui sont d'une nature meilleure.*

Mais si les peuples restent long-temps livrés à l'anarchie, s'ils ne s'accordent pas à prendre un des leurs pour monarque, s'ils ne sont point conquis par une nation meilleure qui les sauve en les soumettant; alors au dernier des maux, la Providence applique un remède extrême. Ces hommes se sont accoutumés à ne penser qu'à l'intérêt privé; au milieu de la plus grande foule, ils vivent dans une profonde solitude d'âme et de volonté. Semblables aux bêtes sauvages, on peut à peine en trouver deux qui s'accordent, chacun suivant son plaisir ou son caprice. C'est pourquoi les factions les plus obstinées, les guerres civiles les plus acharnées changeront les cités en forêts et les forêts en repaires d'hommes, et les siècles couvriront de la rouille de la barbarie leur ingénieuse malice et leur subtilité perverse. En effet ils sont devenus plus féroces par la *barbarie réfléchie*, qu'ils ne l'avaient été par *celle de nature*. La seconde montrait une férocité généreuse dont on pouvait se défendre ou par la force ou par la fuite; l'autre barbarie est jointe à une lâche férocité, qui au milieu des caresses et des embrassemens en veut aux biens et à la vie de l'ami le plus cher. Guéris par un si terrible remède, les peuples deviennent comme engourdis et stupides, ne connaissent plus les rafinemens, les plaisirs ni le faste, mais seulement les choses les plus nécessaires à la vie. Le petit nombre d'hommes qui restent à la fin, se trouvant dans l'abondance des choses nécessaires, redeviennent naturellement sociables; l'antique simplicité des premiers âges reparaissant parmi eux, ils connaissent de nouveau la religion, la véracité, la bonne foi, qui sont les bases naturelles de la justice, et qui font la beauté, la grâce éternelle de l'ordre établi par la Providence.

Après l'observation si simple que nous venons de faire sur l'histoire du genre humain, quand nous n'aurions point pour l'appuyer tout ce que nous en ont appris les philosophes et les historiens, les grammairiens et les jurisconsultes, on pourrait dire avec certitude que c'est bien là la grande cité des nations fondée et gouvernée par Dieu même. On a élevé jusqu'au ciel comme de sages législateurs les Lycurgue, les Solon, les décemvirs, parce qu'on a cru jusqu'ici qu'ils avaient foulé par leurs institutions les trois cités les plus illustres, celles qui brillèrent de tout l'éclat des vertus civiles; et pourtant, que sont Athènes, Sparte et Rome pour la durée et pour l'étendue, en comparaison de cette république de l'univers, fondée sur des institutions qui tirent de leur corruption même la forme nouvelle qui peut seule en assurer la perpétuité? Ne devons-nous pas y reconnaître le conseil d'une sagesse supérieure à celle de l'homme? Dion Cassius assimile la loi à un tyran, la coutume à un roi. Mais la sagesse divine n'a pas besoin de la force des lois; elle aime mieux nous conduire par les coutumes que nous observons librement, puisque les suivre, c'est suivre notre nature. Sans doute *les hommes ont fait eux-mêmes le monde social*, c'est le principe incontestable de la science nouvelle; mais ce monde n'en est pas moins sorti d'une intelligence qui souvent s'écarte des fins particulières que les hommes s'étaient proposées, qui leur est quelquefois contraire et toujours supérieure. Ces fins bornées sont pour elle des moyens d'atteindre les fins plus nobles, qui assurent le salut de la race humaine sur cette terre. Ainsi les hommes veulent jouir du plaisir brutal, au risque de perdre les enfans qui naîtront, et il en résulte la sainteté des mariages, première origine des familles. Les pères de famille veulent abuser du pouvoir paternel qu'ils ont étendu sur les cliens, et la cité prend naissance. Les corps souverains des nobles veulent appesantir leur souveraineté sur les plébéiens, et ils subissent la servitude des lois, qui établissent la liberté populaire. Les peuples libres *veulent* secouer le frein des lois, et ils tombent sous la sujétion des monarques. Les monarques *veulent* avilir leurs sujets en les livrant aux vices et à la dissolution, par lesquels ils croient assurer leur trône; et ils les disposent à supporter le joug de nations plus courageuses. Les nations *tendent* par la corruption à se diviser, à se détruire elles-mêmes, et de leurs débris dispersés dans les solitudes, elles renaissent, et se renouvellent, semblables au phénix de la fable. — Qui put faire tout cela? ce fut sans doute l'*esprit*, puisque les hommes le firent avec intelligence. Ce ne fut point la *fatalité*, puisqu'ils le firent avec choix. Ce ne fut point le *hasard*, puisque les mêmes faits se renouvelant produisent régulièrement les mêmes résultats.

Ainsi se trouvent réfutés par le fait Épicure, et ses partisans, Hobbes et Machiavel, qui abandonnent le monde au hasard. Zénon et Spinosa le sont aussi, eux qui livrent le monde à la fatalité. Au contraire nous établissons avec les philosophes politiques, dont le prince est le divin Platon, que *c'est la providence qui règle les choses humaines*. Puffendorf méconnaît cette providence; Selden la suppose; Grotius en veut rendre son système indépendant. Mais les jurisconsultes romains l'ont prise pour premier principe du droit naturel.

On a pleinement démontré dans cet ouvrage que les premiers gouvernemens du monde, fondés sur la croyance en une providence, ont eu la religion pour leur *forme entière*, et qu'elle fut la seule base de l'état de famille. La religion fut encore le fondement principal des gouvernemens héroïques. Elle fut pour les peuples un moyen de parvenir aux gouvernemens populaires. Enfin, lorsque la marche des sociétés s'arrêta dans la monarchie, elle devint comme le rempart, comme le bouclier des princes. Si la religion se perd parmi les peuples, il ne leur reste plus de moyen de vivre en société; ils perdent à-la-fois le lien, le fondement, le rempart de l'état social, la *forme même* de peuple sans laquelle ils ne peuvent exister. Que Bayle voie maintenant s'il est possible qu'*il existe réellement des sociétés sans aucune connaissance de Dieu!* et Polybe, s'il est vrai, comme il l'a dit, qu'*on n'aura plus besoin de religion, quand les hommes seront philosophes*. Les religions au contraire peuvent seules exciter les peuples à faire *par sentiment* des actions vertueuses. Les *théories* des philosophes relativement à la vertu fournissent seulement des motifs à l'éloquence pour enflammer le sentiment, et le porter à suivre le devoir. *

La Providence se fait sentir à nous d'une ma-

---

* Mais il est une différence essentielle entre la vraie religion et les fausses. La première nous porte par la grâce aux actions vertueuses pour atteindre un bien infini et éternel, qui ne peut tomber sous les sens : c'est ici l'intelligence qui commande aux sens des actions vertueuses. Au contraire dans les fausses religions qui nous proposent pour cette vie et pour l'autre des biens bornés et périssables, tels que les plaisirs du corps, ce sont les sens qui excitent l'âme à bien agir. (*Vico*).

nière bien frappante dans le respect et l'admiration que tous les savans ont eus jusqu'ici pour la sagesse de l'antiquité, et dans leur ardent desir d'en chercher et d'en pénétrer les mystères. Ce sentiment n'était que l'instinct qui portait tous les hommes éclairés à admirer, à respecter la sagesse infinie de Dieu, à vouloir s'unir avec elle ; sentiment qui a été dépravé par la vanité des savans et par celle des nations (axiomes 3 et 4.)

On peut donc conclure de tout ce qui s'est dit dans cet ouvrage, que la Science nouvelle porte nécessairement avec elle le goût de la piété, et que sans la religion il n'est point de véritable sagesse.

ADDITION

AU SECOND LIVRE,

Explication historique de la Mythologie (Voyez l'Appendice du Discours, p. LX.)

Lorsque l'idée d'une puissance supérieure, maîtresse du ciel et armée de la foudre, a été personnifiée par les premiers hommes sous le nom de Jupiter, la seconde divinité qu'ils se créent est le symbole, l'expression poétique du mariage. Junon est sœur et femme de Jupiter, parce que les premiers mariages consacrés par les auspices eurent lieu entre frères et sœurs. Du mot Ἥρα, Junon, viennent ceux de Ἥρως, héros, Ἡρακλῆς, Hercule, Ἔρως, amour, *hereditas*, etc. Junon impose à Hercule de grands travaux ; cette phrase traduite de la langue héroïque en langue vulgaire signifie, que la piété accompagnée de la sainteté des mariages, forme les hommes aux grandes vertus.

Diane est le symbole de la vie plus pure que menèrent les premiers hommes depuis l'institution des mariages solennels. Elle cherche les ténèbres pour s'unir à Endymion. Elle punit Actéon d'avoir violé la religion des eaux sacrées (qui avec le feu constituent la solennité des mariages). Couvert de l'eau qu'elle lui a jetée, *lymphatus*, devenu *cerf*, c'est-à-dire le plus timide des animaux, il est déchiré par ses propres chiens, autrement dit, par ses remords. Les nymphes de la déesse, *nymphœ* ou *lymphœ*, ne sont autre chose que les eaux pures et cachées dont elle écarte le profane Actéon, *puri latices*, de *latere*.

Après l'institution des auspices et du mariage vient celle des sépultures ; après Jupiter, Junon et Diane, naissent les dieux Manes. φύλαξ, *cippus*, signifient tombeau ; de là *ceppo*, en italien, arbre généalogique, φυλή, tribu, *filius* (et par *filus*, et *temen*, *subtemen*), *stemmata*, généalogie, lignes généalogiques. La grossièreté des premiers monumens funéraires qui marquaient à-la-fois la possession des terres, et la perpétuité des familles, donna lieu aux métaphores de *stirps*, de *propago*, de *lignage*. Les enfans des fondateurs de la société humaine pouvaient donc se dire *duro robore nati*, ou fils de la terre, géans, *ingenui* (quasi indè geniti), aborigènes, αὐτόχθονες. — *Humanitas, ab humando*.

Apollon est le dieu de la lumière, de la lumière sociale, qui environne les héros nés des mariages solennels, des unions consacrées par les auspices. Aussi préside-t-il à la divination, à la *muse*, qu'Homère définit la science du bien et du mal. Apollon poursuit Daphné, symbole de l'humanité encore errante, mais c'est pour l'amener à la vie sédentaire et à la civilisation; elle implore l'aide des dieux (qui président aux auspices et à l'hyménée). Elle devient laurier, plante qui conserve sa verdure en se renouvelant par ses légitimes rejetons, et jouit ainsi que son divin amant d'une éternelle jeunesse.

Dans l'état de famille, les fruits spontanés de la terre ne suffisant plus, les hommes mettent le feu aux forêts et commencent à cultiver la terre. Ils sèment le froment dont les grains brûlés leur ont semblé une nourriture agréable. Voilà le grand travail d'Hercule, c'est-à-dire, de l'héroïsme antique. Les serpens qu'étouffe Hercule au berceau, l'hydre, le lion de Némée, le tigre de Bacchus, la chimère de Bellérophon, le dragon de Cadmus, et celui des Hespérides, sont autant de métaphores que l'indigence du langage força les premiers hommes d'employer pour désigner *la terre*. Le serpent qui dans l'Iliade dévore les huit petits oiseaux avec leur mère est interprété par Calchas comme signifiant *la terre troyenne*. En effet les hommes durent se représenter la terre comme un grand dragon couvert d'écailles, c'est-à-dire d'épines; comme une hydre sortie des eaux (du déluge), et dont les têtes, dont les forêts renaissent à mesure qu'elles sont coupées; la peau changeante de cette hydre passe du noir au vert, et prend ensuite la couleur de l'or. Les dents du serpent que Cadmus enfonce dans la terre expriment poétiquement les instrumens de bois durci dont on se servit pour le labourage avant l'usage du fer (comme *dente tenaci* pour une ancre, dans Virgile). Enfin Cadmus devient lui-même serpent; les Latins auraient dit en terme de droit, *fundus factus est*.

Les pommes d'or de la fable ne sont autres que les épis; le blé fut le premier or du monde. Entre les avantages de la haute fortune dont il est déchu, Job rappelle qu'il mangeait du pain de froment. On donnait du grain pour récompense aux soldats victorieux, *adorea*. [Le nom d'*or* passa ensuite aux belles laines. Sans parler de la toison d'or des Argonautes, Atrée se plaint dans Homère de ce que Thyeste lui a volé ses *brebis d'or*.

Le même poète donne toujours aux rois l'épithète de πολυμηλοῦς, riches en troupeaux. Les anciens Latins appelaient le patrimoine, *pecunia*, à *pecude*. Chez les Grecs le même mot, μῆλον, signifie pomme et troupeau, peut-être parce qu'on attachait un grand prix à ce fruit]. L'or du premier âge n'étant plus un métal, on conçoit le rameau de Proserpine dont parle Virgile, et tous les trésors que roulaient dans leurs eaux le Nil, le Pactole, le Gange et le Tage.

Les premiers essais de l'agriculture furent exprimés symboliquement par trois nouveaux dieux, savoir : VULCAIN, le feu qui avait fécondé la terre ; SATURNE, ainsi nommé de *sata*, semences [ce qui explique pourquoi l'âge de Saturne du Latium, répond à l'âge d'or des Grecs]; en troisième lieu CYBÈLE, ou la terre cultivée. On la représente ordinairement assise sur un lion, symbole de la terre qui n'est pas encore domptée par la culture. La même divinité fut pour les Romains VESTA, déesse des cérémonies sacrées. En effet le premier sens du mot *colere* fut *cultiver la terre* ; la terre fut le premier autel, l'agriculture fut le premier culte. Ce culte consista originairement à mettre le feu aux forêts et à immoler sur les terres cultivées les vagabonds, les impies qui en franchissaient les limites sacrées, *Saturni hostiæ*. Vesta, toujours armée de la religion farouche des premiers âges, continua de garder le feu et le froment. Les noces se célébraient *aquâ, igni et farre* ; les noces appelées *nuptiæ confarreatæ* devinrent particulières aux prêtres, mais dans l'origine il n'y avait eu que des familles de prêtres. — Les combats livrés par les pères de famille aux vagabonds qui envahissaient leurs terres, donnèrent lieu à la création du dieu MARS.

Mais les héros reçoivent ceux qui se présentent en supplians. La comparaison des deux classes d'hommes qui composent ainsi la société naissante, fait naître l'idée de VÉNUS, déesse de la beauté civile, de la noblesse. *Honestas* signifie à-la-fois noblesse, beauté et vertu. Les enfans, nés hors les mariages solennels, étaient légalement parlant, des *monstres*.

Mais les plébéiens prétendent bientôt au droit des mariages qui entraîne tous les droits civils. On distingue alors Vénus patricienne et Vénus plébéienne ; la première est traînée par des cignes, l'autre par des colombes, symbole de la faiblesse, et pour cette raison souvent opposées par les poètes, à l'aigle, à l'oiseau de Jupiter. Les prétentions des plébéiens sont marquées par les fables d'Ixion, amoureux de Junon ; de Tantale toujours altéré au milieu des eaux ; de Marsyas et de Linus qui défient Apollon au combat du chant, c'est-à-dire qui lui disputent le privilège des auspices (*cancre*, chanter et prédire.) Le succès ne répond pas toujours à leurs efforts. Phaéton est précipité du char du soleil,

Hercule étouffe Antée, Ulysse tue Irus, et punit les amans de Pénélope. Mais selon une autre tradition Pénélope, se livre à eux, comme Pasiphaé à son taureau (les plébéiens obtiennent le privilège des mariages solennels), et de ces unions criminelles résultent des *monstres*, tels que Pan et le Minotaure. Hercule s'effémine et file sous Iole et Omphale; il se souille du sang de Nessus, entre en fureur et expire.

La révolution qui termine cette lutte est aussi exprimée par le symbole de MINERVE. Vulcain fend la tête de Jupiter, d'où sort la déesse, *minuit caput*, étymologie de *Minerva*. *Caput* signifie la tête, et la partie la plus élevée, *celle qui domine*. Les Latins dirent toujours *capitis deminutio* pour *changement d'état*; Minerve substitue l'état civil à l'état de famille. Plus tard on donna un sens métaphysique à cette fable de la naissance de Minerve, et on y vit la découverte la plus sublime de la philosophie, savoir, que l'idée éternelle est engendrée en Dieu par Dieu même, tandis que les idées créées sont produites par Dieu dans l'intelligence humaine.

La transaction qui termine cette révolution; est caractérisée par MERCURE, qui, dans l'orgueil du langage aristocratique, *porte aux hommes les messages des dieux*. . . . .

FIN.

www.ingramcontent.com/pod-product-compliance
Lightning Source LLC
Chambersburg PA
CBHW070203240426
43671CB00007B/532